utb 3893

Eine Arbeitsgemeinschaft der Verlage

Brill | Schöningh – Fink · Paderborn
Brill | Vandenhoeck & Ruprecht · Göttingen – Böhlau · Wien · Köln
Verlag Barbara Budrich · Opladen · Toronto
facultas · Wien
Haupt Verlag · Bern
Verlag Julius Klinkhardt · Bad Heilbrunn
Mohr Siebeck · Tübingen
Narr Francke Attempto Verlag – expert verlag · Tübingen
Psychiatrie Verlag · Köln
Ernst Reinhardt Verlag · München
transcript Verlag · Bielefeld
Verlag Eugen Ulmer · Stuttgart
UVK Verlag · München
Waxmann · Münster · New York
wbv Publikation · Bielefeld
Wochenschau Verlag · Frankfurt am Main

Tanja Sturm

Lehrbuch Differenzen in der Schule

3., vollständig überarbeitete Auflage

Mit 14 Abbildungen

Ernst Reinhardt Verlag München

Prof.in Dr.in *Tanja Sturm* ist Professorin für Erziehungswissenschaft, insbesondere Grundschulpädagogik mit dem Schwerpunkt des Diversitätsspektrums im Vor- und Grundschulalter, an der Universität Hamburg.

Die 1. und 2. Auflage erschienen unter dem Titel „Lehrbuch Heterogenität in der Schule“.

Bibliografische Information der Deutschen Nationalbibliothek

Die Deutsche Nationalbibliothek verzeichnet diese Publikation in der Deutschen Nationalbibliografie; detaillierte bibliografische Daten sind im Internet über <http://dnb.d-nb.de> abrufbar.

UTB-Band-Nr.: 3893
ISBN 978-3-8252-6000-2 (Print)
ISBN 978-3-8385-6000-7 (PDF-E-Book)
ISBN 978-3-8463-6000-2 (EPUB)
3., vollständig überarbeitete Auflage

Printed in EU
Einbandgestaltung: siegel konzeption | gestaltung, Stuttgart
Covermotiv: ©istockphoto.com / Kudryashka
Satz: ew print & medien service gmbh

Reinhardt Verlag, Kemnatenstr. 46, D-80639 München
Net: www.reinhardt-verlag.de E-Mail: info@reinhardt-verlag.de

Inhalt

Hinweise zur Benutzung dieses Lehrbuches

Zur schnelleren Orientierung werden in den Randspalten Piktogramme benutzt, die folgende Bedeutung haben:

Merksatz

Fallbeispiel

Literaturtipps

Websiteempfehlungen

Übungsaufgaben

Für die Inhalte dieses Buches gibt es zwei Formen der Lernzielkontrolle:

1 Am Ende jedes Kapitels gibt es Übungsaufgaben mit offenen Fragen. Musterlösungen zu diesen Fragen finden Sie auf der Homepage des Ernst Reinhardt Verlages und der UTB GmbH bei der Darstellung dieses Titels: www.reinhardt-verlag.de, www.utb.de

SCAN ME

2 Direkt passend zum Buch ist darüber hinaus eine Lern-App erhältlich, die weitere Lernaufgaben in Form von Multiple-Choice-Fragen, Single-Choice-Fragen sowie Lückentexten u. a. enthält. So können Sie sich optimal auf Ihre Prüfung vorbereiten!

SCAN ME

Vorwort zur dritten Auflage

Das „Lehrbuch Differenzen in der Schule“ erscheint – elf Jahre nach der ersten Veröffentlichung – 2024 in der dritten Auflage. In den vergangenen elf Jahren hat sich der erziehungswissenschaftliche Fachdiskurs zu dem Themenfeld, das in dem Buch bearbeitet wird, differenziert und verändert. Das Themenfeld Heterogenität resp. Differenzen wird heute unmittelbar mit Schule und Unterricht in Verbindung gebracht und alle angehenden Lehrpersonen sind gefordert, sich im Rahmen ihres Studiums damit auseinanderzusetzen.

Der Titel des Bandes, der in der ersten und auch in der zweiten Auflage „Heterogenität in der Schule“ lautete, greift die Veränderungen auf, die sich – wie in sozialwissenschaftlichen Zusammenhängen und Diskursen nicht unüblich – auch in den verwendeten Begriffen ausdrücken. Der neue Titel des Buchs lautet „Differenzen in der Schule“. Anders als Heterogenität, ein Begriff, der insofern vage bleibt, als er eine „Streuung um eine Norm“ impliziert (Gomolla 2009, 22), eröffnet der Differenzbegriff eine deskriptiv-analytische Betrachtung (*siehe auch Kapitel 2*). Dabei steht die Verwendung des Begriffs Differenzen auch in theoretischer Kontinuität zu dem der Heterogenität. Neben diesen begrifflichen Aktualisierungen unterscheidet sich die dritte Auflage gegenüber der vorherigen durch weitere Änderungen. Diese ergeben sich wesentlich durch die theoretisch und empirisch fundierten neuen Erkenntnisse, die seit der vorherigen Auflage in der Erziehungswissenschaft, v. a. den schul- und inklusionspädagogischen Diskursen, generiert wurden.

1 Einleitung

Differenzen und Heterogenität, z. T. auch Diversity stellen zentrale Begriffe des schulpädagogischen Diskurses dar. Ihnen ist gemeinsam, dass sie auf Unterschiede zwischen Schüler:innen verweisen. Vorwiegend werden sie im Zusammenhang mit Ungleichheit in Schule und Unterricht genannt, also mit Benachteiligungen, die Kinder und Jugendliche im schulischen und unterrichtlichen Kontext erfahren. Dieser Fokus wird auch hier gesetzt.

Alle drei Begriffe – Heterogenität, Differenz und Diversity – finden sich in aktuellen erziehungswissenschaftlichen Diskussionen und schulbezogenen Dokumenten. Sie werden z. T. synonym, also gleichbedeutend beschrieben (vgl. z. B. Prengel 2013), andere unterscheiden sie voneinander (Emmerich / Hormel 2013); vielfach werden sie als „Leitkategorien“ (Schroeder 2007), „Leitbegriffe“ (Wenning 2004) oder „buzzwords“ (Baader 2013), also Modewörter, beschrieben und kritisiert. Die damit verbundene Vielfalt mag Menschen, die beginnen, sich mit den Fachbegriffen und der Fachsprache auseinanderzusetzen, zunächst verwirren. Dies kann dazu verleiten, nach dem „richtigen“ oder „angemessenen“ Begriff zu suchen, der der weiteren Auseinandersetzung zugrunde gelegt wird. Solche Suchbewegungen bergen zwar das Risiko zu kurz zu greifen, indem die Begriffe losgelöst von den theoretischen Bezügen, in denen sie verankert sind, abstrahiert werden; die Suche eröffnet aber auch die Möglichkeit, sich mit den hinter den Begriffen liegenden theoretischen Konzepten und Verständnissen auseinanderzusetzen und so einen vertieften Einblick in erziehungswissenschaftliche Zusammenhänge zu erlangen.

Nachfolgend soll ein Verständnis von Differenzen verwendet werden – der nicht synonym zu den anderen verstanden wird. Heterogenität ist ein Begriff, der v. a. in deutschsprachigen schulpädagogischen Überlegungen zu finden ist. Seine Verwendung und die Bedeutung sind ebenso vielfältig wie die zunehmende kritische Auseinandersetzung mit ihm (vgl. z. B. Emmerich / Hormel 2013; Walgenbach 2017). Die starke Zunahme der Verwendung des Begriffs im erziehungswissenschaftlichen Kontext nach der Jahrtausendwende geht wesentlich auf die Veröffentlichung der ersten PISA-Studie der OECD, der Organisation für wirtschaftliche Zusammenarbeit und Entwicklung, zurück. Diese Studie bezeichnet Katharina Walgenbach als „Gründungsnarrativ" (Walgenbach 2017, 14), da – aus den unterschiedlichsten programmatischen und theoretischen Überlegungen heraus – auf sie rekurriert wird, wenn Heterogenität im Kontext von Schule und Unterricht thematisiert und problematisiert wird. Die erziehungswissenschaftliche Auseinandersetzung erscheint dabei eher reaktiv als aktiv zu sein. Dies kommt auch in der vielfach gebräuchlichen Wendung des „Umgangs mit Heterogenität" zum Ausdruck; eine Formulierung, die impliziert, dass Heterogenität von außen an die Schule und den Unterricht herangetragen wird, und nun ein didaktischer Umgang, eine Bearbeitungsform mit dieser (neuen) Situation zu gestalten sei. Sauter und Schroeder (2007) folgend, stellt eine solche pädagogisch-programmatische Perspektive nur einen Teil des deutlich breiter geführten Diskurses zu Inklusion dar. Dieser umfasst v.a. deskriptiv-analytische Perspektiven sowie die, dass Unterschiede auch in der Schule und dem Unterricht selbst hervorgebracht und bearbeitet bzw. konstruiert werden. Unterschiede werden also nicht nur von außen an die Schule und den Unterricht herangetragen, sondern in den Interaktionen der beteiligten Akteur:innen, v.a. der der Lehrpersonen und Schüler:innen, selbst generiert. Diese Perspektiven lassen sich v.a. mit den Begriffen der Differenzen und der Differenzkonstruktionen fassen. Sie sollen in den weiteren Ausführungen verwendet werden.

Differenzen werden vielfach in Kategorien gefasst, die soziale Gruppen umschreiben. Diese Beschreibungen bringen das Dilemma mit sich, einerseits auf einzelne soziale Dimensionen fokussierende Zugehörigkeit zu erzeugen, fortzuschreiben und zu bestätigen und andererseits zum Erkennen und Beschreiben systematischer, gruppenbezogener Benachteiligungen notwendig zu sein.

Die Diskussion um Heterogenität resp. Differenzen wird in Bildungspolitik und Erziehungswissenschaft mit der Erwartung verknüpft, aktuell bestehende Ungleichheiten der Partizipation an den unterschiedlichen schulischen Bildungsgängen zwischen verschiedenen Gruppen zu überwinden. Die bestehende Chancengleichheit im Zugang zu Bildungsgängen liegt lediglich formal vor (vgl. Helbig/ Nickolai 2015), was sich beispielsweise darin zeigt, dass Kinder und Jugendliche aus sozio-ökonomisch nicht privilegierten Familien im Vergleich zu privilegierten Gleichaltrigen deutlich seltener das Gymnasium besuchen und deutlich häufiger sonderpädagogischen Förderbedarf attestiert bekommen. Von der Realisierung des demokratischen Anspruchs, einen von der familiären Sozialisation unabhängigen Zugang zu Bildung zu ermöglichen, ist die Schule in Deutschland, Österreich und der Schweiz weit entfernt. Benachteiligung besteht über den

Zugang zu schulischen Bildungsgängen hinaus auch hinsichtlich des fachlichen Kompetenzerwerbs. So weisen Schüler:innen mit familiärer Migrationsgeschichte niedrigere Kompetenzwerte im Lesen auf als ihre Peers ohne eine solche. Die Schule nimmt bei der Reproduktion sozialer Ungleichheiten in struktureller und kultureller Hinsicht insofern eine Schlüsselstellung ein, als sie die Legitimationsgrundlage für den weiteren Schulbesuch sowie berufliche Perspektiven schafft und legitimiert. Dies bezieht sich auf alle Schulformen und Schulstufen der Bildungsinstitution Schule.

Das vorliegende Buch möchte einen Beitrag dazu leisten, die strukturellen und kulturellen Herstellungs- und Bearbeitungsformen von Differenzen in Schule und Unterricht sowie die dabei hervorgebrachten Praktiken von systematischer Benachteiligung sozialer Milieus zu beschreiben und zu reflektieren. Es wird eine theoretische Folie bereitgestellt, um Normen und Praktiken, die zu Ausgrenzung und Marginalisierung in Schule und Unterricht führen (im Kontext ihres gesellschaftlichen Zusammenhangs), zu erkennen und eigene unterrichtliche Planungen hieran zu kontrastieren. Mit anderen Worten, Differenzen werden nicht allein als von außen an Schule und Unterricht herangetragen verstanden, sondern auch in ihnen selbst hervorgebracht.

Dass Schule und Unterricht und ihre Akteur:innen selbst als Produzierende von Differenzen agieren, ist eine zentrale Linie dieses Buches. Die Akzeptanz des Beteiligtseins an Prozessen von Differenzerzeugung und Benachteiligung ist die Grundlage für einen reflektierten Umgang mit den widersprüchlichen An- und Herausforderungen in Schule und Unterricht. Dies erfolgt hier mithilfe der wissenssoziologisch fundierten Begriffe der „Pädagogik kollektiver Zugehörigkeiten“ (Nohl 2014, 137 ff.). Diese Begriffe werden für den Kontext der gesellschaftlichen Institution Schule aufgegriffen, um Überlegungen zur Einbindung von Milieus in gesellschaftliche Herrschaftsverhältnisse erweitert und in einem Ansatz inklusiver Pädagogik spezifiziert. Dies erfolgt mit einem doppelten Anspruch: Die aktuelle Situation der Benachteiligungen in Schule und Unterricht in ihrer Entstehung nachvollziehbar zu machen und Perspektiven für zukünftige Gestaltungsformen und Praktiken aufzuwerfen. Beides orientiert sich am Abbau bestehender Bildungsungleichheit als Voraussetzung und Notwendigkeit für ein demokratisches Miteinander in einer pluralen Gesellschaft.

Die Ausführungen sollen es ermöglichen, kodifizierte Normen, (Entscheidungs-)Erwartungen und Praktiken mithilfe des begrifflich-theoretischen Werkzeugs zu betrachten, einzuordnen und zu reflektieren. Es wird eine begrifflich-theoretische Perspektive eingenommen, die entsprechend exemplarisch bleiben muss, wenn es um spezifische Formen von Differenzen in Schule und Unterricht geht. Dies erfolgt entlang darzustellender Möglichkeiten einer Bearbeitung, welche die pädagogischen Professionen zwar herausfordern, nicht aber überfordern oder als alleinig verantwortlich verstehen. Vielmehr werden Differenzen als wünschenswerter und zugleich notwendiger Teil einer demokratischen Gesellschaft gesehen. In Schule und Unterricht treffen Menschen vielfältiger Milieus aufeinander, die sehr unterschiedliche Erfahrungen gemacht haben und hier in Austausch miteinander gelangen. Dieser eröffnet die Möglichkeit eines pädagogisch reflektierten Miteinanders unterschiedlicher Personen resp. Milieus.

Vornehmlich adressiert das Buch Studierende, deren Ziel es ist, als Lehrer:innen bzw. in anderen pädagogischen Professionen in der Schule zu arbeiten. Es richtet sich gleichermaßen an interessierte Personen, die bereits im schulischen Feld tätig oder mit der (Aus-)Bildung von Lehrkräften betraut sind, sei es in der ersten, der zweiten oder der dritten Phase der Lehrer:innenbildung.

Die vorliegende Einführung bietet eine wissenschaftlich fundierte Form der Auseinandersetzung mit der Praxis und ihrer Reflexion. Dennoch ist hervorzuheben, dass es sich um ein Studienbuch handelt, das als solches nur einen begrenzten Umfang hat, sodass nur ausgewählte Themen platziert werden und Darstellungen keine vergleichbare Tiefe aufweisen können, wie dies in spezifischer Fachliteratur möglich ist; auf entsprechende Fachliteratur wird jeweils am Ende der Kapitel verwiesen. Mit dieser Einführung möchte ich zur Auseinandersetzung mit dem komplexen Themenfeld „Differenzkonstruktionen in Schule und Unterricht“ einladen und neugierig machen, sich anschließend mit der Thematik weiter und tiefgehender auseinanderzusetzen.

Meine eigene berufliche Tätigkeit, in Form von Forschung und Lehre an Universitäten und Hochschulen in Deutschland, Österreich und der Schweiz sowie in Kanada, verdeutlicht mir in mehrfacher Hinsicht, dass der schulgesetzliche ebenso wie der schulstrukturelle Kontext und die Gestaltung der Lehrer:innenbildung erheblichen Einfluss auf die Praxis der Differenzherstellung und -bearbeitung im Unterricht haben. Dass diese Punkte nicht in allen Einzelheiten in diesem Buch diskutiert und miteinander verglichen werden können, gibt der begrenzte Rahmen einer grundlegenden Einführung vor. Zugleich fordert eben dieser zu einer abstrakteren Betrachtung heraus, in der Gemeinsamkeiten deutlich werden. An jenen Stellen, an denen die konkreten Rahmenbedingungen ausgeführt werden, wird dies explizit angeführt.

Das Ziel des Buches, Reflexionsebenen und -inhalte darzustellen und in ihrem Zusammenspiel vorzustellen, findet sich in seinem strukturellen Aufbau wieder, der in aufeinander aufbauenden Einheiten konzipiert ist: Im Anschluss an diese Einleitung wird im *zweiten Kapitel* eine allgemeine Definition von Differenzen gegeben, die auf die Perspektive der Praxeologischen Wissenssoziologie aufbaut, und um die Theorie sozialer Felder erweitert wird. Gemeinsamkeiten und Unterschiede werden entsprechend von Milieus gedacht, deren Angehörige bei der Strukturierung ihres Alltags auf vergleichbare Erfahrungen zurückgreifen. Das Kapitel endet mit der Einführung in die Spezifität, mit der sich Milieus in gesellschaftlichen Organisationen begegnen und ihre gemeinsame Praxis gestalten.

Im *dritten Kapitel* wird dies für die gesellschaftliche Institution Schule konkretisiert. Die Aufgaben, die Schulen in der Gesellschaft übernehmen, werden vorgestellt, ebenso der historische Prozess, in dem sich diese in ihrer heutigen Konkretheit herausgebildet haben. Diese Betrachtung der formalen Seite der Schule nimmt deren strukturelle Verfasstheit in den Blick, die eine Rahmenbedingung innerschulischer Herstellung und Bearbeitung von Differenzen darstellt. An der Vergabe von Noten wird dies konkretisiert.

Das *vierte Kapitel* zeigt entlang von fünf ausgewählten Differenzdimensionen auf, wie sich Benachteiligungen in Schule und Unterricht zeigen. Das Zusammenspiel struktureller und kultureller Bearbeitung wird entlang der gesellschaftlichen Differenzkategorien sozio-ökonomisch-, migrations-, geschlechts- und behinderungsbezogener Differenzen konkretisiert, unter besonderer Berücksichtigung von Benachteiligungen, die mit ihnen einhergehen. Diese vier Kategorien wurden ausgewählt, da sie besonders aussagekräftig in der Reproduktion von Ungleichheit in und durch Schule und Unterricht sind, und folgen der Beschreibung der schuleigenen Kategorie der Leistung. Letztere stellt eine schul- und unterrichtsspezifische Form von Differenz dar, die für die Konstruktion der anderen Differenzen in Schule und Unterricht bedeutsam ist.

Das *fünfte Kapitel* widmet sich einer perspektivisch ausgerichteten Zusammenfassung, indem Inklusion als Möglichkeit für Reflexion von Differenzen und die Bearbeitung von Differenzen in Schule und Unterricht insgesamt aufgeworfen wird. Das Konzept der Inklusion wird anhand erziehungswissenschaftlicher Konzepte veranschaulicht. Eine konkrete Reflexionsfolie für das Erkennen und die Bearbeitung von Differenzen und Differenzkonstruktionen im Unterricht, die an der Überwindung von Benachteiligung orientiert sind, werden aufgegriffen. In dem Kapitel fließen die Darstellungen der vorangegangenen Kapitel zusammen, da Unterricht jener Interaktionsraum ist, in dem die sozialen Milieus der Schüler:innen und Lehrpersonen aufeinandertreffen – mit dem Ziel von Erziehung und Bildung im organisatorischen Kontext der Schule. Entlang dieses Ziels wird zunächst zusammengefasst vorgestellt, was Lern- und Bildungsprozesse charakterisiert. Anschließend wird deren Spezifität im schulischen Kontext beleuchtet und schließlich vorgestellt, wie sich Lehrpersonen diesen Prozessen systematisch annähern können. Darauf aufbauend werden Bezüge für die Reflexion von Differenz im Unterricht, aus der Perspektive von Lehrkräften, betrachtet.

Die Gestaltung einer inklusiven Schule, die perspektivisch formuliert wird, stellt zugleich die Chance und Herausforderung für angehende Lehrer:innen dar, diesen Prozess aktiv mitzugestalten. Die Möglichkeit besteht, eine schulische Lehr-Lernkultur zu gestalten, die zwar im Spannungsfeld von Inklusion und Exklusion angesiedelt ist, jedoch die Mitgliedschaft und Verteilung von Privilegien nicht in vergleichbarer Weise reproduziert, wie es aktuell zu beobachten ist. Ziel dieses Buches ist es, einzuladen, an dieser Gestaltungsaufgabe zu partizipieren.

Mit diesem Vorhaben möchte dieses Buch dazu anregen, Differenzen als Ausgangspunkt für Bildungs- und Erziehungsprozesse sowie für Schul- und Unterrichtsentwicklung zu begreifen, ihren Anteil an der systematischen Benachteiligung sozialer Gruppen zu erkennen und Alternativen zu entwickeln. Dies erfordert, dass die Leser:innen sich zuweilen darauf einlassen, ihre bisherigen Vorstellungen von Schule und Unterricht irritieren zu lassen. Es sollen Perspektiven aufgeworfen und Neugierde geweckt werden, sich weitergehend mit der Thematik auseinanderzusetzen; hierfür werden Literaturhinweise gegeben und Übungsaufgaben bereitgestellt. Letztere sollen zum Diskutieren anregen und so gleichermaßen eine vertiefte Auseinandersetzung herausfordern. Das Buch möchte einen Anlass für eine reflektierte Auseinandersetzung und Bearbeitung von Differenzen in Schule und Unterricht schaffen.

Hamburg, im Herbst 2023

2 Differenzen in Schule und Unterricht

Differenzen stellen seit Beginn der 1990er Jahre zentrale Bezüge dar, wenn es um die Beschreibung schulischer und unterrichtlicher Realität geht (Mecheril/Plößer 2009). Dieser Abschnitt möchte in das Verständnis von Differenz und Gleichheit einführen. Ziel dieser einleitenden Überlegung ist es, eine Analysefolie bereitzustellen für pädagogische, v.a. für unterrichtliche Zusammenhänge, zu denen Bildungs-, Lern-, Erziehungs- und Sozialisationsprozesse zählen. Die aufzuführenden theoretischen Konzepte sollen dabei helfen, den Blick für Differenzen sowie Ungleichheit in Schule und Unterricht zu schärfen.

Im ersten Abschnitt wird eine allgemeine Definition von Differenz bzw. differenten Milieus vorgenommen. Diese Perspektive wird im darauffolgenden Abschnitt um eine sozialkonstruktivistische und praxeologisch-wissenschaftssoziologische Perspektive (vgl. Bohnsack 2017), die wesentlich auf der Konzeption der „Pädagogik kollektiver Zugehörigkeiten" Arnd-Michael Nohls (2014, 137) aufbaut, differenziert und anhand der Überlegungen zu Milieus als Felder im sozialen Raum erweitert.

2.1 (Differente) Milieus - Perspektive der Praxeologischen Wissenssoziologie

Die dargelegten Ausführungen der Praxeologischen Wissenssoziologie (vgl. Bohnsack 2017) und der „Pädagogik kollektiver Zugehörigkeiten" von Arnd-Michael Nohl (2010), die um die Ausführungen zum sozialen Raum der Gesellschaft von Bourdieu (1987, 2009) ergänzt sind, sollen das Verständnis von Differenzen konkretisieren. Arnd-Michael Nohl hat seine Ausführungen an die Überlegungen zur Praxeologischen Wissenssoziologie von Karl Mannheim (1980) und Ralf Bohnsack (2021) aufgebaut.

Gemeinsamkeiten und Unterschiede bzw. Differenzen werden in dieser theoretischen Position mithilfe eines kultursoziologischen Milieubegriffs erklärt. Zunächst soll jedoch der Grundbegriff der Perspektivität von Milieus *(siehe Kapitel 2.2.1)* besprochen werden. Anschließend werden Bourdieus (1992) Überlegungen zum relationalen

Zusammenhang von Milieu und sozialem Feld im sozialen Raum der Gesellschaft beschrieben *(siehe Kapitel 2.2.2)*. Abschließend werden differente Milieus in Schule und Unterricht vorgestellt.

2.1.1 Milieus

zwei Wissensformen

Um Differenzen aus der Perspektive der Praxeologischen Wissenssoziologie heraus zu betrachten, ist es notwendig, zwischen zwei unterschiedlichen Logiken zu unterscheiden, die die menschlichen Interaktionen auszeichnen: die propositionale und die performative Logik.

Die Praxeologische Wissenssoziologie stellt eine Grundlagentheorie dar, mit deren Kategorien – oder Begriffen – der Sinn von Handlungspraxen sozialer Akteur:innen in spezifischen sozialen und materialen Verhältnissen (vergleichend) beschrieben wird. Vergleiche von Praxen oder Milieus, die in unterschiedlichen sozialen und materialen Kontexten generiert werden (z. B. ein- und mehrgliedrige Schulsysteme), können erklären, wie die Praxen hervorgebracht werden. Die Begriffe der Praxeologischen Wissenssoziologie gehen auf die Arbeiten zur Wissenssoziologie von Karl Mannheim (1964; 1980) zurück. Vor dem Hintergrund seiner Kritik am Rationalismus – einem Verständnis, dass die soziale Welt nach logischen und gesetzmäßigen Mechanismen erfolgt, ähnlich der Mathematik, versteht – entwickelte Karl Mannheim die analytische Unterscheidung von zwei Wissensformen: das *kommunikative* und das *konjunktive* Wissen. Seine Ausführungen beziehen sich dabei v. a. auf gesellschaftliche Milieus, also auf geteilte oder gleiche Handlungspraxen von Akteur:innen. Diese können entlang von Generation und Geschlecht – die entlang unterschiedlicher sozialer und materialer Bedingungen generiert sind – differieren. Ralf Bohnsack (2017) hat Karl Mannheims Leitdifferenz von kommunikativem und konjunktivem Wissen zur Unterscheidung von propositionaler und performativer Logik weiterentwickelt. Kommunikatives Wissen bzw. Wissen, das einer „propositionalen Logik" (ebd. 2017, 63) folgt, wird auch als Common-Sense Wissen verstanden. Es zeichnet sich durch einen zweckrationalen Charakter aus und findet sich u. a. in Normen bzw. Regeln sowie Rollen- und Identitätserwartungen (vgl. ebd.). Das konjunktive Wissen bzw. Wissen, das einer „performativen Logik" (ebd., 63) folgt, wird als habitualisiertes bzw. „atheoretisches" (Mannheim 1980, 211 ff.) verstanden. Es fungiert in der Handlungspraxis implizit und stellt zugleich orientierendes – also handlungsleitendes – Wissen dar, das in der gemeinsamen Erfahrung, im „konjunktiven Erfahrungsraum“ (ebd.), erworben wird und als „*Orientierungsrahmen im engeren Sinne*“ (Bohnsack 2017) bezeichnet wird. Beide Logiken, die proponierte bzw. die der Norm und die performative resp. die des Habitus, stehen in einem „Spannungsverhältnis“ (ebd., 103) zueinander. Diese „notorische Diskrepanz“ (ebd.) zwischen beiden wird in der Alltagspraxis von den Akteur:innen explizit, v. a. aber implizit oder habituell, reflektiert und entsprechend handlungspraktisch bearbeitet. Erfolgt die Bearbeitung dieses Spannungsverhältnisses in habitualisierter Form beschreibt Ralf Bohnsack (ebd., 103) dies als „*Orientierungsrahmen im weiteren Sinne*“.

Das handlungspraktische Wissen, das einer performativen Logik folgt, stellt Erfahrungswissen dar, das einzelne durch die Beziehung zu anderen Personen und/oder zu Gegenständen gemacht haben; so beispielsweise die Kindheitserfahrung, aus Büchern vorgelesen zu bekommen. In der je konkreten Situation wird die Erfahrung der Beziehung, gemeinsam eine Geschichte zu verfolgen, einer „Kontagion“ (Mannheim 1980, 208), gemacht – einer existenziellen Bezogenheit auf den Gegenstand „Buch“, der diese bereithält. Derartige Erfahrungen, die Mannheim als „konjunktive“ Erfahrungen (Mannheim 1984) bezeichnet (einander existenziell verbindende Erfahrungen), stehen nicht notwendigerweise begrifflich reflexiv zur Verfügung. Sie machen jedoch einen wesentlichen Teil menschlichen Wissens aus und sind zugleich orientierende Grundlage für Praktiken und Handlungen, in die sie einfließen.

Definition:

Das *handlungspraktische Erfahrungswissen, das einer performativen Logik folgt,* ist jenes, das in der Auseinandersetzung mit der sozialen und materialen Welt gesammelt wird. Aus dieser Erfahrung ergibt sich ein praktisches Verhältnis der Menschen zur Welt, das vorbegrifflich zur Verfügung steht. Dieses Praxiswissen steht nicht unmittelbar reflexiv zur Verfügung (Mannheim 1980, 205 ff.). Das in eigener Handlungspraxis erworbene Erfahrungswissen wird in Handlungssituationen reaktualisiert.

Folglich fungiert es als „*Praxissinn*“ (Bourdieu 1998), also aus selbst erfahrener Handlungspraxis heraus wird die Praxis generiert.

Praxis

Dass Menschen über unterschiedliche Erfahrungen verfügen, zeigt sich in ihren je verschiedenen alltäglichen Praktiken. Die Gestaltung des Alltags umfasst jegliche Bereiche menschlichen Lebens, u. a. sich zu ernähren, sich zu kleiden, einer Arbeit nachzugehen, die Freizeit zu gestalten. Für und in den unterschiedlichen Bereichen haben Menschen Praktiken entwickelt, die sie nicht notwendigerweise explizit beschreiben können, da diese körperlicher und performativer Art sind. Die Orientierung erfolgt auf der Erfahrungsgrundlage entlang des inkorporierten Wissens, das den Praktiken zugrunde liegt und in konkreten Erlebniszusammenhängen generiert wurde (Bohnsack 2021, 46). Innerhalb pluraler Gesellschaften finden sich unterschiedliche Formen der Lebenspraxis, die als „Milieus" (Nohl 2014, 140) bezeichnet werden.

Definition:

Milieus stellen Kulturen der praktischen Lebensführung und der Alltagsgestaltung dar, die auf der Grundlage kollektiver Erfahrungen basieren (Nohl 2014).

Verstehen

Milieus stellen gelebte Praxis innerhalb kollektiver Zugehörigkeiten dar, welche die Angehörigen durch Einbindung in vergleichbare, *homologe, soziale Lebenszusammenhänge* erwerben. Diese strukturidentischen oder gemeinsam gemachten Erfahrungen fungieren als eine Art Brille, durch die der Alltag betrachtet und Partizipation daran eröffnet wird. Die milieubezogenen Erfahrungen, die „kollektiven Erlebnisschichtungen" (Bohnsack 2021, 66), müssen nicht in konkreten, gemeinsamen Erlebnissen gemacht werden, sondern lediglich gleichartig sein. Die Erfahrungen verbinden die Angehörigen eines Milieus miteinander, sie stellen die „Konjunktion", eine Verbindung, zwischen ihnen her und dar. Das geteilte Erfahrungs- und Orientierungswissen wird auch als „konjunktives", also verbindendes Erfahrungswissen bezeichnet. Es ermöglicht den Angehörigen eines Milieus, sich untereinander unmittelbar zu verstehen (Mannheim 1980, 217 ff.).

Erfahrungen zwischen den Angehörigen unterschiedlicher generationeller Milieus, beispielsweise in Bezug auf die Nutzung von und den selbstverständlichen Zugang zu digitalen Medien, können sich unterscheiden. Die generationelle Differenz kann sprachlich zum Ausdruck kommen, in der Nutzung von Fachtermini und/oder handlungspraktisch, wie die Medien im Alltag gebraucht und herangezogen werden.

Die Erfahrungen erlauben es den Angehörigen eines Milieus, in vergleichbarer Weise materiale und soziale Gegenstände bzw. Zusammenhänge zu betrachten und so auf sie in ihrem Alltag Bezug zu nehmen, da sie in gemeinsamen oder vergleichbaren Erlebniszusammenhängen gewonnen wurden. Die Zusammenhänge müssen nicht weiter expliziert werden, sie werden verstanden, da sie in ihrer Existenz *verstanden* werden, die innerhalb des konjunktiven Erfahrungsraums besteht.

Die Zugehörigkeit zu Milieus kann zwar reflexiv zugänglich sein, ist es jedoch im Alltag üblicherweise nicht (Bohnsack 2021, 66).

In diese Milieus werden Menschen hineingeboren bzw. einsozialisiert. Milieus sind entsprechend der Individualität der/des Einzelnen vorgeordnet, da sich Individualität nur innerhalb von Milieus entfalten kann. Das konjunktive Wissen, über das ein Milieu zur Bearbeitung des Lebensalltags verfügt, wird v.a. in mimetischer Hinsicht sowie durch Beobachten und Aushandeln erlernt und zur Bearbeitung der eigenen Lebenspraxis herangezogen. Dabei determiniert ein Milieu die Handlungen und Praxen einzelner Personen nicht derart, dass konkrete Handlungen vorgegeben wären. Vielmehr eröffnen Milieus Optionen und Variationen. Die individuellen Spielräume ergeben sich auch durch und für die Zugehörigkeit von Menschen zu mehreren Milieus, die sich in je spezifischer Art überlagern (Nohl 2014, 157). Nohl nennt sie „gesellschaftlich etablierten Dimensionen von Heterogenität" (Nohl 2013, 55), zu denen beispielsweise Geschlecht bzw. Gender und die sozial-ökonomische Situation zählen. Dass entsprechende Milieuerfahrungen mit unterschiedlichen Handlungspraktiken einhergehen, konnte empirisch-rekonstruktiv nachgewiesen werden (z.B. Bohnsack et al. 1995; Schittenhelm 2005). Von diesen zu unterscheiden sind Milieus, die noch im Entstehen sind und/oder die noch nicht rekonstruiert wurden (Nohl 2013, 60).

Mehrdimensionalität von Milieus

Die Mehrdimensionalität von Milieus ergibt sich aus der Überlappung unterschiedlicher Erfahrungsdimensionen, wie beispielsweise der genderbezogenen Erfahrungsdimension mit der des sozio-kulturellen Milieus.

Folglich ist nicht von einem eindimensionalen – und totalen – Verständnis von Milieu auszugehen, vielmehr überlagern sich Milieudimensionen. Die unterschiedlichen Erfahrungen, aus denen sich das handlungsleitende Wissen einzelner speist, können in Konflikt oder Widerspruch miteinander stehen. In diesen Konflikten liegt das Potenzial für bildende Entwicklung und Neugestaltung von Milieus. Die Überlappung der Milieus in einer konkreten Person führen ebenso zur Individualität resp. zu einem individuellen oder persönlichen Habitus wie die unterschiedlichen Lösungs- und Bearbeitungsformen des Alltags, die Milieus aufgrund ihrer Vielschichtigkeit und Mehrdimensionalität inhärent sind (Nohl 2014, 156).

Milieus sind weder einheitlich noch statisch, sondern vielfältig, dynamisch und damit wandelbar. Unterschiedliche Erfahrungen überlagern sich, sodass verschiedene Erfahrungsdimensionen zusammenkommen. Einen Menschen auf die Zugehörigkeit zu nur einem Milieu zu reduzieren, wäre eine Verkürzung seiner Realität (Nohl 2014, 164). Derartige Reduktionen auf eine Milieuzugehörigkeit werden häufig praktiziert. Auch Forschung und Wissenschaft sind hiervon nicht frei.

Die Mehrdimensionalität von Milieus eröffnet eine Perspektive der Betrachtung von Differenzen, die über eindimensionale Zuschreibungen hinausgeht. Dennoch finden in der Gesellschaft häufig eindimensionale Betrachtungen und Zuschreibungen statt, bis hin zu einer kategorialen Verfestigung, wie sie z. B. in „die Männer" zum Ausdruck kommt. Dass dieser einseitige Blick auf Differenzdimensionen häufig eingenommen wird, lässt sich mithilfe der „Übersetzung" konjunktiven Erfahrungswissens in kommunikativ generalisiertes Wissen erklären (Nohl 2014, 159 f.), die häufig dann und dort erfolgt, wenn die Angehörigen unterschiedlicher Milieus sich einander erklären.

Konjunktion und Distinktion

Es bestehen Differenzen zwischen unterschiedlichen und innerhalb erfahrungsbezogener Milieus. Sie fußen auf den verschiedenartigen Erfahrungen, die Menschen machen, und bieten Zugehörigkeit zu einer Lebenspraxis, also zu Konjunktionen, die es erlauben, den komplexen Alltag zu bewältigen. In den *Konjunktionen* sind zugleich *Distinktionen* enthalten, da die Zugehörigkeit zu einem Milieu immer auf Abgrenzung gegenüber anderen Milieus verweist (Nohl 2014, 139).

überkonjunktiver Zusammenhang

Der praxeologisch-wissenssoziologischen Perspektive folgend, besteht neben dem Praxiswissen, den konjunktiven Erfahrungen und ihren Gehalten, die nur innerhalb der Milieus verständlich sind, also in der existenziellen Gemeinschaft, in der sie generiert wurden (Nohl 2014, 140), *wörtlich-begriffliches* und *nonverbales, symbolisches Wissen* über die soziale wie materiale Welt und somit auch über die Milieus selbst. Anders als konjunktives Erfahrungswissen, das auf *unmittelbarem Verstehen* (Bohnsack 2010, 55 ff.) basiert, ist das kommunikativ-generalisierte auf *Interpretationen* angewiesen. Dort, wo über die Grenzen von Milieus und geteilten konjunktiven Erfahrungen hinweg kommuniziert wird, wird kommunikatives Verstehen notwendig. Die Verständigung ist darauf angewiesen, dass milieugebundene Selbstverständlichkeiten überkonjunktiv expliziert werden. Um die Bedeutung von etwas zu erklären, ist es erforderlich, konkrete Erfahrungen in abstrakte Sprachlichkeit zu übersetzen. Hierfür bedarf es der Kommunikation auf explizit-begrifflicher Ebene, die auf Abstraktionen von der milieugebundenen Perspektive angewiesen ist (Nohl 2014, 142).

kulturelle Repräsentationen

Neben verbalen Formen liegt dieses auf der Ebene kultureller Repräsentationen vor (Nohl 2014, 137ff.). Sie korrespondieren mit kommunikativ-generalisierten Bedeutungen, sind in sprachlicher und in symbolischer sowie nonverbaler Hinsicht vorhanden. Wörter und Begriffe der sprachlichen Ebene finden als explizite Äußerungen ihr Äquivalent auf nonverbaler symbolischer Ebene in materialer und sozialer Hinsicht. Sie bestehen aus Selbst- und Fremdzuschreibungen der Zugehörigkeit zu kulturellen Gruppen. Die Kleidung stellt eine solche kulturelle Repräsentation dar, die uns Hinweise z.B. auf das Geschlecht resp. der geschlechtlichen Identität im jeweiligen Kulturkreis einer Person gibt.

Zuschreibungsprozesse finden überwiegend auf der Grundlage kultureller Repräsentationen statt, die aufgrund der Eindeutigkeit, mit der sie von allen erkannt werden können und sollen zugleich von der Vielfalt abstrahieren, die in Milieus anzutreffen ist (Nohl 2014, 139f.). Dabei wird die Vielfalt der milieuspezifischen Repräsentation häufig verdichtet und es werden eindimensionale Reduktionen vorgenommen, die sich in stereotypisierenden Zuschreibungen zuspitzen können. Durch die Reaktualisierung der eigenen kollektiven Zugehörigkeit, durch Abgrenzungen und Distinktionen in der Beschreibung verstärken sich diese (Nohl 2014, 158f.).

Sozialisation

Zugehörigkeit zu Milieus: Milieus bestehen durch die und in den Lebenspraxen ihrer Angehörigen. Die Aktualisierung und Weitergabe milieuspezifischen Wissens an die nächste Generation mittels Sozialisation und Erziehung erfolgt durch die Reaktualisierung in Alltagspraktiken. Sozialisation und Erziehung verlaufen dabei nicht linear; Milieus sind weder statisch noch eindimensional, sondern dynamisch und mehrdimensional, da mehrere Differenzdimensionen in ihnen aufgehen (Nohl 2014, 166). Folglich sind keine homogenen Milieus denkbar, in die Kinder und Jugendliche einsozialisiert werden. Die frühe familiäre und außerfamiliäre Sozialisation beschreibt jenen Prozess, in dem implizites Wissen eines Milieus an die jüngere Generation weitergegeben wird; ohne dass Sozialisation je als abgeschlossener Prozess verstanden werden kann, da eine kontinuierliche, erfahrungsbezogene Differenzierung im Laufe des Lebens stattfindet. Im Vergleich zu Erziehung ist Sozialisation, die in den unterschiedlichen gesellschaftlichen Institutionen und Organisationen wie Familie,

Kita und Schule vollzogen wird, nicht bzw. nur selten intentional (Marotzki et al. 2006, 138 ff.).

schwach heterogene Milieus

Mehrdimensionalität findet sich auch in sogenannten „schwach heterogenen Milieus" ebenso wie in „stark heterogenen". Zu schwach heterogenen Milieus gehören in der aktuellen Gesellschaft jene, die lediglich in Bezug auf die Generation und – je nachdem – das Geschlecht verschiedenartig sind (Nohl 2014, 170). Für die Bewältigung einer generationsbezogenen Weitergabe handlungspraktischen Wissens, wie in der Adoleszenz, stellen die schwach heterogenen Milieus Vorbilder und Modelle bereit, an denen sich die Kinder bzw. Jugendlichen orientieren können. Milieus, die auf diese Weise tradiert werden, zeichnen sich durch *biografische Dauerhaftigkeit und Kontinuität* aus, auf die sich ihre Mitglieder beziehen können (Nohl 2014, 149, 168).

stark heterogene Milieus

Liegen keine derartigen Orientierungsmodelle und Vorbilder handlungspraktischen Wissens vor bzw. sind diese nicht mit den gesellschaftlichen Erwartungen zu vereinbaren, vor die die nachwachsende Generation gestellt ist, spricht man von „stark heterogenen Milieus". Diese verweisen darauf, dass zwischen Erwachsenen und Kindern mehr als gender- und ggf. generationsspezifische Unterschiede bestehen. Dies kann beispielsweise durch die Erfahrung von Migration oder durch gesamtgesellschaftliche Umbrüche, wie dem „Fall der Berliner Mauer" bedingt sein. Solche Ereignisse, die biografische Brüche oder Diskontinuitäten für die Betroffenen darstellen, können (so sie von mehreren Personen erfahren werden) die Entwicklung neuer Milieus eröffnen. Deren Genese findet dort statt, wo die ältere Generation praktisch anwendbare Vorbilder der Lebensbewältigung nicht an ihre Kinder weitergeben kann und die nachwachsende Generation individuelle Handlungsweisen hervorbringt (Nohl 2014, 169 ff.).

Aus der Erfahrung heraus, keine Rollenvorbilder oder Modelle zu haben, werden neue Orientierungen entwickelt, um den Alltag zu bewältigen. In diesen neuen Formen werden die differenten Erfahrungen, die unterschiedlichen Sphären (wie beispielsweise die der Familie und die der Schule), aufeinander bezogen und so ihre Bewältigung vorgenommen. Dies gelingt zunächst durch eine Trennung der Sphären und den in ihnen enthaltenen Erwartungen an die Akteur:innen. Die Abgrenzung eröffnet zum einen Handlungsfähigkeit und ermöglicht zum anderen die Entwicklung eigener neuer Bearbeitungsformen (Nohl 2014, 148). Neben den durchaus schwierigen Herausforderungen, welche die Gestaltung und Etablierung neuer Milieus für die davon betroffenen Menschen mit sich bringen, eröffnen sich zugleich Räume und Möglichkeiten für Kreativität und Entwicklung (Nohl 2014, 169 ff.).

Der Fall der Berliner Mauer stellt ein Beispiel hierfür dar: Die ehemaligen DDR-Bürger:innen sind in einem politischen und gesellschaftlichen System sozialisiert worden, vor dessen Hintergrund sie Praktiken zur Bewältigung des Alltags entwickelt haben. Zu DDR-Zeiten bestehende Selbstverständlichkeiten, entlang derer der Alltag organisiert wurde, unterschieden sich jedoch von denen der BRD. Die damalige Kinder- und heutige Erwachsenengeneration erhielt nicht in vergleichbarem Maße Modelle und Vorbilder, wie der Alltag praktisch bewältigt werden kann, wie ihre Peers aus der ehemaligen Bundesrepublik.

Die Gesellschaft ist an sich heterogen und besteht aus mehrdimensionalen Milieus (Nohl 2014, 150). Die Differenzierung der Gesellschaft in Milieus steht auch in Relation zu den unterschiedlichen Zugangsmöglichkeiten zu gesellschaftlichen Gütern.

2.1.2 Milieus im sozialen Raum

Milieus und Habitus

Die ausgeführten Überlegungen der Praxeologischen Wissenssoziologie zum Milieu werden mit den theoretischen Ausführungen Pierre Bourdieus (1982; 1998) zum Habitus verknüpft. Bourdieus empirische Annäherung an diesen (1982; 1998) erfolgt wesentlich über Kapitalien und ihre Zusammensetzung, die Akteur:innen zur Bewältigung ihres Lebensalltags zur Verfügung stehen. Kapitalkonfigurationen unterschiedlicher Milieus betrachtet er in Relation zueinander und anhand der Macht- und Herrschaftsverhältnisse, die darin enthalten sind.

Gemeinsam ist den theoretischen Positionen, dass sie davon ausgehen, dass die soziale Situation oder Lage von Menschen sich in ihren Handlungen und Orientierungen niederschlägt. Dies zeigt sich, davon wird ebenfalls in beiden Ansätzen ausgegangen, auch in der praktischen Seite des Handelns. Vor diesem Hintergrund ist es möglich, mit Hilfe der Ansätze die Dichotomie zwischen Mikro- und Makroebene zu überwinden. Ergebnisse und Resultate, die makroanalytisch betrachtet werden, wie z.B. die unterschiedliche Teilhabe von Schüler:innen mit/ohne Migrationshintergrund an den unterschiedlichen schulischen Bildungsgängen, finden sich in unterrichtlichen Interaktionen, also Praxen der Mikroebene wieder.

Die Verknüpfung beider theoretischer Perspektiven soll es ermöglichen, die Bedeutung der sozio-ökonomisch unterschiedlichen Lebenslagen, die Bourdieu fokussiert und denen innerhalb der erziehungs- und bildungswissenschaftlichen Forschung eine entscheidende Bedeutung im Zusammenhang mit (schulischem) Bildungserfolg zugeschrieben wird, in die bisherigen Überlegungen zu integrieren.

Die Bedingungen für die Gestaltung von Lebenspraxen unterscheiden sich und entwickeln zugleich eigene Dynamiken. Das, was Nohl (2007, 66) als „konjunktives Erfahrungswissen“ eines Milieus definiert, zeigt Parallelen zu Bourdieus Habituskonzept, insbesondere dem Praxissinn, der zwischen Feld und Habitus vermittelt. Dieser praktische Sinn, der Habitus, erlaubt es Menschen, in ihrem Alltag auf spezifische Art und Weise handlungsfähig zu sein (Bourdieu 2009, 139 ff.).

Die entwickelte Praxis eines Milieus sieht Bourdieu (1982) in engem Zusammenhang mit den Kapitalien, die den Menschen – zur Bewältigung ihres Alltags – zur Verfügung stehen. Diese werden in der Praxeologischen Wissenssoziologie als materiale – und damit verbundene – soziale Rahmenbedingungen verstanden. Mithin eröffnet und verschließt (immer in Relation zu anderen Gesellschaftsmitgliedern resp. Milieus gedacht) die Verfügung über Kapitalien Möglichkeiten der Lebensführung und Gestaltung.

Der Habitus fungiert somit als Muster, mit dem die Welt betrachtet wird und in dem gleichzeitig Praktiken begründet werden, ohne jedoch konkrete Handlungsschritte vorzuschreiben. Vielmehr werden Handlungsmöglichkeiten und -optionen eröffnet (Bourdieu 1987, 100 ff.). Die Ausprägung des Habitus ist eng an die Lebensbedingungen gebunden, die Bourdieu anhand des Kapitals, das zur Verfügung steht, beschreibt.

Definition:

Kapital meint akkumulierte Arbeit, die in materieller oder immaterieller – also in verinnerlichter oder inkorporierter – Hinsicht vorliegt (Bourdieu 1992, 49).

Kapital

Menschen investieren Arbeit und Zeit, um Kapitalien zu erwerben, dies gilt gleichermaßen für objektivierte wie für inkorporierte Formen. Der Besitz von viel Kapital eröffnet mehr Zugangsmöglichkeiten zu gesellschaftlich begehrten Positionen und Lebensstilen, als dies bei wenig Kapital der Fall ist. Unterschiedliche Kapitalien, also Ressourcen (ökonomischer, kultureller, sozialer und symbolischer Art), die sich durch ein spezifisches Verhältnis zueinander auszeichnen, sind gesamtgesellschaftlich vorhanden. Sie können gegeneinander getauscht werden, dadurch stehen sie in Relation und Abhängigkeit zu- und voneinander. Die je zur Verfügung stehenden Kapitalien und ihre Zusammensetzung eröffnen und/oder begrenzen den Erwerb spezifischer Werte, Vorstellungen und Lebenspraxen. Diese Optionen führen zu Erfahrungen, die ihrerseits ein Milieu ausmachen (Bourdieu 1992, 49 ff.).

inkorporiertes kulturelles Kapital

Kulturelles Kapital: Kulturelles Kapital kann in drei unterschiedlichen Formen vorliegen: inkorporiert, objektiviert und institutionalisiert. Inkorporiertes kulturelles Kapital ist körpergebunden, d. h. der Lernaufwand, der zu seiner Aneignung notwendig ist, muss von dem/der Träger:in selbst geleistet werden. Die Investition von Zeit in ein Studium und/oder in die Schulbildung setzt formal voraus, dass Personen sich lernend auseinandersetzen; dabei handelt es sich um eine Zeit, in der kein Geld verdient oder Freizeit genossen werden kann und die finanziert werden muss, da sie eben nicht für Arbeit aufgewendet werden kann (Bourdieu 1992, 55 ff.).

objektiviertes Kulturkapital

Materielle Träger wie Bücher, Gemälde und Musikinstrumente stellen das objektivierte Kulturkapital dar. Neben dem rein materiellen und ökonomischen Wert wohnt ihnen eine kulturelle Bedeutung inne, die nur dann erschlossen werden kann, wenn inkorporiertes Kulturkapital vorliegt, wie z. B. ein Instrument spielen zu können; oder der Einsatz eines technischen Hilfsmittels, wie eines Computers, und geht über den „reinen Besitz“ hinaus (Bourdieu 1992, 59 ff.).

institutionalisiertes Kulturkapital

Wie das inkorporierte ist auch das institutionalisierte Kulturkapital an den/die Träger:in gebunden. Hierzu zählen Bildungszertifikate und akademische Titel. Dieses Kulturkapital unterscheidet sich von (ausschließlich) inkorporiertem Wissen dadurch, dass es in der Regel einfacher umzutauschen und rechtsgültig anerkannt ist. So kann ein Zertifikat wie der „Master of Education“ genutzt/getauscht werden, um zunächst einen Referendariats- und später einen Arbeitsplatz als Lehrperson an einer Schule zu erhalten. Somit eröffnet sich die Option, durch Tausch ökonomisches Kapital zu erwerben. Inhalte, die sich Menschen autodidaktisch angeeignet haben, lassen sich nicht auf vergleichbare Weise transferieren (Bourdieu 1992, 61 ff.).

soziale Netzwerke

Soziales Kapital: Diese Kapitalform bezeichnet soziale Netzwerke zwischen Menschen. Sie können genutzt werden, um materielle und/oder immaterielle Tauschbeziehungen vorzunehmen. Derartiger Austausch setzt die gegenseitige Anerkennung der Akteur:innen eines Netzwerks voraus, das institutionalisiert vorliegen kann und/oder aus dem subjektiven Gefühl der Verpflichtung heraus besteht. Zum sozialen Kapital zählen neben Freundschaften auch die Familie oder eine Parteizugehörigkeit.

Die Zugehörigkeit zu sozialen Netzwerken basiert auf gegenseitigem Anerkennen und eröffnet die Möglichkeit, im Sinne einer Kreditwürdigkeit, auf das Kapital des gesamten Netzwerks zugreifen zu können. Um diese Potenziale nutzen zu können, ist Beziehungsarbeit in Form von Zeit und/oder Geld aufzuwenden. Die Beziehungspflege bedarf Zeit und/oder Geld und schafft Solidarität zwischen den Netzwerkmitgliedern, die in Form von gegenseitigen Einladungen, von Geschenken oder durch anderweitige Gegenleistungen praktiziert werden kann. So kann Nachhilfeunterricht für das Kind einer Freundin mit einer Esseneinladung oder mit dem Gießen der Blumen während urlaubsbedingter Abwesenheit getauscht werden. Der Tausch ist auf Gegenseitigkeit angewiesen, insbesondere dann und dort, wo keine familiären Beziehungen und Verantwortungen zwischen den Akteur:innen bestehen.

Soziales Kapital kann in institutionalisierter Form vorliegen (wie die Zugehörigkeit zu einer Partei, einem Verein oder auch einer Arbeitsstelle) und aus dem Gefühl subjektiver Verpflichtungen heraus entstehen (Bourdieu 1992, 63 ff.).

materielle Güter

Ökonomisches Kapital: Zu ökonomischem Kapital zählen neben Geld all jene Gegenstände und materiellen Güter, die jemand besitzt, wie Immobilien, Kunstwerke, Aktien u. v. m. In Marktwirtschaften können diese unkompliziert mithilfe von Geld getauscht und/oder in Geld verwandelt werden. Die Umwandlung zwischen den unterschiedlichen Kapitalsorten macht einen wesentlichen Bestandteil menschlichen Zusammenlebens aus. Hierbei nimmt das ökonomische Kapital eine Art Schlüsselstellung ein, da mit seiner Hilfe andere Kapitalsorten verhältnismäßig leicht erworben werden können; oder es kann für notwendige Transformationsprozesse eingesetzt werden (Bourdieu 1992, 52).

Mirkos Eltern verfügen über eine vergleichsweise große Menge ökonomischen Kapitals. Als seine schulischen Leistungen schlechter werden, finanzieren sie ihrem Sohn Nachhilfeunterricht. Eine Nachhilfelehrerin soll Mirko helfen, die schulisch von ihm erwarteten Ziele zu erreichen, damit er in die nächste Klassenstufe versetzt wird. Mirkos Eltern sind selbst Lehrer:innen von Beruf und verfügen über das kulturelle Kapital, ihn selbst beim schulischen Lernen zu unterstützen. Sie haben sich aber entschieden, Mirko eine Nachhilfelehrerin zu finanzieren, da sie selbst wenig (Frei-)Zeit zur Verfügung haben; und diese wenige Zeit wollen sie lieber Tennis spielend mit ihren Kindern verbringen.

Stefans schulische Leistungen sind vergleichbar mit denen Mirkos. Seine Familie verfügt jedoch weder über das ökonomische noch über das kulturelle Kapital wie Mirkos Familie. Stefans Mutter bittet ihre Schwester, ihren Sohn bei den Hausaufgaben zu unterstützen. Im Gegenzug möchte sie für die Schwester Hausarbeit erledigen. Stefans Mutter greift auf soziales, familiäres Kapital zurück und bietet zugleich eine Tauschleistung an.

Anerkennung

Symbolisches Kapital: Die vierte Kapitalform, das symbolische Kapital, unterscheidet sich von den drei anderen dadurch, dass sie ihnen innewohnt. Symbolisches Kapital stellt die wahrgenommenen und anerkannten Eigenschaften der drei anderen Kapitalsorten dar. Erst durch das symbolische Kapital erhalten die anderen Kapitalsorten ihren Wert, ihre Anerkennung. Die Allgemeine Hochschulreife, das Abitur, der Mittlere Schulabschluss (MSA) und der Erste Schulabschluss (ESA) sind anerkannte Bildungsabschlüsse. Zugleich entstehen durch das symbolische Kapital Relativierungen und Unterscheidungen. So ist der ESA zwar ein anerkannter Bildungsabschluss, er verfügt im Vergleich zur Hochschulreife aber über weniger Prestige und eröffnet ihr gegenüber einen eingeschränkteren Spielraum für weitere Bildungswegentscheidungen (Bourdieu 1998, 108 f.).

Es ist festzuhalten, dass die jeweils zur Verfügung stehenden Kapitalien in Art und Umfang den Habitus von Menschen prägen, d.h. ihre „Wahrnehmungs-, Denk- und Handlungsschemata" (Bourdieu 1978, 101), mit denen sie die materielle Welt und das soziale Miteinander betrachten und bewerten und die gleichzeitig ihre Handlungen in dieser materiellen Welt strukturieren. Die praktischen Lebensvollzüge von Milieus stehen in ihrer Genese mit diesen Rahmenbedingungen in Zusammenhang.

Soziale Felder und Feld der Macht: Soziale Felder stellen Räume dar, die sich aus einem Netz relativ zueinander stehender Positionen aufspannen und in Relation zu deren Kapitalvolumen stehen. Hierfür wird auf das kulturelle und das ökonomische Kapital Bezug genommen. Dies lässt sich in einem zweiachsigen Modell abbilden (siehe Abbildung 1).

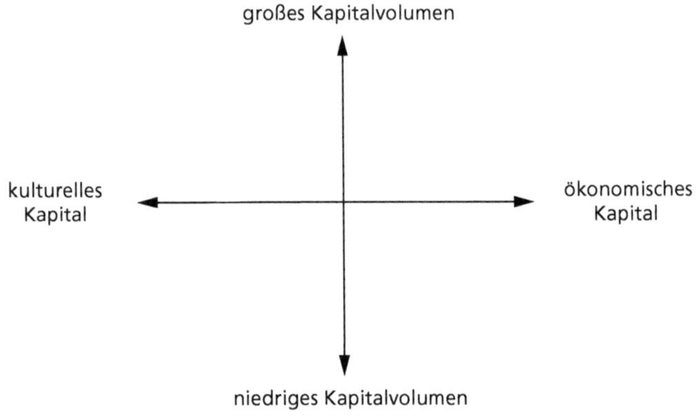

Abb. 1: Struktur des sozialen Raums (nach Bourdieu 1998, 19)

Struktur des sozialen Raums

Die vertikale Achse beschreibt das Gesamtvolumen an kulturellem und ökonomischem Kapital einer Gesellschaft und die horizontale die Struktur des Kapitals. Letztgenannte verweist auf die Relation von ökonomischem zu kulturellem Kapital über die jemand (resp. ein Milieu) verfügt. Innerhalb des sozialen Raums, der die Gesellschaft beschreibt, können unterschiedliche Positionen als unterschiedliche Milieus – im Sinne der Annahmen der Praxeologischen Wissenssoziologie – gefasst werden. Milieus, die insgesamt über viel Kapital verfügen, sind beispielsweise Hochschullehrkräfte und Unternehmer:innen. Die zwei Gruppen unterscheiden sich jedoch in der Zusammensetzung, der Struktur des Kapitals: Während erstgenannte über mehr kulturelles als ökonomisches Kapital verfügt, ist dies bei der zweitgenannten Gruppe andersherum. Hilfsarbeitende und Personen, die in der Landwirtschaft tätig sind, verfügen im Vergleich zu den beiden anderen Gruppen über wenig ökonomisches und/oder kulturelles Kapital (Bourdieu 1998, 16 ff.).

soziale Felder

In differenzierten Gesellschaften gibt es innerhalb des gesamtgesellschaftlichen Raums zahlreiche Felder, wie z. B. die Schule als Bildungseinrichtung, die über relative Freiheiten bzw. Autonomien verfügen und zugleich in relationaler Weise mit den anderen Feldern verbunden sowie in das gesellschaftliche Feld der Macht eingebunden sind (Bourdieu 1998). Das Schul- und Bildungssystem kann als ein solches Feld verstanden werden. Bourdieu (1993) vergleicht Felder mit Spielfeldern, in denen Spielende entlang je feldspezifischer Regeln um einen oder mehrere Gegenstände, Werte oder Güter sowie um deren Definitionsherrschaft kämpfen. Die Spielenden verfügen über unterschiedliche Ressourcen – Kapitalien – die sie im Spiel zum Einsatz bringen (können), um ihre jeweilige Position im Feld gegenüber den anderen Spieler:innen zu erhalten bzw. zu verbessern.

Positionen im Feld

Bourdieu (1993) verbindet die Möglichkeit, sich an dem Spiel zu beteiligen mit dem jeweiligen Kapitalbesitz.

Soziales Feld als Spielfeld

Innerhalb der Spielmetapher bleibend, lassen sich die Kapitalsorten mit Jetons in einem Roulettespiel vergleichen: Für die Beteiligung am Spiel, das die Vermehrung von Kapital – und damit verbundene Annehmlichkeiten im Leben – verfolgt, ist das Ziel, möglichst viele und unterschiedliche Jetons zu erhalten (Bourdieu 1993, 110 ff.). Je weniger Kapital ein Mensch im Vergleich zu anderen besitzt, umso weniger kann er an dem Spiel teilnehmen bzw. für ihn ist dann das Risiko des Spieleinsatzes erheblich höher als für jemanden, der über viele Kapitalien verfügt. Menschen, denen viel Kapital zur Verfügung steht, sind es beispielsweise gewohnt, auswählen zu können. So können sich reiche Menschen (also jene, die über viel Kapital verfügen) überlegen, was sie gerne essen oder wie sie sich gerne kleiden möchten. Der Preis stellt für sie kein Auswahlkriterium dar. Verfügen Menschen hingegen über wenig ökonomisches Kapital, so schränkt der Preis von Lebensmitteln und Kleidung auch deren Auswahl ein.

Kinder und Jugendliche, die in ein Milieu einsozialisiert werden, in dem allein der Geschmack und nicht der Preis entscheidend sind, lernen, quasi nebenbei und unter der Bedingung ihrer Lebenssituation, Entscheidungen zu treffen. Menschen, die nicht über vergleichbares Kapital verfügen, müssen z. B. jene Lebensmittel kaufen, die am preisgünstigsten sind, das Gleiche gilt für die Kleidung. Diese Menschen handeln aus einer Notwendigkeit heraus, nicht aus einer Wahl. Neben den unterschiedlichen Stilen im Auftreten, die sich so herausbilden, ist das Milieu jener Personen, die über viel ökonomisches Kapital verfügen, von der Erfahrung geprägt, auswählen zu können, ohne durch das Kapitalvolumen (einer oder mehrerer Kapitalien) eingeschränkt zu werden. Diese Erfahrung wird – wie es häufig im offenen Unterricht zu beobachten ist – von der Schule bzw. den Lehrpersonen erwartet.

Felder haben eine Handlungsgeschichte; sie „lebt" in den Strukturen bzw. in den Normen und (Entscheidungs-)Erwartungen fort, die das Feld hervorgebracht hat und die Ausdruck von Auseinandersetzungen seiner Genese (Entstehung) sind. Diese Geschichte enthält die Bedeutungen vorangegangener Auseinandersetzungen (Bourdieu 1998, 56 f., 141 f.).

Feld der Macht

Das gesamtgesellschaftliche Feld ist zugleich als ein Machtfeld konstituiert. Es unterscheidet sich von anderen Feldern dadurch, dass diese in ihm angesiedelt sind und es sich durch unterschiedliche Positionen auszeichnet. Die symbolische Bedeutung und Macht von Kapitalsorten stellen den Gegenstand der Auseinandersetzungen dar. Der relative Wert sowie der Tauschwert von Kapitalsorten steht hier auf dem Spiel. Einfluss und Macht werden in diesem Feld durch das Verfügen über bürokratische Instanzen erlangt und ausgeweitet. Ein

Beispiel hierfür ist die Häufigkeit der Vergabe von Bildungstiteln: Je seltener ein Bildungstitel vergeben wird, desto höher ist sein Wert. Wird der Bildungstitel häufiger vergeben, sinkt dieser Wert, da er nicht mehr in vergleichbarem Maße gesellschaftliche Privilegien absichert.

Das *Hervorbringen und Bearbeiten sozialer Differenzen* in der Schule ist ebenfalls eingebunden in Konkurrenz um Privilegien und Vorteile innerhalb der Gesellschaft. Für die in diesem Lehrbuch bearbeitete Thematik bedeutet dies, dass Unterscheidungen und Differenzen im Kontext hierarchischer Beziehungen konstruiert und mit Bewertungen verbunden werden (Diehm / Radtke 1999, 63).

2.2 Milieus in Schule und Unterricht

Schule als gesellschaftliche Institution: Bevor die Besonderheiten dargelegt werden, welche Milieus in Organisationen auszeichnen, soll die Unterscheidung von Schule als gesellschaftlicher Institution und konkreten Organisationen, also Einzelschulen, dargelegt werden (vgl. Bohnsack 2017; Nohl 2018). Während mit einer Organisation eine konkrete Einrichtung gemeint ist, wie z. B. die Schule Marmstorf in Hamburg, ist mit Institution die gesellschaftliche Institutionalisierung von Bildungs- und Erziehungsbemühungen gegenüber der nachfolgenden Generation gemeint (vgl. Nohl 2018). Letztgenannte findet ihren Ausdruck u. a. in Schulgesetzen und Bildungs- und Rahmenplänen, die Ausdruck der jeweils dominierenden, und in deutschsprachigen Kontext, demokratisch legitimierten Weltsicht des jeweiligen historischen und sozialen Zusammenhangs sind. Sie umfassen Normen und Entscheidungserwartungen im Sinne von Rahmenbedingungen. Bezogen auf leistungsbezogene Differenzen konnte Tanja Sturm (2023) u. a. zeigen, dass dem Bayrischen Schulgesetz ein Verständnis zugrunde liegt, das diese auf unterschiedliche natürliche Begabungen der Schüler:innen zurückführt. Vergleichbare Verständnisse finden sich in weiteren deutschen Schulgesetzen, so z. B. dem Hamburgs und dem Sachsen-Anhalts (vgl. Sturm 2022 a), während in dem der kanadischen Provinz British-Columbia leistungsbezogene Entwicklungen sowie Differenzen wesentlich als Produkt interaktiver, zu denen schulische und unterrichtliche zählen, Prozesse darstellen.

Die Akteur:innen, die in den einzelnen Organisationen tätig sind, sind gefordert, sich mit den jeweiligen Normen und (Entscheidungs-) Erwartungen auseinanderzusetzen und in ihrem Sinne zu handeln. Die Besonderheit organisationaler Praxen, wie z. B. Unterrichtspraxen, die in Organisationen generiert werden, hängt dabei mit der jeweiligen gesellschaftlichen Aufgabe zusammen, die die Institutionen für die bzw. innerhalb der Gesellschaft übernimmt. Bezogen auf die Einzelschule verfügt diese i. d. R. über Programmatiken, die sich u. a. in Schulprogrammen finden. Die geltenden formalen Regeln sind jedoch zu großen Teilen nicht auf der Ebene der Einzelschule entwickelt, sondern in den Schulgesetzen zu finden, die ergänzende administrative Vorgaben und Bildungs- und Rahmenplänen enthalten (vgl. Amling 2021; Sturm 2022 a).

Organisationen bzw. organisationale Erfahrungsräume zeichnen sich durch vier Strukturmerkmale aus: doppelte Doppelstruktur, die doppelte Mehrdimensionalität, die Verdopplung der Zugehörigkeit sowie durch Fremdrahmungen (vgl. Bohnsack 2017, 134 ff.).

Doppelte Doppelstruktur

Die *doppelte Doppelstruktur* von Erfahrungsräumen meint, dass neben den gesellschaftlich-institutionalisierten Normen, Rollen- und Identitätserwartungen – wie sie z. B. in Schulgesetzen formuliert sind und in Programmen der konkreten Organisation vorliegen. Letztgenannte finden sich in organisationsinternen Identitätsentwürfen und -normen, wie Schulordnungen oder Klassenregeln, sowie in schulischen Selbstpräsentationen in Schulprogrammen. So formulieren beispielsweise zahlreiche Schulen in ihren Programmen, dass sie Vielfalt von Schüler:innen wertschätzen und anerkennen.

Doppelte Mehrdimensionalität

Mit der *doppelten Mehrdimensionalität* werden die interne Mehrdimensionalität von Organisationsmilieus – als Variante konjunktiver Erfahrungsräume – einerseits und die unterschiedlichen milieugeprägten Hintergründe, die die Akteur:innen in das soziale Miteinander einbringen, andererseits verstanden. Es lassen sich drei Formen von Erfahrungsräumen in Organisationen unterscheiden: die zwischen (1) den Mitgliedern und der Klientel – in der Schule sind dies v. a. die Lehrpersonen und die Schüler:innen – die der (2) Dokumentationen zu den Schüler:innen, z. B. in Form von Zeugnissen und die (3) Interaktionen der Mitglieder untereinander, also v. a. der Lehrpersonen und weiterer pädagogischer Mitarbeitenden. In der Schule findet sich die erste Form maßgeblich, aber nicht nur im Unterricht, in dem v. a. Lehrpersonen und Schüler:innen interagieren. Hier zeigt sich eine Besonderheit der Schule gegenüber anderen Organisationen, wie z. B. einem Krankenhaus, da Schüler:innen aufgrund der Schulpflicht über einen längeren Zeitraum die Organisation, die Einzelschule, besuchen. Dies erfolgt in deutschsprachigen Ländern i. d. R. für mehrere Jahre in einem Klassenverband. Die Dauerhaftig- bzw. Langfristigkeit gemeinsamer Interaktionen führt vielfach zur Entwicklung konjunktiver Erfahrungsräume bzw. geteilter Milieus von Lehrpersonen und

Schüler:innen. Derartige Organisationsmilieus des Unterrichts lassen sich auch als „Unterrichtsmilieu" (Wagner-Willi / Sturm 2012) bezeichnen. Die zweite Form organisationsinterner Erfahrungsräume stellt die Dokumentationspraxis über Klientel durch die Mitglieder der Organisation dar. Dies erfolgt wesentlich explizit und selektiv, und findet sich u. a. in der (bewerteten) Dokumentation erbrachter Leistungen einzelner Schüler:innen in Zeugnissen, aber auch in Sonderpädagogischen Gutachten. Die Dokumentationen werden nach außen kommuniziert, z. B. gegenüber Eltern, zukünftigen Ausbildungsstellen oder gegenüber zuständigen Behörden. Die dritte Form organisationsspezifischer Erfahrungsräume, die Interaktion der Mitglieder untereinander, bezieht sich in der Schule v. a. auf das pädagogische Personal. Dieser Austausch kann sich auf die Schüler:innen beziehen, aber auch auf organisatorische Bedingungen und ihre alltägliche Bearbeitung. Im Vergleich zu den anderen beiden ist dieser dritte Erfahrungsraum eher reflexiv angelegt, da er – wenngleich er eine Praxis darstellt – gegenständlich-thematisch die anderen Praxen aufgreift und bearbeitet. Die drei Erfahrungsräume sind jeweils mehrdimensional und zugleich miteinander verbunden (vgl. Bohnsack 2017, 133 f.). Die Verdopplung der Zugehörigkeit in Organisationen basiert auf der sogenannten Mitgliedschaftsregel. Diese verweist auf die kommunikative und explizite Regelung der Zugehörigkeit zu Organisationen. So ist es beispielsweise in Hamburg Voraussetzung, mindestens sechs Wochenstunden selbstständig zu unterrichten, um in einer Lehrer:innenkonferenz stimmberechtigt zu sein (vgl. Hamburg 2021, 64). Diese formale Seite der Mitgliedschaft ist eine notwendige Voraussetzung, um an den sich jeweils etablierenden konjunktiven Erfahrungsräumen überhaupt partizipieren zu können. Zugleich gehören die Lehrpersonen – wie auch die Schüler:innen – nicht allein schulisch-unterrichtlichen Milieus an, sondern verfügen über Erfahrungen weiterer konjunktiver Erfahrungsräume, z. B. generationeller und / oder sozio-ökonomischer Art. In der Handlungspraxis überlagern sich diese Erfahrungsräume. Die Verdopplung der Erfahrungsräume kann harmonisch, aber auch spannungsgeladen erfolgen (vgl. Bohnsack 2017, 134 ff.). Das vierte Charakteristikum von Organisationsmilieus stellen ihre strukturellen Fremdrahmungen dar. Diese liegen in kodifizierter Form vor und umfassen Rollen- und Identitätserwartungen und stellen eine „organisationale Strukturbedingung für den jeweiligen Interaktionsmodus" (Bohnsack 2017, 135) dar. Die sozialen, v. a. die professionalisierten Akteur:innen sind entsprechend gefordert, Entscheidungen entlang der jeweiligen Programmatiken und Ziele der Organisation vorzunehmen.

Verdopplung der Zugehörigkeit in Organisationen

Strukturelle Fremdrahmung

Schule als people processing organization

Die Arbeiten des Soziologen Niklas Luhmann (1978, 248) aufgreifend, bezeichnet Ralf Bohnsack (2017, 255) die Schule als „people processing organization". Sie unterschiedet sich z. B. von materielle Produkte erstellenden Betrieben durch ihre klientelbezogenen Biografie- und Identitätskonstruktionen. So sind die professionellen Akteur:innen (auf)gefordert,

> „>Entscheidungen< mit Bezug auf eine organisationale erwartete (rechtliche, fachliche, pädagogische, therapeutische etc.) Programmatik im Kontext eines komplexen interaktiven und (qua kollektivem performativem Gedächtnis oder Systemgedächtnis) reproduzierbarem Prozess mit der Klientel im Sinne eines konjunktiven Erfahrungsraums routinisiert und habitualisiert zu treffen und zu vermitteln." (Bohnsack 2020, 102)

Ein Beispiel hierfür ist die Vorgabe der Unterscheidung von Schüler:innen entlang ihrer Zugehörigkeit zu unterschiedlichen Bildungsgängen, wie dem gymnasialen oder dem, der zum Ersten Schulabschluss führt. Die Unterscheidung der Kinder und Jugendlichen resp. die Entscheidung ihrer Zuordnung ergibt sich aus der Institution heraus. Schulsysteme, wie z. B. das der kanadischen Provinz British Columbia, kennen die Unterscheidung nicht, entsprechend gibt es keine Erwartungen an die Lehrpersonen, zu empfehlen, welche Schulform die Schüler:innen besuchen sollen. Im Rahmen von Schule und Unterricht stellen Leistung und Leistungsmessung zentrale Aspekte der Entscheidungserwartungen dar, entlang derer die Klientel, also die Schüler:innen, bewertet und unterschieden werden (vgl. Bohnsack 2017, 136) – auch in British Columbia.

Benachteiligungen

Schule als Ort systematischer Benachteiligungen sozialer Gruppen: Sowohl durch die formale Ebene, als auch durch die Praxen in Organisationen können Benachteiligungen und Schlechterstellungen und/oder Privilegierungen einzlner Schüler:innen oder Schüler:innengruppen hervorgebracht werden. Die Ausführungen Bourdieus (1998) erweitern die Überlegungen Nohls (2014) um den expliziten Verweis auf die historische Entstehung formaler Regeln, in denen vorangegangene Auseinandersetzungen und Positionen formal kodifiziert festgehalten und als Normen in diesen enthalten sind. Dies spiegelt sich zum einen in den Strukturen der Organisation der Schule wider, zum anderen in den kulturellen Praktiken, die im und durch das Organisationsmilieu tradiert werden.

Ermöglichung von Kommunikation

Die Organisation der Schule eröffnet aber auch die Möglichkeit, Lernen, Bildung und Sozialisation über die Grenzen von Milieus hinweg zu gestalten.

Reifizierungsproblem

Es gibt soziale Gruppen oder Milieus, die innerhalb von Schule kontinuierlich gegenüber anderen schlechter gestellt werden (Nohl 2014, 201). Der Begriff „soziale Gruppe" bezieht sich hier nicht auf real vorhandene, sondern auf *konstruierte* Gruppen, wie beispielsweise die „der Mädchen". In der Beschreibung selbst wird ein Reifizierungsproblem deutlich: Dass derartige Gruppen einerseits umschrieben werden müssen, um Benachteiligungen und Schlechterstellungen identifizieren zu können (z. B. in der statistischen Betrachtung von Benachteiligungen der Gruppe von Kindern und Jugendlichen mit Migrationshintergrund im deutschen Schulsystem); durch die Beschreibung der Gruppe wird diese andererseits als solche aber auch konstruiert und – dabei möglicherweise in einer eindimensionalen Perspektive – betrachtet. Derartige Identifizierungen schließen weitere Milieudimensionen bzw. milieuspezifische Erfahrungen aus, denen die Schüler:innen ebenfalls angehören bzw. über die sie verfügen.

Exklusion und Marginalisierung

Dass Privilegierungen und Benachteiligungen bzw. Ungleichheit nach wie vor hervorgebracht werden, steht im Widerspruch zu dem Anspruch der formalen Gleichheit der Schüler:innen im Schulsystem und in der Gesellschaft. Vor dem Hintergrund der bisherigen Ausführungen lässt sich die Diskrepanz zwischen Anspruch und Praxis damit erklären, dass neben dieser Erwartung weitere Normen und / oder Kulturen greifen, die dem zuwiderlaufen. Eine Analyse der Schulgesetze Bayerns und Hamburgs sowie die „Gesamtstrategie der Kultusministerkonferenz zum Bildungsmonitoring" (KMK 2016) von Leistung und Leistungsdifferenz zeigt, dass diese wesentlich auf Unterschiede natürlicher „Begabungen" von Schüler:innen zurückgeführt werden. Diese „Begabungen" werden nicht nur unabhängig von der sozialen und materialen Lebenssituation der Kinder und Jugendlichen konzipiert, sondern auch als institutionell und / oder pädagogisch nur marginal bzw. gar nicht beeinflussbar verstanden.

Die aktuelle Konstitution der Schule als gesellschaftliche Institution mit ihren formalen Regeln ist Ausdruck historischer Auseinandersetzung, aus der sie hervorgegangen ist und legitimiert wurde. Die Normen und (Entscheidungs-)Erwarungen finden ihren Ausdruck in den formalen Regeln der Schule. Empirische Untersuchungen sind notwendig, um Erkenntnisse darüber zu erlangen, wie diese in der Praxis bearbeitet werden, wie dabei Differenzen konstruiert werden, die Benachteiligungen und Privilegien, also Ungleichheit, zur Folge haben. Im nachfolgenden Kapitel sollen das formale Verständnis von Schule und ihre Aufgaben in der Gesellschaft vorgestellt werden. Im *vierten Kapitel* liegt dann der Fokus auf den Praktiken, mit denen in der Schule systematische Formen der Benachteiligung hervorgebracht werden.

Zusammenfassung

Differenzen bzw. differente Praxen und Milieus beruhen auf unterschiedlichen Erfahrungen, die Menschen in ihrem Alltag machen, und sind gleichzeitig Grundlage der Gestaltung ihrer Praktiken. Dieses praktische Wissen, über das Menschen – über explizites Wissen hinaus – verfügen, ist ihnen in der Regel nicht reflexiv zugänglich. Unterschiedliche Milieus kennzeichnen plurale Gesellschaften und stehen (auch) im Zusammenhang mit je verschiedenen Möglichkeiten des Zugangs zu und der Partizipation an gesellschaftlichen Gütern.
Werden Differenzen beschrieben, erfolgt dies durch Abstraktion von der Vielschichtigkeit von Milieus. Insbesondere eindimensionale Zuschreibungen von Milieuzugehörigkeit bergen, aufgrund ihrer eingeschränkten Sicht, das Risiko diskriminierender Zuschreibungen. In Organisationen, wie der Schule, können Milieus, soziale Gruppen aufgrund ihrer Milieuzugehörigkeit und oder -zuschreibung explizit oder handlungspraktisch benachteiligt werden.

2.3 Übungsaufgaben

Aufgabe 1 Erläutern Sie, was innerhalb der Praxeologischen Wissenssoziologie mit „Milieu“ gemeint ist.

Aufgabe 2 Erstellen Sie eine Abbildung, die den Zusammenhang bzw. die Tauschoptionen der unterschiedlichen Kapitalsorten, die Bourdieu nennt, veranschaulicht.

Aufgabe 3 Erläutern Sie, wie Differenzen in der Erziehungswissenschaft verstanden werden.

Aufgabe 4 Wie entstehen Differenzen innerhalb einer Gesellschaft?

Aufgabe 5 Nennen Sie Gemeinsamkeiten und Unterschiede außerorganisationaler und organisationaler Milieus.

2.4 Literaturempfehlungen

Bohnsack, R. (2021): Rekonstruktive Sozialforschung. Einführung in qualitative Methoden. 10. Aufl. Verlag Barbara Budrich, Opladen/Farmington Hills

Bourdieu, P. (1998): Praktische Vernunft. Zur Theorie des Handelns. Suhrkamp, Frankfurt a. M.

Bourdieu, P. (1992): Die verborgenen Mechanismen der Macht. Schriften zu Politik und Kultur 1. Herausgegeben von Margareta Steinrücke. VSA-Verlag, Hamburg

Bourdieu, P. (1987): Sozialer Sinn. Kritik der theoretischen Vernunft. Suhrkamp, Frankfurt a. M.

Emmerich, M., Hormel, U. (2013): Heterogenität – Diversity – Intersektionalität. Zur Logik sozialer Unterscheidungen in pädagogischen Semantiken der Differenz. Springer VS, Wiesbaden

Gomolla, M. (2009): Heterogenität, Unterrichtsqualität und Inklusion. In: Fürstenau S., Gomolla, M. (Hrsg.): Migration und schulischer Wandel: Unterricht. VS Verlag für Sozialwissenschaften, Wiesbaden, 21–43.

Koller, H. C., Casale, R., Ricken, N. (Hrsg.) (2014): Heterogenität. Zur Konjunktur eines pädagogischen Konzepts. Ferdinand Schöningh, Paderborn

Krais, B., Gebauer, G. (2002): Habitus. transcript, Bielefeld

Lorenz, A., Lépine, R. (2014): Pierre Bourdieu. Philosophie für Einsteiger. Wilhelm Fink, Paderborn

Mannheim, K. (1980): Strukturen des Denkens. Suhrkamp, Frankfurt a. M.

Nohl, A.-M. (2014): Konzepte interkultureller Pädagogik. Eine systematische Einführung. 3. Aufl. Verlag Julius Klinkhardt, Bad Heilbrunn

Sturm, Tanja (2023): Inklusion und Exklusion in Schule und Unterricht. Leistung - Differenz - Behinderung. Kohlhammer, Stuttgart

Trautmann, M., Wischer, B. (2011): Heterogenität in der Schule. Eine kritische Einführung. VS Verlag für Sozialwissenschaften, Wiesbaden

Wagener, Benjamin (2020): Leistung, Differenz und Inklusion. Eine rekonstruktive Analyse professionalisierter Unterrichtspraxis. Springer VS, Wiesbaden

Wenning, N. (1999): Vereinheitlichung und Differenzierung. Zu den „wirklichen“ gesellschaftlichen Funktionen des Bildungswesens im Umgang mit Gleichheit und Verschiedenheit. Leske + Budrich, Opladen

Hier gelangen Sie zu den Antworten zu den Übungsfragen:

SCAN ME

Hier gelangen Sie zur Lern-App zum Buch mit weiteren Lernaufgaben:

SCAN ME

3 Schule: Institutionelle Herstellung und Bearbeitung von Differenzen

In diesem Abschnitt soll die Schule in ihrem Verständnis als gesellschaftliche Institution betrachtet werden. Die formalen Regeln, die sie kennzeichnen, werden hierbei fokussiert; dabei wird auf die theoretischen Ausführungen des vorangegangenen Kapitels zurückgegriffen. Im Zentrum stehen jene formalen Regeln, die Differenzen resp. Differenzkonstruktionen und damit verbundene Ungleichheit und Benachteiligungen sozialer Gruppen hervorrufen bzw. beinhalten.

Mit dieser Zielsetzung gestaltet sich das Kapitel an dem folgenden Aufbau: In einem ersten Abschnitt werden die gesamtgesellschaftlichen Aufgaben von Schule erläutert *(siehe Kapitel 3.1)*. Anschließend wird die historische Herausbildung jener Normen und (Entscheidungs-)Erwartungen, die sich z. T. auch in Strukturen ausdrücken, beschrieben, die heute einen wesentlichen Teil der Konstruktion, also der Hervorbringung und Bearbeitung, von Differenz in der Schule in Deutschland ausmachen *(siehe Kapitel 3.2)*. In einem dritten Abschnitt wird die Bedeutung formaler Regeln der Schule für die Unterrichtsgestaltung am Beispiel der Notengebung konkretisiert und illustriert *(siehe Kapitel 3.3)*.

3.1 Aufgaben der Schule in der und für die Gesellschaft

Reproduktion und Innovation

Die Schule übernimmt als gesellschaftliche Institution zwei zentrale Aufgaben: die Reproduktion und die Innovation. Die Heranführung der je nachwachsenden Generation an das gesellschaftliche Wissen, an die gesellschaftlichen Fähigkeiten und ihre Werte sowie die Einführung darin sind notwendig, um die Gesellschaft in ihrer bestehenden Form zu reproduzieren. „Innovation" verweist auf die Weiterentwicklung und Verbesserung der Gesellschaft (Fend 2008, 49). Helmut Fend konkretisiert diese Aufgaben innerhalb seines strukturfunktionalistischen Ansatzes in den vier Funktionen:

- Enkulturation oder Bildung
- Qualifikation

- Allokation und Selektion
- Legitimation oder Integration

Die Funktionen können analytisch voneinander getrennt werden, sie fungieren jedoch im Zusammenhang und stehen im Widerspruch zueinander (Braun / Wetzel 2001; Fend 2008, 49 ff.). Je nach sozialem und historischem Zusammenhang können die Funktionen anders gefüllt werden. Unter den gegebenen gesellschaftlichen Rahmenbedingungen einer zugleich kapitalistischen und demokratischen Gesellschaft stehen die vier Funktionen im Widerspruch zueinander (Braun / Wetzel 2001, 375 f.; Rihm 2006, 398 f.).

Enkulturation Die *generationelle Weitergabe kultureller Sinnsysteme* wird als „Enkulturation" bezeichnet. Die kulturellen Errungenschaften umfassen jene kulturellen Symbolsysteme, die zur Verständigung über materielle und soziale Sachverhalte von Menschen entwickelt und generiert wurden und im Alltag Anwendung finden. Hierzu zählt beispielsweise die Sprache. Zu den grundlegenden kulturellen Fertigkeiten und Verständigungsformen zählt auch eine kritisch-reflexive Auseinandersetzung mit den Lebensbedingungen in demokratisch-kapitalistischen Gesellschaften (Braun / Wetzel 2001, 377).

Qualifikation Die Qualifikationsfunktion beinhaltet das Ziel, der nachwachsenden Generation entsprechende *Kompetenzen* zu vermitteln, um am *ökonomischen Arbeitsprozess* teilhaben zu können. Die hierzu notwendigen Fähigkeiten, Fertigkeiten, Erfahrungen, Erkenntnisse wie auch Bereitschaften sind gleichermaßen auf den allgemeinen, gesamtgesellschaftlichen Arbeitsprozess gerichtet und auf den individuellen Reproduktionsprozess, sich versorgen zu können. Neben fachlichen Qualifikationen vermittelt die Schule auch extrafunktionale wie Teamfähigkeit, Kooperationsbereitschaft und Flexibilität (Braun / Wetzel 2001, 376).

Die Qualifikationsfunktion ist an dem Ziel orientiert, die wirtschaftliche Wettbewerbsfähigkeit der Gesellschaft aufrechtzuerhalten und zu verbessern. Als solche hat sie eine Bedeutung im Konkurrenzkampf mit anderen Wirtschaftsstandorten (Fend 2008, 50).

Allokation Die Allokationsfunktion verweist auf *gesellschaftliche Positionsverteilungen*, orientiert am Leistungsprinzip. Leistung wird in Schulnoten ausgedrückt, die individuell zugeschrieben werden. Die Noten werden in Zeugnissen und Bildungszertifikaten zusammengeführt, die ihrerseits unterschiedliche Übertrittsmöglichkeiten in (schulische) Bildungs- und Ausbildungsgänge sowie auf den Arbeitsmarkt eröffnen bzw. verschließen. Die Schule reproduziert die gesellschaftliche Struktur durch die Zuweisung zu Bildungs- und Berufspositionen, die unterschiedliche Formen der Qualifikation erfordern. Mittels der Ausstellung unterschiedlicher Bildungszertifikate unterstützt und legitimiert die Schule diese Prozesse, die Ausdruck von Selektion sind (Braun / Wetzel 2001, 376).

Legitimation

Die Legitimationsfunktion, die zuweilen auch als „Integrationsfunktion" bezeichnet wird, fokussiert weniger den Arbeitsmarkt und damit das zukünftige Sein der Kinder und Jugendlichen als Wirtschaftsbürger:innen, sondern die politische Konstitution der Gesellschaft und die Loyalität ihr gegenüber. In demokratisch organisierten Gesellschaften ist die politische Praxis auf eine außerparlamentarische Anerkennung ihrer Entscheidungen angewiesen. Dies beinhaltet auch, Formen der Ungerechtigkeit zu akzeptieren, die innerhalb der Gesellschaft (re)produziert werden.

Die Schule hat die Aufgabe, die Einsicht zu vermitteln, dass politisch-gesellschaftliche Entscheidungen und Entscheidungsvorgänge legitim sind. Gleichzeitig ist es in einer demokratischen Ordnung das Ziel, alternative Vorstellungen und Partizipationsmöglichkeiten aufzuzeigen. Diese Forderung betrifft nicht nur den Politik- und Geschichtsunterricht, in denen über diese Inhalte gesprochen wird, sondern auch die Gestaltung des sozialen Miteinanders (Braun / Wetzel 2001, 376 f.).

struktureller Zielkonflikt

Die Schule als Organisation ist – entlang ihrer gesellschaftlichen Funktionen – in einen strukturellen Zielkonflikt eingebunden. Insbesondere die *Bildungs-* und die *Selektionsfunktion* gelangen häufig in Widerspruch zueinander. In Bezug auf die Frage der Bearbeitung von Differenzen zeigt sich dies darin, dass die Schule zugleich Unterschiede zwischen Schüler:innen ausgleichen und herstellen soll. Dieser strukturelle Zielkonflikt ist konstitutiv für die Schule (Rihm 2006, 399).

Diese – strukturfunktionalistische – Beschreibung schulischer Aufgaben ist eine, die in der Schulpädagogik eine „kanonische Referenz" (Breidenstein 2018 a, 313) darstellt, also in (nahezu) allen erziehungswissenschaftlichen Abhandlungen zur Schule aufgerufen wird. Kritisiert wird an dem Ansatz u. a., dass Selektion als „‚gesellschaftlich erforderlich' externalisiert" (Breidenstein 2018 a, 313) – nach außen verlagert und durch schulische Akteur:innen nicht zu ändern – wird und das Versprechen von Gerechtigkeit durch individuelle Leistung so stützt. Wenngleich sie nicht die einzige ist, wie jüngere Ausführungen zur Praxeologischen Wissenssoziologie und der Ethnographie zeigen (vgl. z. B. Bohnsack 2020; Sturm 2023; Wagener 2020; Zaborowski / Breidenstein 2010). Auch internationale Vergleiche zeigen, dass die Normen und (Entscheidungs-)Erwartungen, die in formalen schulischen Dokumenten formuliert sind, sich unterscheiden. Selektion – die im Rahmen deutscher Schulgesetze – vielfach mit unterschiedlichen (natürlichen) Begabungen der Schüler:innen begründet wird, findet sich in Schulgesetzen anderer Länder nicht (vgl. Sturm 2024). Vor diesem Hintergrund lassen sich die dargelegten Aufgaben von Schule des strukturfunktionalistischen Ansatzes als eine theoretische Perspektive verstehen, nicht aber als einzige.

3.2 Differenzkonstruktionen durch die Schule im Wandel der Zeit

Wie ein roter Faden zieht sich die Frage nach der Bearbeitung von Differenz durch die Geschichte der Schule in Deutschland bzw. den deutschsprachigen Ländern und ihren formal rechtlichen Rahmungen. Die Differenzkonstruktionen liegen im Widerstreit zwischen der *Sicherung* und dem *Abbau von Privilegien* sowie im *Zugang* und der *Partizipation* an schulischen Bildungsmöglichkeiten (Herrlitz et al. 2009, 15). Die heute vorzufindenden formalen Regeln haben sich in historischen Auseinandersetzungen herausgebildet. Diesen soll hier nachgegangen werden, indem ein Blick in die Geschichte des bundesdeutschen Schulwesens geworfen wird.

Die Darstellungen, die hier ohne Details auskommen müssen, fokussieren die Bearbeitungs- und Herstellungsformen von Differenzen sowie die leitenden Erklärungen für die Letztgenannten. In der Darstellung sollen drei zeitliche Schwerpunkte gesetzt werden: die Zeit der Herausbildung des Leistungsprinzips als Zugang zu Bildung *(siehe Kapitel 3.2.1)*, die Entwicklungen seit der Mitte des 20. Jahrhunderts *(siehe Kapitel 3.2.2)* sowie aktuelle Entwicklungen seit der Jahrtausendwende *(siehe Kapitel 3.2.3)*.

3.2.1 Umbruch: Lösung vom Ständeprinzip und Einführung des Leistungsprinzips

gesellschaftliche Modernisierungsprozesse

Die Entwicklung und Gestaltung des öffentlichen Schulwesens in der Bundesrepublik Deutschland, wie wir es heute kennen, geht wesentlich auf die gesellschaftlichen Modernisierungsprozesse des 18. und 19. Jahrhunderts in Preußen und später in Deutschland zurück. Die Industrialisierung und die Ablösung der ständischen Gesellschaft zugunsten einer kapitalistisch-bürgerlichen, in der die Menschen sich als freie und gleichberechtigte Bürger (zu Beginn waren es tatsächlich nur Männer) treffen, führte zu umfassenden Reformen im Bildungsbereich. Zentrale Merkmale des Umbruchs waren die Durchsetzung einer allgemeinen Schul- bzw. Unterrichtspflicht, die Verankerung eines Berechtigungswesens, die den Zugang zu Bildungsinstitutionen und Bildungsgängen reglementierte, und die Einführung des Leistungsprinzips (Ackeren / Klemm / Kühn 2015, 13). Diese Leitgedanken wurden nicht unmittelbar und stringent umgesetzt, sondern blieben zunächst – im Zuge politisch-gesellschaftlicher Auseinandersetzungen – Orientierungspunkte. Dies kommt in der zentralen Unterscheidung zwischen höherer und niederer Bildung zum Ausdruck: Beide verfolgen je verschiedene Bildungsziele und eröffnen verschiedene anschließende Bildungsgänge und / oder Berufspositionen.

allgemeine Schulpflicht

Obwohl die allgemeine Schulpflicht in Preußen bereits Ende des 18. Jahrhunderts ausgerufen wurde, setzte sie sich erst wesentlich später flächendeckend durch. So lag die Schulbesuchsquote 1846 in Preußen erst bei 82 % der Schüler:innen (Herrlitz et al. 2009, 50 f.).

Leistungsorientierung

Die Leistungsorientierung der Gesellschaft greift den gesellschaftlichen Emanzipationsprozess der Ständegesellschaft auf. Während in letztgenannter per Geburt die (beruflichen) Lebenschancen und gesellschaftlichen Positionen vorgegeben und die tatsächlich erbrachte Leistungen nachgeordnet waren, löste das Leistungsprinzip diese Perspektive ab. Leistung wurde damit zum Verteilungsprinzip (Sacher 2004, 15) und das Leistungsprinzip löste jenes der Standeszugehörigkeit im Zugang zu höherer Bildung ab (Ackeren / Klemm / Kühn, 2015 13). Hierin drückt sich auf staatlicher Ebene eine Homogenisierung aus: Die Gleichheitsannahme eines jeden sollte durch *Gleichbehandlung* erreicht werden (Wenning 1999, 197).

Abgrenzung

Das einst emanzipatorische Moment des Leistungsprinzips verlor im 19. Jahrhundert insofern an Bedeutung, als die vormals dem Adel zugestandenen Privilegien nun zwar mit dem Bürgertum geteilt, jedoch gleichzeitig zur Abgrenzung gegenüber dem Proletariat herangezogen wurden. Die Sicherung von Privilegien im Zugang zu höherer Bildung erfolgte wesentlich entlang der zentralen Bedeutung, die der Sprache im Kontext von Bildungs- und Lernprozessen beigemessen wurde (Sacher 2004, 16). Aspekte, die auch heute noch, wie im *vierten Kapitel* detailliert ausgeführt wird, von elementarer Bedeutung sind, wenn es um Benachteiligungen im Kontext schulisch-unterrichtlicher Lern- und Bildungsmöglichkeiten geht.

Von den Reformen, die im Zuge der Ablösung der ständischen durch eine bürgerliche Gesellschaft im Bereich der Bildung vollzogen wurden, profitierte v. a. die Beamtenschaft, also das Bildungsbürgertum. Diesem gelang es, jene Bildungsprivilegien für sich zu sichern und zu stärken, die zuvor nur den Adeligen und Feudalherren offenstanden. Zugleich fand eine Abgrenzung gegenüber dem sich neu entwickelnden Wirtschaftsbürgertum statt und die doppelte Abgrenzung gegenüber der Volksbildung wurde gestärkt. Es entwickelte sich ein höheres und ein niederes Schulwesen, später kam ein mittleres Schulwesen hinzu (Herrlitz et al. 2009, 43).

Berechtigungswesen

Die *höhere Bildung*, die an Gymnasien zu erwerben und dem Gedanken der Allgemeinbildung verpflichtet war, folgte den Ideen des Neuhumanismus, in denen Pädagogik und Politik eng miteinander verknüpft und mit der Staatsfunktion gekoppelt waren. Die zukünftigen Staatsbeamten wurden an den Universitäten, die eine gymnasiale Bildung voraussetzten, ausgebildet. Es setzte sich ein „Berechtigungswesen" durch, Vorläufer des heutigen Abiturs, das den Zugang über die Universität in den Staatsdienst eröffnete. Zunächst mussten nur diejenigen eine Prüfung als Zulassungsvoraussetzung ablegen, die ein Studium nicht mit familiärem Kapital finanzieren konnten, also Kinder ärmerer Bevölkerungsschichten. Sie waren auf ein Stipendium angewiesen. Jugendliche, deren Familien für das Studium aus eigenen Mitteln aufkommen konnten, mussten sich keinerlei Prüfungen unterziehen (Ackeren / Klemm / Kühn 2015, 16 f.).

niedere und höhere Bildung

Konträr zu dem Prinzip gymnasialer Bildung steht das der *Volksbildung*, das sich neben Grundlagen in den Kulturtechniken – Lesen, Schreiben und Rechnen – an religiösen Aspekten orientierte. Das Interesse an der Volksbildung war v. a. ein politisches. Die Legitimation der gesellschaftlichen und sozialen Ordnung und die Loyalität ihr gegenüber sollte über alle Bevölkerungsschichten hinweg gesichert sein. Der Beitrag der Volksschule lag darin, diese Loyalität in den bäuerlichen und Arbeiter:innenmilieus zu sichern. Ende des 19. Jahrhunderts wurde die Volksschule als *Herrschaftsmittel* gegen die erstarkende sozialdemokratische Bewegung eingesetzt (deren Ziele sich auch auf einen gleichberechtigten Zugang zu höherer Bildung bezogen), indem in der Schule gegen die sozialdemokratischen Ideen gearbeitet wurde (Herrlitz et al. 2009, 111 ff.).

Realschulgründung

Mit der *Realschulgründung* setzte sich das wirtschaftliche Bürgertum damit durch, höhere Bildungsmöglichkeiten für diejenigen Schüler:innen zu schaffen, deren Ziel nicht die Arbeit im Staatsdienst ist, sondern in der Wirtschaft. Die Realschulgründungen erfolgten

Ende des 19. Jahrhunderts und sind als Ausdruck gesellschaftlicher Auseinandersetzungen im Zugang zu höherer Bildung zu verstehen (Herrlitz et al. 2009, 108 ff.).

Die Unterscheidung zwischen höherer und niederer Bildung trennte Menschen unterschiedlicher *sozio-ökonomischer Milieus* voneinander. Separation erfolgte darüber hinaus entlang der Differenzdimensionen *Geschlecht* und *Behinderung*. Letztgenannte wurden zuschreibend entlang biologischer Merkmale vorgenommen und begründet. Die Argumentationen für gender- und behinderungsbezogene Separation geben Hinweise auf die leitenden und sich gegenüber anderen Positionen durchsetzenden Differenzkonzeptionen.

geschlechtsspezifische Rollenvorstellungen

Koedukation: Die Frage nach Koedukation, also der gemeinsamen Beschulung von Mädchen und Jungen, in Preußen und schließlich auch in der Bundesrepublik Deutschland ist eng mit der Frage nach staatlicher Verantwortung für Bildungs- und Erziehungsprozesse verbunden. Im 18. Jahrhundert richtete der Staat seine Aufgaben im Rahmen von Bildung und Erziehung wesentlich auf die Sicherung staatsbürgerlicher Aufgaben. Da diese ausschließlich von Jungen bzw. Männern übernommen wurden und die hierfür notwendigen Qualifikationen durch höhere Bildung zu erwerben war, waren die staatlichen Überlegungen zur Organisation des Schulwesens, zu den Lehrplänen und zur Ausbildung des Lehrpersonals auf die Jungen gerichtet.

Die damals unterschiedliche Rechtsstellung der Geschlechter fand folglich ihren Ausdruck im Bereich der schulischen Bildung und Erziehung. Für die Mädchen lagen die Bildungs- und Erziehungsziele sowie die Forderungen für höhere Bildung zur damaligen Zeit wesentlich darin, ihnen jenes Wissen zu vermitteln, das sie befähigte, gute Ehefrauen und Mütter zu werden. Die erstgenannte Rolle umfasste z. B. die Auseinandersetzung mit höheren Künsten, um ihren Ehemännern interessante Gesprächspartnerinnen sein zu können. Die Ausrichtung und Unterordnung der Bildungsziele für Frauen auf die Männer wird hier besonders deutlich. Koedukative staatliche Erziehungs- und Bildungsprozesse hätten zu diesen Vorstellungen geschlechtlicher Ordnung im Widerspruch gestanden.

Zeitgleich wurde die Volksbildung, v. a. in den ländlichen Regionen, koedukativ organisiert, allerdings nur in räumlicher Hinsicht: Während Jungen und Mädchen zwar in einem Klassenzimmer saßen, wurden die unterrichtlichen Lehr- und Lernprozesse meist geschlechtsbezogen organisiert und strukturiert: Handarbeitende Tätigkeiten stellten einen wesentlichen Bezugspunkt für Lernanlässe der Mädchen dar. Während sie handarbeitend tätig waren, unterrichtete die Lehrperson (in der Regel ein Lehrer) die Jungen (Faulstich-Wieland 1991, 10 ff.).

Erweiterung der Bildungsmöglichkeiten

Vor dem Hintergrund der Ausbreitung des Kapitalismus im 19. Jahrhundert wurden zunehmend Arbeitskräfte gebraucht. Diese konnten nicht mehr allein aus der Gruppe der Männer rekrutiert werden. Also bot sich der Anlass, den Zugang zu Bildung auch für Mädchen und Frauen zu ermöglichen. Neben Fragen zu den Bildungsinhalten, die weiterhin wesentlich aus den geschlechtsspezifischen Vorstellungen über die Arbeitsteilung gespeist waren, wurden nun Fragen nach der Zuständigkeit für die höhere Mädchenbildung gestellt. Die Forderung, dass Frauen hierfür Verantwortung übernehmen, wurde verbunden mit der Frage nach der Leitung von Schulen für höhere Mädchenbildung (Faulstich-Wieland 1991, 14 f.).

Entlastung der Volksschule

Hilfsschulgründungen: Erste „Hilfsschulen", so wurden die Schulen für Kinder und Jugendliche mit sonderpädagogischem Unterstützungsbedarf im Förderschwerpunkt Lernen damals genannt, wurden Ende des 19. Jahrhunderts gegründet. Sie richteten sich an jene Schüler:innen, die im Unterricht der Volksschulen „nicht mitkamen". Die Ursachen des Scheiterns wurden mit einer *individuellen Minderbegabung* erklärt, wobei der Anteil der Volksschulen am schulischen Versagen der Schüler:innen ausgeblendet wurde (Werning/Lütje-Klose 2016, 27 ff.). Die Pathologisierung – verstanden als die von einer genetisch-biologischen Norm bestehende Abweichung, die im Kind/Jugendlichen verortet ist – der Andersartigkeit der Schüler:innen legitimierte, dass nicht die Volksschulen für sie zuständig waren, sondern die Hilfsschulen.

Die Hilfsschulen wurden also zur Entlastung der Volksschulen gegründet. Der Unterricht in ihnen wurde individueller und auf die Bedürfnisse der Kinder abgestimmt gestaltet. Bereits damals gab es Widerspruch gegen die Einrichtung von Hilfsschulen. Er entfaltete sich am Begriff des sogenannten „Schwachsinns" und der Ausblendung des Anteils der Volksschulen am schulischen Versagen der Schüler:innen (Werning/Lütje-Klose 2016, 29 f.).

Herstellung von Loyalität

Gesellschaftlich waren zwei Aspekte mit der Einrichtung von Hilfsschulen für sogenannte schwachsinnige Kinder verbunden: eine Reduzierung der Sozialausgaben, indem die Schule die Schüler:innen „sozial brauchbar" machte, und die Erzeugung von Loyalität gegenüber staatlicher Obrigkeit. Die Bildungsziele der Schule lagen damit in der Heranführung an einfache Tätigkeiten des Arbeitslebens; die Schule sollte darauf vorbereiten.

Wie heute auch, kamen die Schüler:innen der Hilfsschule vorwiegend aus prekären Lebenssituationen, die von Armut gekennzeichnet waren (*siehe Kapitel 4.1.1*). Die Hilfsschule richtete sich (auch) auf die Entwicklung der Loyalität der Schüler:innen gegenüber der Verteilung von Reichtum und Armut in der Gesellschaft. Auch den Forderungen der sozialdemokratischen Arbeiterbewegung, gleiche Bildungsmöglichkeiten für alle vorzusehen, wurde mit der Hilfsschule begegnet. Die Hilfsschule hatte auch präventive Aufgaben, namentlich Kriminalität vorzubeugen (Werning/Lütje-Klose 2016, 31 f.).

Vergleichbar der binären Rollenvorstellungen zur Differenzdimension Geschlecht wurden im Bereich der Hilfsschulbedürftigkeit biologische oder genetische Voraussetzungen als Gründe für die Einrichtung spezifischer Bildungsorganisationen und -ziele angeführt. Ein vergleichbares ontologisierendes Verständnis wurde für sogenannte Körper- und Sinnesbehinderungen herangezogen. Wenn auch nicht in vergleichbarer Weise (beim Geschlecht wurde im Gegensatz zur Behinderung nicht von einer Pathologie ausgegangen), ist dies im Bereich des Sonderschulbesuchs leitendes Erklärungsprinzip gewesen.

Für Kinder und Jugendliche ohne deutsche Staatsangehörigkeit gab es bis Mitte der 1960er-Jahre keine Schulpflicht in Deutschland (Mecheril 2010 a, 56), sodass auch hier ein Ausschluss stattfand. Dieser erfolgte jedoch über die Staatszugehörigkeit und nicht entlang biologischer Kriterien.

gemeinsame vierjährige Grundschule

Die beschriebenen Strukturen waren bis Anfang des 20. Jahrhunderts leitend im Schulsystem. Reformpädagogische Überlegungen und sozialdemokratische Forderungen führten zur Errichtung entsprechend ausgerichteter Schulen. Sie können als *Kritik an der bestehenden Schule* verstanden werden. Mit der Reichsschulkonferenz aus dem Jahr 1920 setzte sich in Deutschland eine vierjährige Volksschule durch, die von allen Schüler:innen besucht werden sollte – mit Ausnahme derjenigen, die in Sonderschulen (so vorhanden) unterrichtet wurden. Anschließend besuchten die Schüler:innen die Oberstufe der Volksschule, die Mittelschule oder das Gymnasium. Den drei bzw. mit den Sonderschulen vier Schulformen lagen unterschiedliche Konzepte und Vorstellungen von Bildung zugrunde, ebenso wie die zeitliche Dauer des vorgesehenen Schulbesuchs. Die unterschiedlichen Bildungsgänge eröffnen die Erlangung unterschiedlicher – an die jeweilige Schulform gekoppelter – Bildungszertifikate. Diese Schulformen sind die Vorläufer der heutigen Sonder-, Haupt- und Realschulen sowie des Gymnasiums bzw. der Bildungs- und Rahmenpläne/Lehrpläne, die mit diesen schulformbezogenen Bildungsgängen verbunden sind. Die Unterschiede zwischen den Schulformen drückten und drücken sich in einer Leistungshierarchie aus, an deren Spitze neun-, heute teilweise auch achtstufige Gymnasien stehen (Ackeren/Klemm/Kühn 2016, 35).

3.2.2 Ausweitung formaler Gleichheit, bestehende Ungleichheit

Nationalsozialistische Herrschaft

Während der Herrschaft der Nationalsozialisten, die sich an einem hochdistinktiven Verständnis von Menschsein ausrichtete und an der die Schule und ein Teil der Lehrer:innenschaft aktiv beteiligt waren, war Rassismus das leitende Prinzip der Konstruktion von Differenzen im Kontext von Schule und Unterricht. Der Zugang zu Schule und Unterricht wurde entlang „völkischer Zugehörigkeit" organisiert (Herrlitz et al. 2009, 139 ff.). Kinder und Jugendliche mit Behinderungen wurden sterilisiert – ein Akt, der durch das Gesetz zur „Verhütung erbkranken Nachwuchses" geregelt und „legitimiert" war (Ellger-Rüttgardt 2008, 242 ff.).

Vor diesem Hintergrund historischer Erbschaft, der alle Teile des Schulsystems betraf, wurden nach Ende des Zweiten Weltkriegs zwei deutsche Staaten gegründet, die unterschiedliche gesellschaftlich-politische Wege einschlugen. Diese Wege zeigten sich auch in der Gestaltung von Erziehung und Bildung in Schule und Unterricht (Braun/Wetzel 2001, 371). Im Folgenden soll der Weg der Bundesrepublik nachgezeichnet werden, da dieser die Grundlage für aktuelle Entwicklungen darstellt. Literaturempfehlungen zu Schule und Unterricht in der DDR finden sich am Ende des Kapitels.

Schulsystem in der BRD

Die Gestaltung des Schulsystems in der BRD knüpfte wesentlich an das der Weimarer Republik an, also an die Zeit unmittelbar vor der Machtübernahme durch die Nationalsozialisten. Erhalten geblieben ist damit auch der anhaltende Widerstreit zwischen der Sicherung von Bildungsprivilegien und der Bemühung um eine Realisierung von Bildungsgerechtigkeit. Resümierend kann vorweggenommen werden, dass die grundlegende schulische Struktur und ein leistungsorientiertes Berechtigungswesen erhalten geblieben sind, es aber zahlreiche Reformansätze und -bemühungen gab und gibt, die zu Veränderungen geführt haben und führen. Dies gilt sowohl für die Phase von 1960 bis Ende des letzten Jahrhunderts als auch für die Zeit seit der Jahrtausendwende – die Jahrtausendwende fällt zeitlich mit der ersten PISA-Studie zusammen.

Nach der Beendigung des Zweiten Weltkrieges sahen die alliierten Besatzungsmächte (USA, Frankreich und Großbritannien) grundlegende Veränderungen des Schulsystems vor, mit den Zielen der Entnazifizierung und Demokratisierung. Ihre Vorschläge bezogen sich auf die schulische Struktur, die zugunsten einer Gesamtschule nach US-amerikanischem Vorbild (die keine vertikale Gliederung kennt) sowie einer Revision der Inhalte gestaltet werden sollte. Staatsbürgerliche Erziehung und eine demokratische Grundhaltung waren hierbei leitend. Die auf die Struktur und Kultur der Schule bezogenen Vorschläge gingen über die Ebene programmatischer Erklärungen jedoch nicht hinaus, und die mehrgliedrige schulische Struktur wurde wiederhergestellt (Herrlitz et al. 2009, 158).

Die Mehrgliedrigkeit als Organisationsform der Schule findet ihren Ausdruck nicht nur auf der Ebene von Schulformen, sondern in weiteren Entscheidungen der Schule, v. a. in Klassenwiederholungen, Ab- und Umschulungen in andere Schulformen sowie in der Zurückstellung vom Schulbesuch (Bathe et al. 2010, 16).

Bildungsexpansion und Reformbestrebungen

Inhaltliche Reformen und eine Expansion des Bildungswesens kennzeichnen die Diskurse und Entwicklungen, die zwischen 1960 und 2000 innerhalb des Schulsystems leitend waren. Trotz des Erhaltes der Mehrgliedrigkeit in Form von Sonderschule, Hauptschule, Realschule und Gymnasium gab es in den einzelnen Bundesländern, die für die Schule verantwortlich sind, Angleichungen zwischen den hierarchisch zueinander stehenden Schultypen.

Mit Gesamtschulen wurden integrierte Unterrichtsformen entwickelt, an denen Schüler:innen unterschiedlicher Bildungsgänge teilnahmen. Begleitet durch ein allgemeines Wirtschaftswachstum, das zur Hebung des gesellschaftlichen Lebensstandards insgesamt führte, kam es dadurch zwar zu einer Bildungsexpansion – aber nicht zu grundlegenden Bildungsreformen. Diese scheiterten an politischen und gesellschaftlichen Widerständen (Herrlitz et al. 2009, 181 f.).

Neben der Strukturierung des Schulsystems ist Ende der 1960er-Jahre eine zweite Diskussionslinie aufgetaucht, welche die Frage nach der (Re-)Produktion sozialer Ungleichheit durch die Schule aufgreift. Sie firmiert unter dem Stichwort der „Ausschöpfung der Begabungsreserven“, die im Zuge der „deutschen Bildungskatastrophe“ (Picht 1965) proklamiert wurde (Brake/Büchner 2012, 35). In Verbindung mit den Zugangsmöglichkeiten zu Formen höherer Bildung führte dies zum Ausbau des Bildungswesens und war auf das gesamtgesellschaftliche Ziel gerichtet, wirtschaftlich wettbewerbsfähiger (v.a. während des Kalten Krieges) zu sein bzw. zu werden. Breitere Bevölkerungsschichten konnten anspruchsvollere Bildungsgänge besuchen und länger zur Schule gehen (Herrlitz et al. 2009, 181 ff.). Diese sogenannte „Bildungsexpansion" hat zu einer Ausweitung des Bildungswesens geführt, in der mehr Schüler:innen höhere Bildungsgänge besuchen und abschließen konnten (Brake/Büchner 2012, 34). Dennoch zeigen die internationalen Vergleichsstudien, dass Bildung ebenso wie Zugangsmöglichkeiten zu Schulen in Deutschland stärker als in vergleichbaren demokratischen Industrieländern des Westens mit der familiären, v.a. der sozio-ökonomischen Milieuzugehörigkeit korreliert (OECD 2020) – dies gilt gleichermaßen für die Schweiz (Zahner Rossier/Holzer 2007, 43) wie für Österreich (Schwantner/Schreiner 2010, 40).

Koedukation

Die Aufhebung geschlechtshomogener Lerngruppen und Schulen setzte sich in der Bundesrepublik Deutschland in den 1960er-Jahren flächendeckend durch. Die Mädchen wurden in Bildungsgängen der Jungen zugelassen; allerdings ohne, dass Inhalte, Methoden und Didaktik dieser Situation angepasst wurden (Faulstich-Wieland 1991, 30 ff.).

Ausbau des Sonderschulwesens

Der Deutsche Bildungsrat formulierte 1972 das erste politische Dokument, das den gemeinsamen Unterricht von Kindern mit und ohne Behinderung – heute würde man sagen „mit und ohne sonderpädagogischen Förderbedarf" – vorschlug (Schnell 2003, 78). In den KMK-Empfehlungen von 1972, die maßgeblich zum Ausbau des Sonderschulwesens führten bzw. dieses legitimierten, wurden die Ideen der Kommission jedoch nicht aufgenommen. Die institutionelle Sichtweise auf Behinderung ist charakteristisch für die Empfehlungen, denen alle Bundesländer zugestimmt haben. Schüler:innen, die in der allgemeinen Schule „scheitern", galten nach dem Dokument als „sonderschulbedürftig". Die Förderung und Unterstützung, die diesen Schüler:innen zukommen sollte, war folglich an die Sonderschule gebunden. Zehn unterschiedliche Sonderschultypen waren vorgesehen: für Blinde, Gehörlose, geistig Behinderte, Körperbehinderte, Kranke mit Hausunterricht, Lernbehinderte, Schwerhörige, Sehbehinderte, Sprachbehinderte und Verhaltensgestörte. Sie hatten je unterschiedliche Aufgabenbereiche, die sich an verschiedene Gruppen von Schüler:innen richteten (KMK 1972, 23 ff.).

In den KMK-Empfehlungen von 1972 wurde die Differenzkategorie der Sonderschulbedürftigkeit als Beschreibung für Behinderung gewählt. Sie steht im Kontrast zur „Normalschulfähigkeit"; die Zuschreibung der Sonderschulbedürftigkeit ist zugleich individualisiert und ausschließlich im Rahmen dieser Schulform zu bearbeiten. Den Empfehlungen liegt somit ein *kategoriales Verständnis von Behinderung* zugrunde, das sich auch in den Schulformen ausdrückt. Diese finden sich in der Ausrichtung des deutschen Schulsystems wieder, ebenso wie in der Schweiz und in Österreich (wenn auch in den beiden letztgenannten mit teilweise anderer Bezeichnung).

3.2.3 Entwicklungen und Diskurse seit 2000

PISA-Studie

Trotz der Bildungsexpansion in den 1960er-/1970er-Jahren ist die Ungleichheit im Zugang zu den unterschiedlichen Bildungsmöglichkeiten der verschiedenen Schulformen bzw. Bildungsgänge bis heute erhalten geblieben. Die Veröffentlichung der ersten PISA-Studie im Jahr 2001 hat Bewegung in die Diskussionen um die Gestaltung der Schule und des Unterrichts in der Gesellschaft gebracht. Im Rückblick kann sie als Initialmoment für Entwicklungsimpulse für Schule und Unterricht gesehen werden, die durchaus kritisch zu betrachten sind. Mit der Studie lagen empirische Daten vor, die vergleichend aufzeigen, dass das deutsche Schulsystem seinen Anspruch auf Chancengerechtigkeit nicht nur nicht erfolgreich, sondern auch wesentlich erfolgloser als alle anderen an der Studie beteiligten Staaten meistert (PISA-Konsortium 2001, 372 ff.; OECD 2020).

Schuleffektivität und -qualität

Die Reformüberlegungen, die im Anschluss hieran gestartet wurden, haben mit jenen der 1960er- und 1970er-Jahre gemeinsam, dass *Restaurationen* bestehender Normen und (Entscheidungs-)Erwartungen, die ihren Ausdruck in den Schulformen finden, vorgenommen wurden; statt grundlegender Reformen. Entlang der Begriffe „Schuleffektivität“ und „Schulqualität“, die den Übergang von einer Input- zu einer Output-Steuerung des Bildungswesens markieren, wurden Veränderungen im Bereich der Unterrichtsqualität initiiert (Gomolla 2010, 246 f.) (*siehe Kapitel 3.3*). Zudem sind in einigen Bundesländern Veränderungen der Schulstruktur von bildungspolitischer Seite veranlasst worden; dies allerdings unter Beibehaltung unterschiedlicher Bildungsgänge resp. Schulabschlüsse (ESA, MSA und Abitur). So werden seit der KMK-Vereinbarung zur Grundstruktur des Schulwesens (KMK 2020) Schulen unterschieden, die zu einem Schulabschluss führen: Erster Schulabschluss (ESA), Mittlerer Schulabschluss (MSA) oder Abitur; Schulen, die zum ESA und zum MSA führen oder Schulen, die zu den drei schulischen Bildungsabschlüssen führen. Je nach Bundesland eröffnet nicht nur das Gymnasium die Möglichkeit, das Abitur zu machen und einen Hochschulabschluss zu erwerben, sondern auch eine weitere Schulform der Sekundarschule, wie z. B. die Stadtteilschulen in Hamburg (Helbig / Nikolai 2015).

Zweigliedrigkeit

Die Veränderungen, die in den meisten Bundesländern aktuell an der Struktur des Schulsystems vorgenommen werden, führen zwar zu einer „strukturellen Zerfaserung des Schulsystems“ (Ackeren / Klemm 2009, 59), die leistungsbezogene Entgrenzung sowie die Separation von Schüler:innen, v. a. entlang sozio-ökonomischer Hintergründe (Chmielewski 2014), in unterschiedliche Schultypen bleiben aber erhalten. Die mehrgliedrige Struktur, die weiterhin hierarchisch gestaltet ist, bietet der Schüler:innenschaft – systembedingt – unterschiedliche Entwicklungsperspektiven. Diese wirken sich ihrerseits auf die Bildungsaspirationen der Schüler:innen aus (Ackeren / Klemm 2009, 60). Van Ackeren und Klemm konstatieren,

> „dass in der zerfaserten und entgrenzten Schulformenlandschaft die historisch verwurzelten und über die Jahrzehnte und Jahrhunderte weiter gegebenen charakteristischen Unterschiede zwischen ‚niederer' und ‚höherer' Bildung fortleben: ‚Niedere' Schulbildung begrenzt Entwicklungsmöglichkeiten und orientiert auf kognitiv weniger anspruchsvolle Bildungs- und Berufsabschlüsse" (Ackeren/Klemm 2009, 61).

Edelstein (2006) hebt zudem hervor, dass sich die PISA-Werte in Deutschland seit der ersten Durchführung der Studie zwar gebessert haben, also im Bereich des Unterrichts Entwicklungen zu verzeichnen sind, diese jedoch wesentlich im gymnasialen Bereich erfolgten. Dies verweist darauf, dass die im Anschluss an PISA vorgenommenen schulischen und unterrichtlichen Entwicklungsbemühungen die *bereits privilegierten Schüler:innen weiter privilegiert haben.* Die gesetzten Maßnahmen zeigen also keine Ungleichheiten überwindende Wirkung (Edelstein 2006, 127).

formale Gleichheit, reale Ungleichheit

Das Schulsystem und die schulische Struktur sind in Deutschland durch diverse *Formen der Homogenisierung* gekennzeichnet. Die formale Gleichbehandlung aller und die damit verbundenen Formen der Homogenisierung führen jedoch nicht zu realer Gleichheit, sondern (re)produzieren Ungleichheit: Die schulischen Leistungen werden dabei individualisiert, indem sie als individueller Verdienst aufseiten der Schüler:innen verortet werden; sie werden mithin als (allein) verantwortlich für ihren schulischen Bildungs-/miss-/erfolg konzeptualisiert (Brake / Büchner 2012, 44; auch Wagener 2020; Sturm 2023). Ausgeblendet bleiben dabei die unterschiedlichen Lebenserfahrungen, mit denen die Kinder und Jugendlichen in die Schule kommen, sowie die schul- und klassenspezifischen unterrichtlichen Angebote, die sie in den Schulen erhalten, also die Passung zwischen Erwartungen und individuellen Voraussetzungen.

Folgende Kritikpunkte werden bei den formalen Regeln des Schulsystems, die Ungleichheiten zwischen Schüler:innen begünstigen, aktuell in der Erziehungswissenschaft und Schulpädagogik diskutiert: die frühe Selektion, die geringe Durchlässigkeit, die terminale Ausrichtung der Schule sowie die Begabungsideologie, mit der die Schulstruktur begründet wird. Aktuelle Entwicklungen einer neoliberal ausgerichteten Bildungspolitik, die entlang der vier genannten Punkte stattfinden, verschärfen die Ungleichheiten.

frühe Selektion

Die Mehrgliedrigkeit des deutschen Schulsystems spiegelt die gesellschaftlichen Milieus resp. Schichten der Ständegesellschaft bis heute wider. Die Schulstruktur ist in Deutschland, auch wenn dies zuweilen so anmuten mag, nicht gesetzlich vorgeschrieben und verankert. Den Bundesländern ist es überlassen, die Schulstruktur zu ändern. Dass derartige Bestrebungen auf Widerstand in Teilen der Bevölkerung stoßen, zeigt der Hamburger Volksentscheid aus dem Jahr 2010.

Hamburger Volksentscheid

Am 18.07.2010 sprachen sich die Bürger:innen in Hamburg mehrheitlich gegen Schulreformen aus, die von Senat und Bürger:innenschaft beschlossen waren. Ein zentraler Punkt, über den in der Stadt diskutiert wurde, war die Verlängerung der Grundschulzeit um zwei Jahre. Diese wurde abgelehnt.

Die Zuteilung von Schüler:innen in unterschiedliche Bildungsgänge, die sich entlang ihrer Programmatik und der an sie anschließenden weiteren Bildungsmöglichkeiten unterscheiden, erfolgt in Deutschland wie auch in Österreich im Anschluss an die vierte oder sechste Klasse. Die Aufteilung, die – je nach Bundesland – mit oder ohne Berücksichtigung des Elternwillens stattfindet, zielt offiziell darauf, leistungshomogene Lerngruppen zu konstituieren. Dass dies nur unzureichend gelingt und die Idee der Homogenisierung eine Fiktion ist, beschrieben Klafki und Stöcker bereits 1976 (497). Zudem belegen unterschiedliche empirische Untersuchungen, dass die Zuordnung von Schüler:innen insofern unzureichend gelingt, als die Klassen bzw. Lerngruppen tatsächlich leistungsheterogen sind und sich im Verlauf der Zeit auf ein Leistungsniveau einpendeln. Die Einteilung der Schüler:innen erfolgt auf den Annahmen, dass bereits im Alter von neun bis zehn Jahren die zukünftige Leistungsfähigkeit der Kinder vorausgesagt werden kann, diese (wesentlich) stabil bleibt und über die unterschiedlichen Schulfächer, zumindest jedoch der versetzungsrelevanten Hauptfächer, gleich ist (Saldern 2007, 43).

Zahlreiche internationale Studien, die sogenanntes tracking, also die Unterscheidung von Bildungsgängen untersuchen, zeigen, dass sowohl bildungsgangbezogene als auch kursbezogene Formen wesentlich zur Separation von Schüler:innen nach sozio-ökonomischem Hintergrund beitragen. Mit dieser Trennung gehen v. a. Benachteiligungen nicht-privilegierter Schüler:innen einher, die weniger Lerngelegenheiten erhalten (Chmielewski 2014; Werfhorst 2021). Die Begründung für die Aufteilung der Schüler:innen wird in den deutschen Schulgesetzen mit unterschiedlichen natürlich gegebenen und durch Schule kaum veränderbaren Begabungen erklärt (Sturm 2023).

fehlende Durchlässigkeit des Schulsystems

Die Durchlässigkeit des Schulsystems, also der Wechsel von einem Bildungsgang in einen anderen, kann als Instrument verstanden werden, das die Fehler der Zuteilung ausgleichen soll. Zahlen zeigen, dass diese Wechsel vorkommen, jedoch dominiert dabei die Richtung *von einem höheren Bildungsgang in einen niedrigeren* resp. die Schulformen, die sie repräsentieren. Einem solchen Schritt gehen zudem meistens Klassenwiederholungen voraus. Bis zur 10. Klasse haben 20,3 % aller in Deutschland zur Schule gehenden Kinder und Jugendlichen die Erfahrung des Sitzenbleibens gemacht (OECD 2013, 74).

terminale Selektion

In Schulsystemen wie dem deutschen, die terminal (abgebend) organisiert sind, kommt der Selektion eine zentrale Bedeutung zu. Die Entscheidung über den Zugang ist allgegenwärtig in der Schule. Anders als Bildungssysteme, in denen die aufnehmenden Institutionen über den Zugang entscheiden, wird im deutschen Schulsystem gesellschaftliche Selektion durch die Schule vorgenommen (Trautmann / Wischer 2011, 99). Die Bewertung der Schüler:innen entlang von Leistungen durchzieht jegliche schulischen Zusammenhänge. Somit sind auch alle Lehrkräfte und weitere pädagogische Fachkräfte, die in der Schule tätig sind, in diese Prozesse eingebunden. Die stetige Präsenz der Frage von Zugehörigkeit und Nichtzugehörigkeit im jeweiligen Bildungsgang wird wesentlich über die Vergabe schulischer Noten geregelt.

Begabungsideologie

Für Deutschland konstatiert Gomolla (2012) im Unterschied zum angloamerikanischen Sprachraum eine starke Orientierung an der Begabungsideologie. Anders als das Leistungsprinzip dominiert in Deutschland die Vorstellung, dass Schüler:innen aufgrund ihrer biologisch-genetischen Ausstattung unterschiedlich begabt sind.

Aufgabe der Schule ist es in diesem Verständnis, die individuellen Begabungen der Schüler:innen zu erkennen und mit dem „richtigen" Bildungsgang zu begegnen. Schüler:innen, die als weniger begabt erachtet werden, werden in dieser Logik allgemeine Bildungsangebote unterbreitet; jenen, die als begabter resp. in der Terminologie der Schulgesetze als gymnasialgeeignet kategorisiert werden, werden vertiefte Bildungsangebote gemacht (vgl. Sturm 2022 und 2023). Diese Unterschiede kommen in den Bildungsgängen sowie der Schulstruktur des mehrgliedrigen Systems zum Ausdruck (Gomolla 2012, 32 f.). Ein solches Verständnis negiert nicht nur die Plastizität und Möglichkeit menschlicher Entwicklungen durch Lern- und Bildungsprozesse, sondern auch die der kulturellen und sozialen resp. der pädagogischen Angebote wie auch deren Beeinflussung durch pädagogische Handlungen. Die Schule selbst wird in diesem Verständnis nicht als Ort oder Raum verstanden, der einen Beitrag zur Leistungs- und Lernentwicklung von Schüler:innen leisten kann. Dies kommt einer professionsspezifischen Selbstaufgabe gleich.

3.3 Differenzkonstruktionen durch Schule am Beispiel schulischer Leistungsbewertung

Maßeinheit zur Regelung der Mitgliedschaft

Funktionen von Noten: Die Vergabe von Noten stellt ein zentrales Prinzip dar, mit dem die Schule operiert. Es ist Ausdruck formaler Regeln, die in der Schule bestehen. Lehrer:innen sind aufgefordert, die Leistungen von Schüler:innen kontinuierlich und individuell zu bewerten und in Relation zu Vorgaben und Erwartungen (objektive Bezugsnorm) zu setzen. Das Erhalten von Noten stellt zugleich die Form dar, über welche die Zugehörigkeit zu Bildungsgängen und Jahrgangs- bzw. Schulstufen von Schüler:innen geregelt wird. Als solche haben Noten eine *kontrollierende Funktion*, indem über sie die Zugehörigkeit und die innerhalb dieser gewährten Bildungsmöglichkeiten weitere Mitgliedschaft entschieden wird. Diese Kontrolle ist Teil der sozialisierenden Erfahrung, die Schüler:innen wie Lehrer:innen in der Schule machen.

Anreizfunktion

In der Schule erfahren die Schüler:innen durch die kontinuierliche Vergabe von Noten, dass ihre Leistungen dokumentiert und – überwiegend – in Ziffernform zum Ausdruck gebracht werden. Dieses Zertifikatswesen fokussiert Leistung, die testiert wird und deren Ziele im Vorwege von außen definiert und festgelegt sind. Während Schulnoten zu Beginn der Schulzeit häufig *motivierend* sind für die

Beteiligung am Wettkampf, übernehmen sie zu einem späteren Zeitpunkt auch die Funktion des *Aufzeigens von Perspektiven innerhalb des gesellschaftlichen Rahmens*. Auch wenn ihre Bedeutung sich im Laufe der Schulzeit ändert, können Schulnoten als Anreiz fungieren, da „gute Noten" mit größeren Chancen auf dem Arbeits- und Ausbildungsmarkt einhergehen und den Zugang zu attraktiven gesellschaftlichen Positionen eröffnen können (Sacher 2004, 24 ff.).

„Schlechte Noten" können ebenfalls, müssen aber nicht, das Interesse der Schüler:innen erhöhen, bessere Noten zu erzielen. Beide Formen sowie die Fokussierung auf Zensuren führen möglicherweise aber auch dazu, dass (schulisches) Lernen von den Schüler:innen als Abwehr potenzieller Bedrohungen in Form von „schlechten Noten" und / oder der Platzierung in einem weniger prestigeträchtigen Bildungsgang erlebt und erfahren wird. Dass dieser Bedrohungsabwehr das Interesse an der fachlichen und gegenständlichen Auseinandersetzung nachgeordnet wird, erscheint naheliegend (Holzkamp 1995, 190 ff.). Die vermeintliche Objektivität der Noten steht ihrerseits in Relation zu den Noten innerhalb einer Schulklasse oder Lerngruppe.

Kontrolle der Lehrkräfte

Die kontrollierende Aufgabe bezieht sich sowohl auf Schüler:innen als auch auf Lehrpersonen. Für Lehrpersonen gilt dies wesentlich in Bezug auf den Notenspiegel einer Lerngruppe. Fällt dieser sehr gut oder sehr schlecht aus, so kann die Frage gestellt werden, inwiefern der Unterricht, die Unterrichtsgestaltung hierfür begründend herangezogen werden kann. Durchschnittliche Ergebnisse hingegen rufen derartige Legitimierungsfragen weniger hervor.

Zensuren werden herangezogen, um Prognosen für die weitere Schullaufbahn und den Unterricht, die Unterrichtsgestaltung zu generieren. Zudem dienen sie als Rückmeldung über den Erfolg von Lehr- und Lernprozessen, und es werden Rückschlüsse für den weiteren Bildungsweg von Schüler:innen auf ihrer Grundlage getroffen. Die legitimierenden Funktionen für Bildungsentscheidungen haben Schulnoten in bildungspolitischer, administrativer und unterrichtlicher Hinsicht (Sacher 2004, 26 ff.). Die Bewertung von Lernprozessen kann aus pädagogischer Perspektive eine weitere Funktion einnehmen (ebenfalls in enger Verbindung zu den Überlegungen hinsichtlich der Diagnostik stehend), sofern sie als Ausgangspunkt didaktischer und fördernder Überlegungen herangezogen wird (Sacher 2004, 29).

Formen der Leistungsbewertung: Schulnoten werden in Deutschland wie auch in Österreich und der Schweiz vorwiegend in Ziffernform vergeben. Bei der Bewertung von Leistungen wird in Deutschland in der Regel ein sechsstufiges System von Noten (Klassen 1 bis 10) oder ein fünfzehnstufiges Punktesystem (gymnasiale Oberstufe) angewendet. Bewertungen, die in Form von Zensuren bzw. Noten ausgedrückt werden, legitimieren schulische Selektions- und Separationsentscheidungen. Letztlich stellen sie jene Form dar, über welche die Bildungsgangzugehörigkeiten legitimiert werden, und sie geben in hierarchischen Skalenwerten an, *wie gut/schlecht* das Bestehen erfolgt (Luhmann 2002, 73).

Ziffernzensuren

Neben den Ziffernzeugnissen ist es seit einem Beschluss der KMK (1970, 9) in der Grundschule möglich, sogenannte „verbale Beurteilungen“ abzugeben. Verbale Beurteilung verweist auf ein mündliches Gespräch, das jedoch häufig mit der Ausgabe von Zeugnissen verbunden ist, auf einen geschriebenen Beurteilungstext (Sacher 2004, 167).

verbale Beurteilung

Der Unterschied zwischen Ziffern- und verbaler Beurteilung liegt in der Darstellungsform; gleich ist dabei jedoch die Bewertung der Leistungen von Schüler:innen durch die Lehrperson (Sacher 2004, 167 ff.). Die grundsätzliche Bedeutung von Bewertung unterscheidet sich jedoch nicht (Sacher 2004, 167 f.).

Die Bewertung schulischer Leistungen von Schüler:innen durch Lehrkräfte erfolgt zunehmend durch vergleichende Schulleistungstests, v. a. im Hinblick auf Kompetenzen (Fürstenau/Gomolla 2012, 13 f.). Diese Entwicklung steht im Kontext grundlegender Entwicklungen der Steuerung des Schulsystems. Seit Ende der 1990er-Jahre werden neben den Klassenarbeiten zentrale Abschlussprüfungen und Vergleichsarbeiten eingesetzt, die eine weitere Form der Leistungsbewertung darstellen und Ausdruck der sogenannten evidenzbasierten Bildungsforschung, - praxis und -politik sind. Letztgenannte Entwicklungen sind Ausdruck einer datenbasierten Steuerung, die ihrerseits mit Monitoring einhergeht (auf ökonomische Kriterien aufbauende Kontrolle), dem sogenannten „Controlling“. Die Überprüfung oder Evaluation von Schulen, Schüler:innen und Lehrkräften mithilfe standardisierter Tests ist Ausdruck hiervon. Zielvereinbarungen und Evaluationen sind zwei Instrumente, die, aus dem privatwirtschaftlichen Bereich kommend, Einzug in die Schule erhalten haben und mit dem Ziel der Effektivitätssteigerung dort eingesetzt werden, häufig ohne dass sie dem Kontext angepasst werden (Gomolla 2012, 37).

Vergleichsarbeiten

Anknüpfend an diese Strategie, die von Seiten der KMK zu Beginn des neuen Jahrtausends formuliert wurde, wurden auch Bil-

Bildungsstandards

dungsstandards entwickelt, die eine Orientierung bzw. wesentliche Bezugspunkte für die Bewertung schulischer Leistungen darstellen (KMK 2012). Waren zuvor überwiegend input-orientierte Formen der Steuerung charakteristisch für das föderal organisierte Schulsystem Deutschlands, sind die output-orientierten Formen neu. Bildungstandards bieten die Möglichkeit, Leistungen von Schüler:innen respektive Kompetenzen zu messen; so eröffnen sie die Perspektive, individuelle Lernprozesse mit einem allgemeinen oder fachspezifischen Kompetenzziel in Relation zu setzen. Hieraus können dann konkrete Formen für die unterrichtliche Unterstützung von Lehr- und Lernprozessen abgeleitet werden. Der Vergleich mit anderen Schüler:innen der Lerngruppe wird abgelöst bzw. ergänzt durch einen an Kompetenzzielen ausgerichteten Vergleich.

Evidenzbasierte Steuerung von Schule

Der schulische Rahmen umfasst neben den Schulgesetzen sowie den Lehr-, Bildungs- und Rahmenplänen bildungspolitische Konzepte zu deren Steuerung und Entwicklung. Das aktuell in Deutschland leitende Konzept wird in der „Gesamtstrategie der Kultusministerkonferenz zum Bildungsmonitoring" (KMK 2016) dargelegt. In dem Dokument wird eine evidenzbasierte Steuerung, die mit dem Begriff des Bildungsmonitorings zusammengefasst wird, definiert. Dieser Zugang basiert wesentlich auf einem kognitionspsychologischen Verständnis, das in einem technologischen Verständnis menschlicher Informationsverarbeitung verankert ist (vgl. Herzog 2012). Evidenz steht dabei nicht nur für einen erkenntnistheoretischen Zugang, der methodologisch-methodisch v. a. statistisch generiert wird, sondern auch für die enge Verbindung von Bildungsforschung, -praxis und -politik: erstere generiert – vermeintlich – objektive Erkenntnisse, die von den beiden letztgenannten umzusetzen sind.

Leistungs- und Mindeststandards

Es lassen sich Leistungs- und Mindeststandards im schulisch-unterrichtlichen Kontext unterscheiden. Letztere formulieren Ziele, die von allen Schüler:innen erreicht werden sollen, während sich erstere im Verständnis von Regelstandards am mittleren Leistungsniveau orientieren. Die KMK hat für die Bundesrepublik Leistungsstandards formuliert und fokussiert damit Ergebnisse von Lehr-Lernprozessen (König 2012, 109 f.). Neben nationalen und internationalen Vergleichen werden auf der Ebene der Bundesländer leistungsvergleichende

Arbeiten geschrieben. Kritisiert wird an der Einführung von Bildungsstandards, dass sie auch als Selektionsinstrumente im schulischen Kontext herangezogen werden. Zudem wird das Risiko mit ihnen verbunden, dass sich der Unterricht zunehmend an den zu schreibenden Tests ausrichtet (Gomolla 2010, 258 f.; Hopmann 2007 a, 379 ff.; Bellmann / Dužević, / Schweizer / Thiel 2016).

standardisierte Instrumente

Neue schulische Bewertung und Steuerungsformen: Schulische Leistungsbeurteilung, unabhängig davon, ob sie durch Beobachtungen von Lehrpersonen und / oder mithilfe vergleichender Leistungstests vorgenommen wird, ist eingebunden in den schulischen Kontext. In diesem erfahren und von diesem erhalten die Beurteilungen von Lernprozessen ihre Bedeutung, z. B. ob sie auch zur Legitimation von Allokation und / oder Selektion herangezogen werden.

Seit Ende der 1990er-Jahre ist eine Veränderung im Umgang mit schulischer Leistungsbewertung zu beobachten. Sie ist Ausdruck gravierender gesellschaftlicher Entwicklungen, die sich mit einer zunehmenden Ökonomisierung gesellschaftlicher Lebensbereiche umschreiben und vor dem Hintergrund globalen Konkurrenzdrucks (insbesondere im wirtschaftlichen Bereich) erklären lässt. Diese Entwicklungen haben in Deutschland zu strukturellen Veränderungen schulischer Steuerung geführt (Fürstenau / Gomolla 2012, 13). Die Verantwortung für Lern- und Bildungsprozesse, insbesondere deren didaktisch-methodische Realisierung, wird verstärkt aufseiten der Einzelschule bzw. der Lehrpersonen verortet, während die Rahmenbedingungen hierfür ebenso wie die zu erreichenden Ziele vonseiten der Bildungspolitik und -administration festgelegt werden (Rihm 2006, 400 ff.). Auch wurden mit Vergleichsarbeiten und anderen zentralen Prüfungen Instrumente vonseiten der Bildungspolitik eingeführt, mittels derer das Erreichen der Ziele – durch die Lehrpersonen – kontrolliert werden kann. Ein Merkmal der Neuen Steuerung ist, dass auch die Leistungen der Lehrkräfte kontinuierlich bewertet werden. Anders als in den 1970er-Jahren wird jedoch im aktuellen Diskurs die Frage nach Gerechtigkeit in diesem Zusammenhang kaum noch bearbeitet und thematisiert (Fürstenau / Gomolla 2012, 13 f.).

offene Instrumente

Im gleichen Zeitraum wurden auch andere Formen der Leistungsbewertung (weiter)entwickelt und in die Schule und den Unterricht eingeführt. Zu diesen Formen gehören beispielsweise *Portfolios*, *Lerntagebücher* und *Kompetenzraster*. Ihnen ist das Ziel gemeinsam, Lernprozesse von Schüler:innen zu betrachten und auf den Erkenntnissen aufbauend, nächste Lehr- und Unterrichtsprozesse, also deren didaktisch-methodische Unterstützung zu planen (Fürstenau/Gomolla 2012, 15). Mithilfe dieser Instrumente sollen Wissen und Können von Fachinhalten und überfachliche Elemente sowie deren Anwendung durch die Schüler:innen überprüft werden. Ein wesentlicher Unterschied dieser Beurteilungsformen gegenüber den herkömmlichen besteht darin, dass Ergebnisse von Lehr-Lernprozessen stärker in einer anwendungsbezogenen Form abgeprüft werden. Wie die Instrumente, die an Standards anknüpfen, leisten auch die offenen Formen einen Beitrag dazu, dass Leistungsbewertungen und damit verbundene Vergleiche zwischen Schüler:innen schulisch erwartet werden. Dabei wird deren Konstruktionscharakter vielfach ausgeblendet (Schäfer/Thompson 2015).

Notenvergabe

Die Vergabe von Noten, unabhängig davon, ob dies durch Ziffernnoten oder entlang sogenannter verbaler Formen erfolgt, ist auf ihre „Legitimierung und Anerkennung […] als ‚gerecht'" (Zaborowski et al. 2011, 346, Herv. im Original) angewiesen. Dieses Strukturproblem liegt meist den Praktiken der schulischen Bewertung zugrunde. Die Praxis der Notenvergabe unterscheidet sich sowohl in ihrer Struktur als auch in ihrer Varianz: Zensuren werden sehr häufig im unterrichtlichen Alltag vergeben, was ihre Einzelbedeutung zwar schmälert, zugleich aber ihre Permanenz unterstreicht. So zeigen Zaborowski et al. (2011), dass Schüler:innen in einer von ihnen untersuchten Klasse fünf bis sechs Zensuren pro Woche erhalten. Dies erfordert zugleich eine unterrichtliche Gestaltung, in der häufig Möglichkeiten geschaffen werden, Schüler:innen zu bewerten (Zaborowski et al. 2011, 349).

objektive und subjektive Seiten von Noten

Nicht nur die Bedeutung der Einzelnote gegenüber der Gesamtzahl von Noten ist relativ, auch ihre Vergabepraxis ist durch Relationierung gekennzeichnet. Während auf unterschiedliche Art versucht wird, die Sicht auf die Notenvergabe objektiv zu betrachten, werden Noten zugleich individuell auf die Schüler:innen bezogen, an die sie gegeben werden. Diese Form der „Versubjektivierung von Noten" erfolgt mittels unterschiedlicher Rückmeldungen an die Schüler:innen. Die Zensur wird dabei, gemäß ihres Anspruchs auf Objektivität, als individuelles Produkt gesehen, das seine Ursache in der bewerteten Person und nicht im unterrichtlichen – oder auch interaktiven – Arrangement der bewertenden Lehrperson hat (Zabarowski et al. 2011, 345 f.).

Die Legitimation von Noten erfolgt nicht selten über die Zuschreibung von Talenten, Begabung und/oder Anstrengung aufseiten der Schüler:innen. Die Notenvergabe gilt in der Regel erst dann als nicht mehr ausreichend, wenn eine ganze Lerngruppe in einer konkreten

Leistungsanforderung schlecht bewertet wird – für gute Noten ist eine nachträgliche Legitimierung hingegen nicht notwendig (Zaborowski et al. 2011, 345 f.).

Transparenz der Notenvergabe

Die Vergabe schulischer Noten findet entlang der Vorstellung statt, dass dieses Vorgehen objektiv und zugleich transparent geschieht. Die Zerlegung erwarteter Leistungen in unterscheidbare Teile bzw. Anforderungen mittels zuvor festgelegter Kriterien, die in der Bewertung als Kontrastfolie herangezogen werden, kann in Form von Bildungsstandards, Klassenzielen und genauen Punktvorgaben erfolgen; sie stellen die Bezugs- und Vergleichspunkte dar. Diese Form der Transparenz bezieht sich trotz Vergleichbarkeit allerdings nur auf die Ebene der Bezugsnorm der Schulklasse (Zaborowski et al. 2011, 18). Auch Schüler:innen werden in die Notenfindung einbezogen, allerdings konstatieren Zaborowski et al. (2011), dass dies wesentlich mit dem Ziel der Validierung der von der Lehrperson vergebenen Note vorgenommen und so letztlich auch die Legitimität der Note hergestellt und zugleich unterstrichen wird (Zaborowski et al. 2011, 350).

Zusammenfassung

Die Schule übernimmt als gesellschaftliche Institution für diese und in dieser Aufgaben der Bildung und Erziehung der nachwachsenden Generation mit den Zielen der gesellschaftlichen Reproduktion und Innovation. Institutionalisierte Schulbildung, wie wir sie heute kennen, hat sich im Übergang von der Stände- zur Bürger:innengesellschaft durchgesetzt. Wie ein roter Faden zieht sich die Frage nach der Bearbeitung von Ungleichheit durch die Geschichte der Schule, im Bereich ihrer Normen und Erwartungen wie auch der gelebten Praktiken. Der Widerstreit zwischen der Sicherung und dem Abbau von Privilegien und Zugangsmöglichkeiten zu Bildung für Kinder und Jugendliche aus unterschiedlichen sozialen Milieus unterscheidet sich in den verschiedenen historischen Epochen und durch die in ihnen leitenden Interessen und Vorstellungen; in seiner Konstitution an sich, ist dieser Widerstreit stetig vorhanden.

3.4 Übungsaufgaben

Aufgabe 1 Die Schule übernimmt in der Gesellschaft die Aufgaben von Reproduktion und Innovation. Dem strukturfunktionalistischen Ansatz entsprechend erfolgt dies entlang von vier Grundfunktionen. Erklären Sie diese sowie das widersprüchliche Verhältnis, in dem die Funktionen zueinander stehen.

Aufgabe 2 Das folgende Zitat von Joachim Schroeder bezieht sich auf das gegliederte Schulsystem:

> „Denn in das gegliederte Schulsystem ist eine Struktur der Homologie eingeschrieben: das in oberen und mittleren sozialen Milieus *verfügbare* kulturelle Kapital korrespondiert mit dem in den höheren Schulformen vermittelten Bildungskapital, und ebenso entspricht das in unteren sozialen Milieus *benötigte* dem in den Haupt- und Sonderschulen *bereitgestellten* Kulturkapital. Diese homologen Strukturen zeichnen milieustabile Bildungswege vor und ermöglichen vor allem den Angehörigen der unteren sozialen Milieus nur in Ausnahmefällen einen gesellschaftlichen Aufstieg" (Schroeder 2010, 119).

Konkretisieren Sie die Überlegungen des Zitats exemplarisch an formalen schulischen Normen und (Entscheidungs-)Erwartungen, die dies begünstigen.

Aufgabe 3 Erläutern Sie, warum die Anwendung von Leistungs- und Mindeststandards zu Benachteiligungen für Schüler:innen mit unterschiedlichen familiären, aber auch schulischen Erfahrungen führen kann.

3.5 Literaturempfehlungen

Ackeren, I. van, Klemm, K., Kühn, S. M. (2015): Entstehung, Struktur und Steuerung des deutschen Schulsystems. Eine Einführung. 3. Aufl. Springer VS, Wiesbaden

Cortina, K. S., Baumert, J., Leschinsky, A., Mayer, K. U., Trommer, L. (Hrsg.) (2008): Das Bildungswesen in der Bundesrepublik Deutschland. Rowohlt Verlag, Reinbek b. Hamburg

Fend, H. (2008): Neue Theorie der Schule. Einführung in das Verstehen von Bildungssystemen. 2. Aufl. VS Verlag für Sozialwissenschaften, Wiesbaden

Hübner, R. (2000): Die Rehabilitationspädagogik in der DDR. Zur Entwicklung einer Profession. Peter Lang. Europäischer Verlag der Wissenschaften, Frankfurt am Main / Berlin / Bern / Brüssel / New York / Wien

Scheipl, J., Seel, H. (1988): Die Entwicklung des österreichischen Schulwesens in der Zweiten Republik. 1945–1987. Leykam Buchverlagsgesellschaft, Graz

Scheipl, J., Seel, H. (1985): Die Entwicklung des österreichischen Schulwesens von 1750 bis 1938. Leykam Verlag, Graz

Seel, H., Scheipl, J. (2004): Das österreichische Bildungswesen am Übergang ins 21. Jahrhundert. Leykam Buchverlagsgesellschaft, Graz

Schweizerische Koordinationsstelle für Bildungsforschung (2018). *Bildungsbericht Schweiz.* Aarau

Sturm, T. (2023): Inklusion und Exklusion in Schule und Unterricht. Leistung - Differenz - Behinderung. Kohlhammer, Stuttgart

Hier gelangen Sie zu den Antworten zu den Übungsfragen:

SCAN ME

Hier gelangen Sie zur Lern-App zum Buch mit weiteren Lernaufgaben:

SCAN ME

4 Schüler:innen mit differenten, milieuspezifischen Erfahrungen in Schule und Unterricht

Die Schüler:innen verfügen ebenso wie die Lehrkräfte einer Schule über unterschiedliche soziale und materiale Erfahrungen. Vor diesem Hintergrund verstehen und bearbeiten sie schulisch-unterrichtliche Erwartungen, soziale Rollen und soziale Identitäten. In diesem Kapitel werden fünf Differenzkategorien vorgestellt, die im Kontext von Schule und Unterricht im Zusammenhang mit der eingeschränkten Verwirklichung von Bildungsgerechtigkeit, über unterschiedliche theoretische Perspektiven hinweg, genannt werden: Leistung als die zentrale, schulische bzw. schuleigene Differenzkategorie sowie gesellschaftlich sozial-ökonomische Ungleichheit, Geschlecht bzw. Gender, familiäre und/oder eigene Migrationserfahrungen und Behinderung resp. die schuleigene Kategorie des sonderpädagogischen Förderbedarfs. Die letzten vier stellen gesellschaftlich etablierte Differenzkategorien dar.

erziehungswissenschaftliche Diskurse

Parallel zu Exklusionsrisiken und Marginalisierungen, die für die genannten sozialen Gruppen aktuell bestehen, verlaufen erziehungswissenschaftliche Diskurse; diese setzen sich mit Fragen der eingeschränkten Teilhabe- und Partizipationsmöglichkeiten im Zusammenhang mit Schule und Unterricht auseinandersetzen (Motakef 2006, 19 ff.). Die vielfach getrennt voneinander geführten Diskurse greifen auf unterschiedliche Traditionen und Entstehungszusammenhänge zurück, die ihrerseits in Wechselbeziehung zu den (unterschiedlichen) gesellschaftlichen und politischen Rahmenbedingungen und deren kritischer Reflexion – bezogen auf die einzelnen Differenzdimensionen – stehen. Dies ist der Grund für ihre getrennte Darstellung, ohne dass dem gewählten Vorgehen eine Verkürzung auf ein eindimensionales Milieuverständnis zugrunde gelegt oder für ein solches plädiert werden würde. Für alle Diskurslinien gilt, dass sich sozial-konstruktivistische Perspektiven durchsetzen; also von der Herstellung und Bearbeitung resp. der Konstruktion von Differenzen ausgegangen wird.

empirische Untersuchungen

Die nachfolgenden Ausführungen erfolgen unter Rückgriff auf theoretische Diskussionen sowie auf empirische Untersuchungen. Dabei werden sowohl Studien herangezogen, die auf der Grundlage statistischer Daten die Frage fokussieren, wer im Schul- und Bildungssystem wie benachteiligt wird, als auch Forschungsergebnisse, die die interaktiven Praxen der Konstruktion von Differenzen in der Schule und dem Unterricht rekonstruieren, ohne dass die oben beschriebenen Widersprüche der Reifizierung hier aufgehoben oder überwunden werden können. In den letztgenannten Verfahren werden die Kulturen, das habituelle Handeln sowie implizites Wissen der Lehrer:innen und Schüler:innen rekonstruiert. Dass diese nicht losgelöst von den gesellschaftlich-institutionellen Verständnissen, formalen Regeln sowie den darin formulierten (Entscheidungs-)Erwartungen sind, zeigen v. a. internationale Vergleichsstudien (z. B. Sturm 2022b; Wagener 2022). Die unterrichtlichen Praktiken sind Teil des schulischen Organisationsmilieus. Im Zentrum der herangezogenen Untersuchungen steht die Frage nach dem *Wie der Herstellung und Bearbeitung von Differenzen.*

In dieser Einführung muss auf Details in der Darstellung verzichtet werden. Auf Fachliteratur, die einen differenzierteren Zugang zu den Themen und Diskursen ermöglicht, wird am Ende des Kapitels verwiesen.

Die Diskurse zu sozialer bzw. sozio-ökonomischer Ungleichheit, Geschlecht, Migrationserfahrungen und Behinderung haben unterschiedliche Diskussionstraditionen, aus denen sie hervorgegangen und in die ihre Argumentationen bis heute eingebunden sind. Zugleich stellen sie Querschnittthemen dar, die für sämtliche Organisationen des Bildungssystems relevant sind. Ansätze wie die „Intersektionalitätsforschung" (Schildmann 2012; Budde 2018), die „Pädagogik der Vielfalt" (Prengel 2006), die „Inklusionspädagogik" (Schwohl / Sturm 2010; Sturm / Wagner-Willi 2018) und die „Pädagogik kollektiver Zugehörigkeiten" (Nohl 2014) versuchen zunehmend, die Ansätze miteinander zu verbinden.

4.1 Leistung und Leistungsdifferenzen in Schule und Unterricht

Leistung wird vielfach, nicht nur in Schule und Unterricht, sondern auch in weiteren gesellschaftlichen Lebensbereichen aufgerufen. Das Leistungsverständnis, das im Alltag verwendet wird, hat sich dabei insofern verselbstständigt, als die durch es legitimierten sozialen Positionen, aus denen heraus bewertet wird, vielfach nicht angeführt werden (Schäfer 2018). Ziel der nachfolgenden Ausführungen ist es, die Kontextualisierung des schulischen Leistungsverständnis und sein Beitrag zur Konstruktion von Differenzen darzulegen.

Leistung wird, im Alltags- oder Common Sense-Verständnis vielfach in Verbindung mit Leistungsbereitschaft, nicht nur individuell zugeschrieben, sondern steht auch für die Legitimation sozialer Ungleichheit in der Gesellschaft: Leistet eine Person viel, so erscheint es rechtens, wenn sie über größere materielle, aber auch soziale Gestaltungsmöglichkeiten verfügt, als eine, die wenig(er) leistet. Historisch betrachtet stellt dies einen emanzipatorischen Fortschritt innerhalb der bürgerlichen Gesellschaft dar, da prestigeträchtigere Positionen nicht durch die ständische Herkunft, das Geschlecht und/oder die sozioökonomische Situation der Familie legitimiert werden, sondern auf der Grundlage individueller Anstrengungen und ihres Erfolgs. Dies ist der Anspruch eines „gerechten Leistungsvergleichs mit anderen" (Schäfer 2018, 11). Dieses meritokratische – an Meriten, d.h. eigenen Verdiensten, orientierte – System hat also einen emanzipativen Charakter gegenüber einem durch Geburtsstand zugewiesenen und eröffneten Zugang zu Formen (höherer) Bildung. Die emanzipatorischen Möglichkeiten dieses Prinzips wurden jedoch von Beginn an nicht konsequent genutzt (*siehe Abschnitt 3.2.1*). Ein Konzept, das zugleich brüchig ist, da es bisher nicht gelungen ist, auf diese Art und Weise Ungerechtigkeiten in der Gesellschaft und/oder der Schule zu überwinden (Schimank 2018).

Die Leistungsgesellschaft basiert auf der Idee, dass die Verteilung von Macht und Gütern – und damit auch von Ungleichheit – nach individuell erbrachter und zugeschriebener Leistung erfolgt und wird somit als „egalitäres gesellschaftliches Inklusionsprinzip" (Schäfer/Thompson 2015, 8) verstanden, das auf der Annahme beruht, dass höhere Leistung sich in entsprechend höheren gesellschaftlichen Positionen und/oder ökonomischen Möglichkeiten widerspiegelt. Dieses Prinzip findet sich auch in der Schule: Höhere Leistung verspricht den Zugang zu exklusiven Bildungsgängen und den von ihnen vergebenen, ihrerseits Möglichkeiten eröffnenden, Bildungszertifikaten.

Das für die Gesellschaft in zweifacher Hinsicht zentrale Leistungsprinzip stellt nicht nur eine wesentliche Stütze des Gerechtigkeitsverständnisses dar, sondern legitimiert auch die meritokratische Grundfigur eigener Verdienste im Zugang zu knappen bzw. umkämpften gesellschaftlichen Gütern. Dabei markieren die beiden Aspekte auch die Schwächen des Leistungskonzepts, da sozial festzulegen ist, was als (individuelle) Leistung verstanden wird und welchen Beitrag der/die Einzelne an ihrer Erbringung hat resp. haben kann und welcher

Anteil durch die jeweiligen Bedingungen, in denen jemand sozialisiert wird und die er/sie erlebt – u.a. im Unterricht, erfolgt.

> „Die Unmöglichkeit, Leistung jeweils kontextfrei bestimmen und auf individuelle Akteure eindeutig zurückführen zu können, zeigt im Kern des Leistungsprinzips die Schwierigkeit, Leistung nicht nur nicht hinreichend präzise fassen zu können, sondern vor allem auch zwischen Deskription und Askription nicht hinreichend unterscheiden zu können." (Ricken 2018, 49)

Vergleichbare Kritik am Leistungsprinzip scheint in historischen Analysen auf, die zeigen, dass vielfach ausgeblendet wird, dass Menschen immer kooperativ arbeiten und Ergebnisse oder Produkte der Arbeit bzw. Leistung entsprechend immer Ausdruck kollektiver Anstrengungen darstellen (Verheyen 2018). Ein weiterer Aspekt ist, dass Leistung selbst ein Konstrukt darstellt und nur dann als solche anerkannt wird, wenn sie von anderen, also einer Gemeinschaft, als solche verstanden wird.

Die zentrale Bedeutung, die Leistung und Leistungsunterschieden im Schulsystem zukommt, die sich sowohl schulorganisatorisch und strukturell als auch in einer unterrichtlichen Eigendynamik findet, ist in anderen Ländern, wie z.B. den angelsächsischen und skandinavischen nicht in vergleichbarer Weise konstitutiv (Biermann/Powell 2014; Stojanov 2015).

Vergleichende Analysen von Leistungsverständnissen, die Schulgesetzen zugrunde liegen, zeigen, dass Leistung in den mehrgliedrig organisierten Schulsystemen der deutschsprachigen Länder nicht nur individuell konzipiert und zugeschrieben wird, sondern v.a. als Ausdruck natürlicher Begabungen verstanden wird, die institutionell bzw. pädagogisch gar nicht oder nur marginal beeinflussbar sind (Sturm 2022a; 2023). Konträr dazu findet sich in formalen schulischen Dokumenten des kanadischen British Columbias ein interaktives Verständnis von Leistung, das diese als Ergebnis von Interaktionen zwischen Lehrpersonen und Schüler:innen versteht. Leistung wird dabei insofern als offen konzipiert, als sie auf abilities bzw. Fähigkeiten aufbaut, die in und durch Schule und Unterricht entwickelt werden (Sturm 2024).

Wenngleich Leistung eine schuleigene Kategorie darstellt, entlang derer Schüler:innen voneinander unterschieden werden, stellt sie auch ein gesellschaftliches Prinzip dar. Letztgenanntes kommt z.B. in dem Begriff der Leistungsgesellschaft zum Ausdruck. Beiden Verständnissen ist gemeinsam, dass sie auf dem Versprechen aufbauen, dass Anstrengung bzw. Leistungsbereitschaft zu Erfolg führen; ohne allerdings, dass dies in einem kausalen Sinn eingelöst werden würde (Schäfer 2018). Leistung als Voraussetzung für individuellen Erfolg zu verstehen, steht konträr zu dem Konzept vererbter oder natürlich bestehender, individuell unterschiedlicher Fähigkeiten oder Begabungen bzw. Beeinträchtigungen. Letztgenannte basieren auf Erklärungen, die Leistungsdifferenzen als Ausdruck vermeintlich natürlicher Unterschiede verstehen; erstgenannte – je nach Ansatz – basieren auf einem kontextunabhängigen oder einem kontextabhängigen Verständnis. Während ein kontextunabhängiges Verständnis Leistungsdifferenzen als losgelöst von sozialen, materialen und kulturellen Erfahrungen der Schüler:innen – und ihrer jeweiligen Passung gegenüber schulisch-unterrichtlichen Erwartungen – konzipiert, sieht ein kontextabhängiges Verständnis gerade in jenen Elementen Erklärungen für die Differenzen.

In schul- wie auch in allgemeinpädagogischen Diskursen finden sich normative Leistungsverständnisse, z. T. als pädagogische Leistung (Klafki 1996) konkretisiert, und zunehmend deskriptiv-analytische Perspektiven, die danach fragen, wie Leistung in Schule und Unterricht verstanden und praktisch hervorgebracht wird (Breidenstein 2018; Ricken 2018; Sturm 2023). Von diesen sind jene Perspektiven zu unterscheiden, die definieren, was z. B. schulische und/oder unterrichtsfachliche Leistungen sind und wann diese als ‚erfüllt' gelten. Dieser letztgenannte Aspekt findet sich v. a. in Bildungs- und Rahmenplänen, die Kompetenzen definieren, deren Erreichung und Nachweis als Leistung gilt (KMK 2019).

Das Leistungsprinzip findet sich schulorganisatorisch sowohl in der Jahrgangsklasse als auch in den unterschiedlichen, nach Leistungserwartungen und -ansprüchen differenzierten, Bildungsgängen. Beide ermöglichen und erfordern zugleich, dass die Schüler:innen kontinuierlich miteinander sowie gegenüber Normen und Erwartungen, die zu je bestimmten Zeitpunkten erreicht sein sollen, verglichen werden (Reh et al. 2015). Dabei wird nicht nur die Verantwortung der Lehrpersonen an der Zuschreibung von Leistung ausgeblendet (Breidenstein 2011), sondern meist auch, dass Leistung sich in der Schule und im Unterricht als Wettbewerb um bessere Positionen vollzieht (Schäfer/Thompson 2015, 9). In der Schule wird Leistung hierarchisch konzipiert, indem die Schüler:innen anhand von Leistungsmaßstäben geordnet und zueinander in Beziehung gesetzt werden.

Auf der Mikroebene unterrichtlicher Interaktionen zeigt sich, dass Leistung den „Kern pädagogischer Ordnungen" (Rabenstein et al. 2013, 674) darstellt und die permanente Leistungsbewertung eine Eigenlogik entwickelt hat, die im Zusammenhang mit dem strukturellen Problem steht, dass Noten legitimiert und als „gerecht" anerkannt werden (müssen) (Zaborowski et al. 2011). Lehrpersonen und Schüler:innen verfügen über ein handlungspraktisches Leistungsverständnis, das Leistung individuell zuschreibt und – auch in dem Anspruch nach inklusiven Klassen – hierarchische Unterscheidungen hervorbringt (Sturm 2016 a). Die unterrichtliche Bearbeitung von als „defizitär" wahrgenommenen Differenzen orientiert sich dabei vielfach am Ziel der Kompensation gegenüber einer (klassenbezogenen) Norm (z. B. Sturm / Wagner-Willi 2015 a). Behindert werden dabei die Lern- und Bildungsprozesse jener Schüler:innen, die die Norm bereits erreicht haben und / oder die derjenigen, die die Erwartungen (noch) nicht erfüllen, indem ihnen keine Lehrangebote unterbreitet werden (Sturm 2012). Beide Bearbeitungsformen sind an einem Abbau der Differenzen orientiert und so machen die Schüler:innen die Erfahrungen, dass (Leistungs-)Differenzen unterrichtlich nicht erwünscht sind. Die Verbindung beider Aspekte birgt das Potenzial, spezifische Schüler:innen(gruppen) aufgrund ihres schulischen Misserfolgs zu marginalisieren (Sturm 2015).

Schulische Leistung, die in formalen schulischen Dokumenten als Ausdruck unterschiedlicher natürlicher Begabungen konzipiert wird, steht nicht nur im Widerspruch zu Verständnissen der sozialen Konstruktion von Unterschieden, sondern stellt zugleich den Bezug für die Beschreibung der ungleichen akademischen Partizipation und / oder Behinderung an den schulisch-unterrichtlichen Angeboten dar. In den folgenden vier Abschnitten sollen die sozial- und erziehungswissenschaftlichen Verständnisse der Konstruktion der vier, gesellschaftlich wie schulisch zentralen, Differenzdimensionen dargelegt sowie die Formen der Ungleichheit – also der Privilegierung und der Benachteiligung – die Schüler:innengruppen in Schule und Unterricht erfahren, beschrieben werden.

4.2 Sozio-ökonomische Differenzen im Kontext von Schule und Unterricht

soziale Ungleichheit

Sozio-ökonomische Differenzen, also Unterschiede im Zugang zu ökonomischen Ressourcen, über die Milieus verfügen, werden in den Erziehungs- und Sozialwissenschaften vorwiegend entlang des Begriffes „soziale Ungleichheit" diskutiert (Büchner 2003; Butterwegge 2010; Hradil 2005; Rauer 2010). Soziale Ungleichheit korrespondiert mit „Bildungsungleichheit" (Becker / Lauterbach 2016; Krüger et al.

2011), da mittels schulischer Bildung soziale Privilegien an die nächste Generation weitergegeben und gesellschaftlich legitimiert werden und Chancengerechtigkeit nicht eingelöst wird.

Fehlender Schulerfolg wird nicht selten als mangelnde Begabung resp. als Beeinträchtigung den Schüler:innen zugeschrieben bzw. unterstellt und so als Problem individualisiert (Gomolla 2012, 32f.). Konträr dazu stehen sozialwissenschaftliche und menschenrechtliche Perspektiven, die Bildungsungleichheit als *Ausdruck gesellschaftlicher Ungleichheit* sehen, die durch das Schulsystem reproduziert und produziert wird. Bildungsungleichheit kann dann entweder das Ergebnis des ungleichen oder fehlenden Zugangs zu Bildungsangeboten sein oder aufgrund von Nicht-Passung zu den Schüler:innen nicht aufgegriffen werden; während das erstgenannte ein Exklusionsrisiko aus je spezifischen Bildungsangeboten darstellt, kann das zweite als Marginalisierung innerhalb dieser Bildungsangebote beschrieben werden.

Die Erklärung dieses Zusammenhangs von schulischem (Miss-) Erfolg und familiärer Sozialmilieuzugehörigkeit ist das Ziel der Darstellungen in diesem Kapitel. Um sich dem anzunähern, wird in einem ersten Abschnitt ausgeführt, was unter „sozio-ökonomischer Ungleichheit" verstanden wird *(siehe Kapitel 4.2.1)*. Die Herausforderungen und Passungsprobleme, die mit differenten, milieuspezifischen Erfahrungen im Rahmen von Schule und Unterricht auftreten, werden in einem zweiten Abschnitt dargestellt. Fokussiert werden dabei die Kulturen, mit denen unterhalb der Ebene formaler Regeln die Reproduktion sozialer Ungleichheit in Schule und Unterricht erfolgt. Exemplarisch wird dabei, unter Rückgriff auf empirische Studien, auf jene Milieus verwiesen, die als nicht privilegiert und/oder arm gelten und Benachteiligung erfahren *(siehe Kapitel 4.2.2)*.

4.2.1 Sozio-ökonomische Ungleichheit

„Unter ‚sozialer Ungleichheit' [werden] unterschiedliche Teilhabemöglichkeiten von Personen und Personengruppen an wichtigen (und knappen!) gesellschaftlichen Ressourcen (z.B. Besitz oder Einkommen, höhere Bildung oder hohes Ansehen/Prestige) verstanden." (Büchner 2003, 10, Anm. TS)

vertikale Gliederung der Gesellschaft

Die Definition Büchners verdeutlicht zweierlei: Sie zeigt, dass Teilhabe bzw. Partizipation an gesellschaftlichem Reichtum eng an die soziale Situation gebunden ist, und zwar derart eng, dass sich kaum eine Definition finden lässt, die soziale von ökonomischen Aspekten getrennt betrachtet. Des Weiteren wird deutlich, dass die soziale Situation eines Menschen oder eines Milieus *keine absolute Größe* oder Zuschreibung darstellt, sondern eine *Relation* gegenüber anderen; so kann jemand nur wenig im Vergleich zu jemand anderem haben.

Die auf sozio-ökonomische Ungleichheit verweisende Differenzdimension ist in der bestehenden Gesellschaft eine der zentralen für die Herausbildung und Prägung von Milieus (*siehe Kapitel 2*), da die Lebenssituation in enger Relation zu weiteren milieuprägenden Ressourcen bzw. Zugangsmöglichkeiten wie Bildung – in Deutschland auch im Sinne des besuchten Bildungsgangs – steht. Im Wesentlichen beziehen sich sozio-ökonomische Differenzen auf die vertikale Gliederung der Gesellschaft und die damit einhergehende Teilhabe am gesellschaftlichen Reichtum und den verbundenen Partizipationsmöglichkeiten an gesellschaftlichen Entscheidungsprozessen (Krais / Gebauer 2002, 34 f.).

Kapitalismus und Demokratie

Die Besser- oder Schlechterstellung von Personen oder Gruppen ist Ausdruck gesellschaftlicher Prozesse, die mehr oder weniger stabil, aber grundsätzlich veränderbar und dauerhaft sind. Die Gestaltung der Gesellschaft, also die Art und Weise, wie Menschen ihr Zusammenleben über die Milieugrenzen hinweg organisieren und praktizieren, trägt zur Reproduktion unterschiedlicher Milieus bei und bringt diese hervor. Die Ungleichheit, darin stimmt die neuere soziologische Theoriebildung weitestgehend überein, hat ihre Ursache im wirtschaftlichen System, dem Kapitalismus (Hradil 2005, 64 ff.). Unterschiede zwischen Menschen sind Folge des Wirtschaftssystems, in dem ungleicher Lohn für verschiedene Formen der Arbeit gezahlt wird. Diese Situation bringt Ungleichheit hervor und kann zugleich motivierend wirken, sich anzustrengen, um die eigene Position gegenüber anderen zu verbessern.

Neben dem kapitalistischen Prinzip, das die Ungleichheit zwischen Menschen fordert und hervorbringt, ist unsere Gesellschaft an der Leitidee der Demokratie ausgerichtet. Die Gleichheit der Menschen ist zentrales Prinzip der kapitalistischen Produktionsweise, in der sich rechtlich gleiche Menschen begegnen, die (Arbeits-)Verträge miteinander abschließen.

In den westlichen Gesellschaften Europas sind Demokratie und Kapitalismus Bezugspunkte, die dialektisch aufeinander bezogen sind und gleichzeitig Gültigkeit haben. Dies führt zu Widersprüchen und Spannungsfeldern, in denen menschliche Handlungen angesiedelt sind *(für Schule: siehe Kapitel 3; für Unterricht: siehe Kapitel 5.4)*. Sie stellen den Rahmen dar, in dem gehandelt wird.

soziale Marktwirtschaft

In Ländern mit sozialer Marktwirtschaft, sogenannte Wohlfahrtsstaaten, gibt es staatlich gestützte Formen der Umverteilung, um ökonomische Unterschiede auszugleichen bzw. abzuschwächen. Die v.a. nach dem Zweiten Weltkrieg etablierten Ausgleichsmaßnahmen werden aktuell wieder zurückgenommen bzw. eingeschränkt (Becker 2015, 59ff.; Zahnd 2017). Insbesondere die internationale Beweglichkeit von ökonomischem Kapital verringert die Einnahmen von Steuergeldern, mit denen die Politik Ungleichheit regulieren könnte (Kronauer 2010, 109, 216).

Die Reproduktion sozialer und ökonomischer Ungleichheit durch die Schule widerspricht dem gesellschaftlichen und schulischen Auftrag der Verwirklichung von Bildungsgerechtigkeit, unabhängig von der familiären Herkunft der Schüler:innen. An dieser Leitidee sind Schule und Unterricht ausgerichtet, und hierüber muss sie sich legitimieren. Während es vergleichbaren Ländern gelingt,

> „[...] Bildungserfolg und Sozialstatus weitgehend zu entkoppeln, erscheint deren enge Kopplung im deutschen Schulsystem als das wirksamste Vehikel der intergenerationellen Tradierung von Lebenschancen, von Reichtum wie von Armut." (Edelstein 2006, 130)

Erklärungen für die starke Transformation von sozio-ökonomischer in Bildungsungleichheit der Schulsysteme der deutschsprachigen Länder werden v. a. in der Mehrgliedrigkeit der Schule gesehen. Die frühe Zuordnung von Schüler:innen zu unterschiedlichen Bildungsgängen bzw. Schulformen geht mit Benachteiligungen jener einher, die aus benachteiligten sozio-ökonomischen Milieus stammen, während ihre privilegierten Peers weiter privilegiert werden. Letztgenannte erhalten mehr Bildungs- und Lernmöglichkeiten. Die Unterscheidung von Bildungsgängen fördert zudem die Segregation von Schüler:innen unterschiedlicher sozio-ökonomischer Milieus (Chmielewski 2014).

Ökonomische Unterschiede: Zu den ökonomischen Ressourcen zählt v. a. Geld bzw. die finanziellen Ressourcen, die für die Lebensbewältigung zur Verfügung stehen. Lebens- und Wohnverhältnisse, Ernährungsgewohnheiten und höchster erreichbarer Bildungsabschluss spiegeln die zur Verfügung stehenden ökonomischen Ressourcen wider, die den Familien je nach Umfang und Zusammensetzung unterschiedliche Möglichkeiten eröffnen. Im Kontext der Beschreibung von Benachteiligung von Schüler:innen aufgrund ihres familiären ökonomischen Kapitals wird überwiegend auf die Berufe und Bildungsabschlüsse der Eltern rekurriert (Büchner 2003, 11).

Der Milieubegriff
Die hier als „unterschiedliche Milieus" bezeichnete Beschreibung von Personengruppen mit verschiedenartiger Lebenspraxis in Relation zu anderen wird aus anderen theoretischen Perspektiven heraus als „Klasse" oder „Schicht" bezeichnet (Hradil 2005, 51 ff.). Der Milieubegriff ermöglicht es, neben vertikalen Formen der Stratifizierung auch horizontale miteinander zu vergleichen und so der Mehrdimensionalität Rechnung zu tragen. Dies wird in der Schulforschung berücksichtigt (Büchner 2003, 12).

ökonomisches und kulturelles Kapital

Ökonomisches und damit verbundenes kulturelles Kapital, über das Menschen in unterschiedlichem Ausmaß verfügen, lässt sie differente Erfahrungen innerhalb des sozialen Raums der Gesellschaft machen. Neben dem Umfang insgesamt, der je vorhandenen Kapitalsorten und deren Kombinationen entscheidet deren Relation gegenüber anderen Milieus über die jeweils gegebenen und sich eröffnenden Möglichkeiten und Begrenzungen der Partizipation. Bei größeren Distanzen zu anderen Milieus unterscheiden sich die milieuspezifischen Erfahrungen stärker voneinander als bei geringeren. Die Bedingungen der materiellen Existenz, ihr Ausdruck in der Lebensführung und in der praktischen Alltagsbewältigung sind Teil der milieugeprägten Erfahrungen. Dieser Ausdruck kann sich im äußeren Erscheinungsbild manifestieren, in den Moralvorstellungen, im ästhetischen Empfinden, im Umgang mit kulturellen Produkten; er zeigt sich ebenfalls im Sprachgebrauch, mündlicher wie schriftlicher Art. So unterscheidet sich das Verhältnis zur Welt von Kindern und Jugendlichen, die in materieller Not aufwachsen, von jenem Gleichaltriger, die in relativem Wohlstand leben, also nicht von Armut bedroht sind (Krais/Gebauer 2002, 36 ff.).

Bedeutung der Milieuzugehörigkeit

Die Bedeutung der Milieuzugehörigkeit soll anhand der Lebenssituation von Kindern und Jugendlichen, die in Armutsverhältnissen leben und aufwachsen, spezifiziert und illustriert werden. Damit wird jene Gruppe aufgegriffen, bei der die Schule deutlich weniger erfolgreich in der Vermittlung von Kompetenzen und Wissen ist resp. die am stärksten benachteiligt ist in der Partizipation an gesellschaftlichen Bildungsangeboten. Die Ausführungen sind gleichermaßen auf andere Milieus anzuwenden, sie unterscheiden sich zwar nicht grundsätzlich, aber in der Form der Konsequenzen.

Absolute und relative Armut

Die Beschreibung von Armut erfolgt entlang der Unterscheidung von *absoluter* (oder primärer) und *relativer Armut*. Während absolute Armut sich auf fehlende Mittel zum physischen Überleben bezieht, verweist relative auf „arm zu sein im Sinne sozialer Ungleichheit und sozialen Ausschluss" (Chassé et al. 2007, 12), d. h., jemand gilt in der EU als relativ arm, wenn das zur Verfügung stehende Nettoäquivalenzeinkommen einen bestimmten Wert unterschreitet (weniger als 60 % des Medians der Verteilung des Nettoäquivalenzeinkommens: Armutsrisikogrenze; weniger als 50 % des Durchschnitts des Nettoäquivalenzeinkommens: Armut; weniger als 40 % des Durchschnitts des Nettoäquivalenzeinkommens: strenge Armut).

Armut wird in Relation zum Wohlstand einer Gesellschaft bemessen. Das Konzept relativer Armut greift Verwirklichungschancen auf, da der Wert die Unterversorgung in Relation zum mittleren Lebensstandard angibt und Exklusionsrisiken aufzeigen kann (Huinink / Schröder 2008, 123 ff.).

Armut in Deutschland

In Deutschland waren im Jahr 2021 16,6 % der Menschen von Lebensumständen unterhalb der Armutsrisikogrenze betroffen. Von den in der Bundesrepublik lebenden Kindern und Jugendlichen lebten 25,55 % der unter 25-Jährigen in dieser Lebenslage (Funcke / Menne 2023). Die Zahlen belegen, dass Armut kein Randproblem in Schule und Gesellschaft, sondern eine Lebenslage darstellt, die die schulische Realität maßgeblich auszeichnet. Die Ursachen für Kinder- und Jugendarmut wie auch die Armut von Erwachsenen in unserer Gesellschaft verschärft sich durch die Zunahme prekärer Arbeitsverhältnisse sowie durch den verstärkten Ab- und Umbau des Sozialstaates (Kronauer 2010). Damit wird Armut als Lebenslage individualisiert – mit der sozial-politischen Folge, dass sie weniger von der Solidargemeinschaft aufgefangen wird (Becker 2015; Herz 2010 b).

Im Vergleich zu Erwachsenen, die von Armut betroffen sind, entwickeln sich Kinder und Jugendliche unter dieser Bedingung, sodass die Armut ihre emotionalen, sozialen, kulturellen und auch kognitiven Entwicklungen prägt. Die Kinder und Jugendlichen machen in einem von Armut gekennzeichnetem Milieu ihre primären Sozialisationserfahrungen (d. h.: eingeschränkte Möglichkeiten an kultureller, sozialer und ökonomischer Teilhabe) und entwickeln entsprechende Lebenspraktiken. Die Lebenslage Armut ist, wie andere Milieus auch, durch Vielschichtigkeit und Mehrdimensionalität gekennzeichnet; z. B. wie die Eltern mit der Situation umgehen und welche sozialen Netzwerke unterstützend tätig sind, spielen eine entscheidende Rolle für die Erfahrung und Bearbeitung der Lebenslage Armut (Chassé et al. 2007, 112).

Auswirkungen von Kinderarmut

Neben geringeren Chancen auf schulischen Erfolg, der im nachfolgenden Abschnitt näher beschrieben wird, kann Armut im Kindes- und Jugendalter mit mangelnder Gesundheit einhergehen, mit eingeschränkten persönlichen Entfaltungs- und Entwicklungsmöglichkeiten, mit sozialer Benachteiligung im Kontext von Wohnen, Wohnumgebung, Freizeit und Konsummöglichkeiten sowie mit dem Mangel an sozialen Statussymbolen (wie Handys und Kleidung) und deren Folgen, z. B. innerhalb der Peergruppe (Mangelsdorff 2008, 114). Diese Formen der Benachteiligung weisen über rein monetäre Aspekte von Armut hinaus und gehen häufig mit familiären und individuellen Existenzängsten und sozialer Unsicherheit einher (Butterwegge 2010).

Schüler:innen, die unter der Bedingung von Armut aufwachsen, leiden häufig unter Stigmatisierungsprozessen, die zur Folge haben, dass sie seltener oder gar nicht andere Kinder zu sich nach Hause einladen, um gemeinsam zu spielen; sie pflegen also weniger Sozialkontakte. Daran anknüpfende potenzielle Stigmatisierungserfahrungen können als Teil ihrer milieugeprägten Erfahrungen verstanden werden (Chassé et al. 2007, 169 ff.). Chassé, Zander und Rasch (2007) zeigen in einer qualitativen Studie auf, wie Kinder im Grundschulalter die Lebenslage Armut erleben und bewältigen.

Armut als Lebenssituation kann im Zusammenspiel mit den Versorgungs- und Einkommensmöglichkeiten, den Kontakten und Kooperationen wie auch mit den Regenerationsgelegenheiten auftreten – z. B. in einem eigenen Zimmer mit Spielsachen oder ohne. Zentrale soziale und kulturelle Erfahrungen (wie z. B. soziales Lernen im Spiel und Austausch mit anderen) sowie zur Verfügung stehende Dispositions- und Entscheidungsspielräume können durch die Lebenssituation Armut eingeschränkt sein (Chassé et al. 2007, 113).

Die Schulschließungen während der Corona-Pandemie zeigen nicht nur sehr deutlich, wie sich die Möglichkeiten akademischer und sozialer Teilhabe an schulischen Lehr-Lernangeboten von Kindern und Jugendlichen unterschiedlicher sozio-ökonomischer Milieus unterscheiden, sondern auch – v. a. im Bereich der Sekundarstufe 1 – dass diese sich in den Schulformen widerspiegeln. Kinder und Jugendliche, die unter der Bedingung von Armut aufwachsen, hatten in Deutschland seltener Zugang zu digitalen Endgeräten und darüber zu digitalem Distanzunterricht sowie seltener regelmäßige Kontakte mit Lehrpersonen und Mitschüler:innen als ihre privilegierten Peers (Butterwegge 2021; Holz / Richter-Kornweitz 2021).

4.2.2 Benachteiligungen und Schlechterstellung in Schule und Unterricht

Die Benachteiligungen hinsichtlich der Partizipation an Bildungs- und Lernmöglichkeiten im Kontext von Schule und Unterricht, wie auch darüber hinaus, werden bei Kindern und Jugendlichen aus nicht ressourcenprivilegierten Milieus an zwei miteinander verbundenen Aspekten deutlich:

- an der Beteiligung und dem Zugang zu Bildungsgängen, dem jeweiligen programmatisch formulierten Bildungsangebot sowie zu erwerbenden, schulischen Abschlusszertifikaten
- an rekonstruierten unterrichtlichen Interaktionen, in denen Differenzverständnisse hervorgebracht und bearbeitet werden.

Die beiden Aspekte hängen insofern zusammen, als Unterricht jenen Ort und Interaktionszusammenhang darstellt, an dem der Zugang zu Bildungsgängen und damit verbundenen Bildungsangeboten legitimiert wird, indem die Normen und (Entscheidungs-)Erwartungen von den sozialen Akteur:innen bearbeitet werden *(siehe Kapitel 3.2)*.

Bildungsberichte

Beteiligung an schulischen Bildungsgängen und Zugang zu Fachkompetenzen: Die ungleiche Beteiligung von Schüler:innen, deren Familien unterschiedlichen sozio-ökonomischen Milieus angehören, an schulischen Bildungsgängen variiert zwischen den Bundesländern. Nachfolgend werden Zahlen aus den Bildungsberichten 2020 und 2022, die die gesamte Bundesrepublik in den Blick nehmen, dargelegt.

Die Daten, die den Abbildungen 2 und 3 zugrunde liegen, sind der PISA-Studie (Reiss et al. 2019) entnommen. Dem in der standardisierten, empirischen Bildungsforschung üblichen Weg, die Sozialmilieuzugehörigkeit über die Berufstätigkeit der Eltern bzw. der Bezugspersonen abzufragen, wird auch in den PISA-Studien gefolgt. Die Antworten sollen Aufschluss über die sozio-ökonomische Stellung einer Familie innerhalb einer sozialen Hierarchie von Stellungen geben.

Entlang der „EGP-Klassen“, der „Erikson-Goldthorpe-Portocarero-Klassen“, die nach ihren Autoren benannt sind, werden Berufe nach der Art der Tätigkeit, der Weisungsbefugnis und der beruflichen Gestaltungsmöglichkeiten klassifiziert. Hieraus erfolgt die Klassenbildung. Über eine rein ökonomische Betrachtung in Form von Einkommen sollen so familiäre Zugänge zu Macht, Bildung und gesellschaftlicher Anerkennung – in ihrem Zusammenspiel – aufgezeigt werden.

Die sechs EGP-Klassen

Die insgesamt elf zu unterscheidenden Klassen wurden in den PISA-Untersuchungen in Deutschland in folgende sechs Klassen zusammengefasst:

- „Obere Dienstklasse (I): freie akademische Berufe, führende Angestellte, höhere Beamte, selbstständige Unternehmer:innen mit mehr als zehn Mitarbeiter:innen, Hochschul- und Gymnasiallehrer:innen

- Untere Dienstklasse (II): Angehörige von Semiprofessionen, mittleres Management, Beamte im mittleren und gehobenen Dienst, technische Angestellte mit nicht-manueller Tätigkeit

- Routinedienstleistungen Handel und Verwaltung (III): Büro- und Verwaltungsberufe mit Routinetätigkeiten, Berufe mit niedrig qualifizierten, nicht-manuellen Tätigkeiten, die oftmals auch keine Berufsausbildung erfordern

- Selbstständige (IV): Selbstständige aus manuellen Berufen mit wenigen Mitarbeiter:innen und ohne Mitarbeiter:innen, Freibe-rufler:innen, sofern sie keinen hochqualifizierten Beruf ausüben

- Facharbeiter:innen und Arbeiter:innen mit Leitungsfunktion (V, VI): untere technische Berufe wie Vorarbeiter:in, Meister:in, Techniker:in, die in manuelle Arbeitsprozesse eingebunden sind; Aufsichtskräfte im manuellen Bereich

- Un- und angelernte Arbeiter:innen, Landarbeiter:innen (VII): alle un- und angelernten Berufe aus dem manuellen Bereich, Dienstleistungstätigkeiten mit manuellem Charakter und geringem Anforderungsniveau, Arbeiter:innen in Land-, Forst- und Fischwirtschaft“ (Klieme et al. 2010, 243).

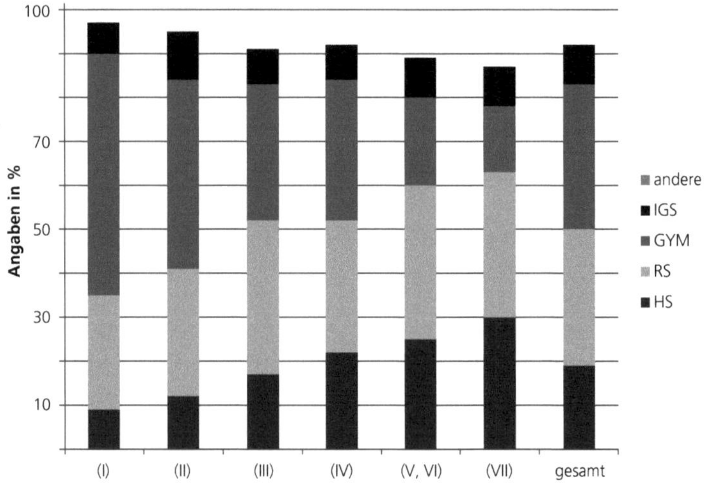

Abb. 2: Schulbesuch nach sozio-ökonomischem Milieu der Familie (nach Autorengruppe Bildungsbericht 2020, 116)

Abbildung 2 zeigt die Beteiligung an schulischen Bildungsgängen bzw. Schulformen nach sozio-ökonomischem Status der Familie.

In der Abbildung werden, der bis 2020 üblichen Terminologie folgend, neben den Bildungsgängen Hauptschule, Realschule, Gymnasium und Schulformen mit zwei oder drei Bildungsgängen angeführt. Zu den Schulen, die zwei Bildungsgänge anbieten, zählen u. a. Sekundarschulen, die mit dem ESA und dem MSA abgeschlossen werden können. Schulen mit drei Bildungsgängen bieten zusätzlich das Abitur an. Sonder- bzw. Förderschulen sind in der Statistik nicht berücksichtigt; gleichwohl besuchen bis zu 7 % eines Jahrgangs diese Schulform (Autor:innengruppe Bildungsbericht 2022). Die Abbildung veranschaulicht, dass Schüler:innen, die unterschiedlichen sozio-ökonomischen Milieus angehören, nicht gleichmäßig in den verschiedenen Bildungsgängen vertreten sind: Schüler:innen die 2010 die 5. Klasse besuchten und aus Familien stammten, die einen hohen sozio-ökonomischen Status haben, besuchten mit einem Anteil von über 79 % das Gymnasium. 22 % der Schüler:innen mit einem niedrigen sozio-ökonomischen Status besuchten das Gymnasium und 50 % derjenigen mit einem mittleren sozio-ökonomischen Status. Schüler:innen mit einem niedrigen sozio-ökonomischen Status besuchten 2010 die fünfte Klasse des Gymnasiums zu 27 %, während 43 % weitere Schulen mit einem Bildungsgang besuchten (17 % Hauptschule und 26% Realschule). Vergleicht man diese zwei Schüler:innengruppen, zeigt sich, dass etwa zwei Drittel der Schüler:innen mit hohem sozio-ökonomischen Status das Gymnasium besuchen, während es nur etwa ein Drittel derjenigen sind, die einen niedrigen sozio-ökonomischen Status haben.

Lesekompetenzen

Über den ungleichen Zugang zu Bildungsgängen bzw. Schulformen hinaus bestehen deutliche Zusammenhänge zwischen der familiären Herkunft und den Kompetenzen der 15-Jährigen Schüler:innen im Lesen. Dies verdeutlicht Abbildung 3.

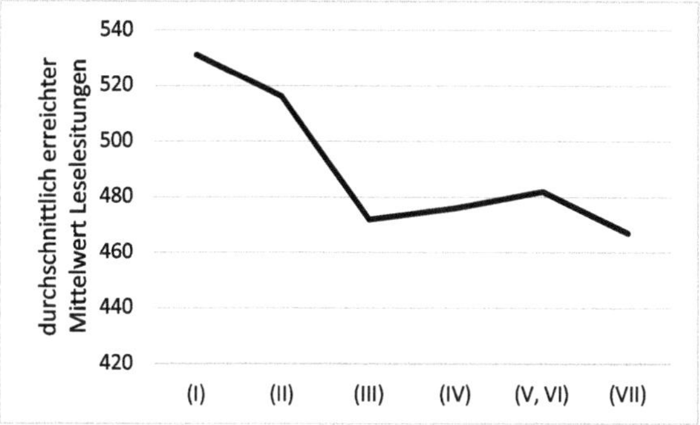

Abb. 3: (Reiss u.a. 2019; 146)

Die in Abbildung 3 verlaufende Linie von links oben nach rechts unten zeigt, dass die durchschnittlichen Leseleistungen nahezu parallel mit der gesellschaftlich-beruflichen Stellung der Eltern der Schüler:innen abnehmen (Reiss et al. 2019, 146): Jugendliche, deren Eltern in Berufen tätig sind, die der oberen Dienstklasse zuzuordnen sind, erreichen im Durchschnitt höhere Mittelwerte in der Lesekompetenz. Gemäß der Abbildung liegen die mittleren Leseleistungswerte von Schüler:innen, deren Eltern beruflichen Tätigkeiten nachgehen, die der un-/angelernten Arbeit zugeordnet werden (VII), um 60 Punkte niedriger als der Mittelwert der Leseleistungen der Gruppe der sozio-ökonomisch privilegierteren Schülerschaft. Eine Ausnahme bilden die Kinder von Eltern, die den Dienstklassen V und VI zugeordnet werden, ihre durchschnittliche Lesekompetenz liegt über der der Gruppe der Kinder von Selbstständigen (IV).

Die vergleichende Betrachtung der Abbildungen 2 und 3 mag dazu verleiten, die Zuordnung zu den Schulformen als angemessen zu erachten, da die durchschnittlichen Mittelwerte der Leseleistungen mit den Leistungserwartungen von Bildungsgängen bzw. von Schulformen korrespondieren. Dagegen sprechen jedoch die großen Überschneidungsbereiche der durchschnittlichen Mittelwerte fachlicher Lesekompetenzen über die Grenzen der Schulformen hinweg. Das veranschaulicht Abbildung 4.

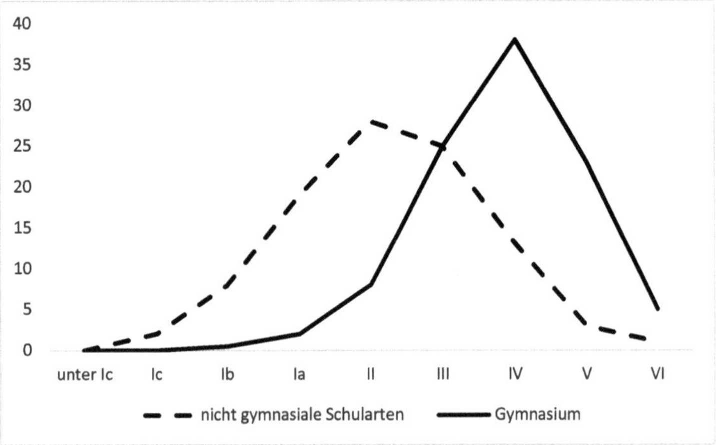

Abb. 4: Lesekompetenzen in (nicht-)gymnasialen Bildungsgängen (Datengrundlage: Weis u.a. 2019, 70)

Die ergänzende Betrachtung der Abbildung 4 zu den Abbildungen 2 und 3 verdeutlicht, dass nicht allein (Lese-)Kompetenzen die Zugehörigkeit zu Bildungsgängen erklären. Hingegen kann geschlussfolgert werden, dass vergleichbare Kompetenzen nicht mit gleichen Zugangschancen zum höchsten Bildungsgang, dem des Gymnasiums, einhergehen. Im Zusammenhang mit der ungleichen Verteilung von Schüler:innen verschiedener sozio-ökonomischer Herkunftsmilieus auf prestigeträchtigere / prestigeärmere und mehr / weniger Bildungsmöglichkeiten eröffnenden Bildungsgängen bzw. Schulformen verweist dies auf die Benachteiligung von Jugendlichen aus weniger ressourcenprivilegierten Familien im deutschen Schulsystem.

milieugebundene Erfahrungen

Unterrichtliche Benachteiligung: Schüler:innen bringen milieugebundene Erfahrungen mit in die Schule. Aus diesen Perspektiven heraus interpretieren und verstehen sie Anforderungen und Erwartungen, die dort an sie gestellt werden, und entwickeln auf Schule und Unterricht bezogene Praktiken. Die Lehrpersonen gehen vergleichbar vor und konkretisieren vor dem Hintergrund ihres professionellen Milieus sowie ihrer Sozialmilieuzugehörigkeit die schulischen Erwartungen an die Schüler:innen sowie an sich selbst als Lehrer:innen. Die Nichtpassung schulischer Erwartungen und milieugeprägter biografischer Erfahrungen sozio-ökonomisch benachteiligter Schüler:innen stellt das nicht gelingende Aufeinandertreffen unterschiedlicher Milieus vor dem Hintergrund bzw. entlang spezifischer Normen und Erwartungen dar; zwischen ihnen gelingt keine Verständigung, die zu den von Seiten der Schule intendierten Lern- und Bildungsprozessen führt. Dies wird in der Schule im deutschsprachigen Raum vielfach als Defizit der Schüler:innen interpretiert und ihnen individuell zugeschrieben, ist jedoch der Interaktion, der nicht gelingenden Verständigung, geschuldet. Erklärungen hierfür liegen in den formalen schulischen Regeln, die Leistung und Lernen mit unterschiedlichen, von institutionellen und pädagogischen Handlungen weitgehend unabhängigen Begabungen erklären (Sturm 2024). Fremdheit kann ebenso gegenüber dem Organisationsmilieu von Schule und Unterricht bestehen, das nicht verstehend zugänglich ist, sondern (zunächst) interpretativ erschlossen werden muss.

Vorstellungen über Schule und Unterricht

Anhand von zwei Aspekten sollen die Milieuunterschiede zwischen Schüler:innen aus sozio-ökonomisch privilegierten und benachteiligten Milieus exemplarisch vorgestellt und vergleichend betrachtet werden: Zum einen Vorstellungen, die Kinder und Jugendliche unterschiedlicher sozialer Milieus über Schule und Unterricht haben, und zum anderen die Verwendung von Sprache im schulisch-unterrichtlichen Kontext.

Die Unterschiede sollen anhand der Ergebnisse zweier Studien illustriert werden. Während Jünger (2008) ihre Untersuchung mit schweizerischen Primarschüler:innen durchgeführt hat, haben Lange-Vester und Redlich (2010) deutsche Hauptschüler:innen mit Gymnasiast:innen entlang ihrer Vorstellungen zu Schule und Unterricht verglichen. Die in den Studien erkannten Differenzen zwischen Vorstellungen von Kindern und Jugendlichen, die verschiedenen sozio-ökonomischen Milieus angehören, sollen entlang der Bedeutung von Lehr-Lerninhalten und schulischer Bildung sowie der Bearbeitung und Umgangsweise mit schulischen Regeln konkretisiert werden (Lange-Vester/Redlich 2010, 194 ff.). Während Jünger (2008) zwischen nicht ressourcenprivilegierten und ressourcenprivilegierten Schüler:innen unterscheidet, ziehen Lange-Vester und Redlich (2010) Bildungsgänge stellvertretend für die unterschiedliche Milieuzugehörigkeit heran, indem sie sich auf die Unterschiede der Sozialmilieuzugehörigkeit von Schüler:innen dieser zwei Schulformen (Gymnasium und Hauptschule) beziehen (Lange-Vester/Redlich 2010, 185).

Lerninhalte

Die Bedeutung schulischen Lernens wird von privilegierten Kindern wesentlich in den *Inhalten* gesehen, während die nicht privilegierten diese *funktional verstehen;* dies zeigt sich in den mit den Kindern geführten Gruppendiskussionen: Nicht Lerninhalte, sondern deren Funktionalität und Tätigkeiten wie Lesen, Schreiben und Rechnen werden von ihnen thematisiert. Eine kritische Auseinandersetzung mit den Unterrichtsinhalten, die über eine spätere Verwendung in der Berufstätigkeit hinausgeht und im aktuellen Interesse gefunden wird, kennzeichnet die Vorstellungen der Kinder aus sozio-ökonomisch privilegierten Milieus (Jünger 2008, 157 ff.). Der Unterschied zwischen den Gruppen dokumentiert sich auch auf der Ebene zu erwerbender Bildungsabschlüsse sowie der angebotenen Bildungsmöglichkeiten.

Vergegenwärtigt man sich, dass die Schüler:innen aus nicht privilegierten Milieus deutlich stärker auf die Schule als Lern- und Bildungsort angewiesen sind, da ihr familiäres Umfeld ihnen nicht die Möglichkeit der Auseinandersetzung mit den Inhalten eröffnet, wirkt der Unterschied besonders benachteiligend. Schüler:innen privilegierter Milieus erhalten auch im außerschulischen Umfeld entsprechende bildungsbezogene Angebote. Darüber hinaus ist die Position der privilegierten Kinder stärker, da ihre Eltern (mehrheitlich) intervenieren, so sie das Gefühl haben, dass ihre Kinder vonseiten der Schule keine ausreichenden Angebote erhalten (Jünger 2010, 177 f.).

schulische Bildung

Die Äußerungen der deutschen Hauptschüler:innen und Gymnasiast:innen enthalten vergleichbare Unterschiede in ihren Verständnissen von schulischer Bildung wie sie Jünger (2008) zwischen den nicht ressourcenprivilegierten und den ressourcenprivilegierten schweizerischen Grundschüler:innen gefunden hat: So verstehen die Hauptschüler:innen Schule und Bildung als eine Notwendigkeit. Sie wird mit der Funktion verbunden, *Zertifikate für den Übertritt* in eine berufliche Ausbildung und/oder die Möglichkeit eines weiteren Schulbesuches zu erhalten. Die Schule wird von dieser Gruppe nicht als ein Ort erlebt, an dem das eigene Selbstvertrauen gestärkt wird. Im Gegensatz zu ihnen setzen die Gymnasiast:innen sich kritisch mit den Lehrpersonen und ihrer Unterrichtsgestaltung auseinander. Die Bedeutung einer *zweckfreien Bildung* jenseits ökonomischer Verwertbarkeit zeigt sich sowohl in den Äußerungen der Schüler:innen des Gymnasiums als auch der Kinder aus ressourcenprivilegierten Milieus deutlich (Jünger 2008, 413 ff.; Lange-Vester/Redlich 2010, 202). Ein solches Verständnis von (schulischer) Bildung wird familiär tradiert.

Es wird im Prozess der Sozialisation und des Aufwachsens erfahren und häufig von der Schule honoriert (Bourdieu 1992, 31).

Kritik gegenüber Schule und Unterricht

Schüler:innen aus nicht ressourcenprivilegierten Milieus unterscheiden sich gegenüber jenen privilegierter Milieus in ihren Kritikformen und ihrem Handeln in der Schule, v.a. im Unterricht. So üben erstgenannte kaum Kritik an der Schule. Dies steht in Verbindung mit einer idealisierenden Perspektive und Haltung gegenüber der pädagogischen Organisation und den Lehrkräften. Schulisches Lernen wird in seiner Funktionalität für das Leben als Erwachsene:r konzeptualisiert und gedacht. Dabei dominiert eine Orientierung an der Abwendung negativer Vorstellungen von der Zukunft, die in Erwerbslosigkeit und Armut gesehen wird. Die Schüler:innen der privilegierten Milieus üben Kritik am Unterricht und auch an den dort thematisierten Inhalten. Im Vergleich zu ihren nicht-privilegierten Peers werden sie häufig als selbstbewusster von den Lehrpersonen wahrgenommen, während den Kindern aus nicht ressourcenprivilegierter Milieus diese – positiv gewertete Eigenschaft – nicht attestiert wird (Jünger 2010, 171 ff.).

Die erwähnte Kritiklosigkeit der nicht-privilegierten Schüler:innen besteht auch gegenüber den Lehr-Lerninhalten, die im Unterricht angeboten werden und denen die Schüler:innen hier in weiten Teilen erstmalig begegnen. Hierin unterscheiden sie sich von ihren Peers aus privilegierten Milieus, denen die Lehrinhalte weitestgehend bekannt und vertraut sind und die Kritik äußern (können), wenn die Lerninhalte nicht ihren Erwartungen und ihren Vorkenntnissen entsprechen. In der Folge können die Lehrpersonen die Kritik aufnehmen und die Unterrichtsgestaltung entsprechend modifizieren. Dies wird, verbunden mit dem unterrichtlichen Ziel der Kritikfähigkeit, entsprechend positiv honoriert (Jünger 2010, 174 f.).

Bildungssprache

Die Sprache, die in Schule und Unterricht verwendet wird, mit deren Hilfe Inhalte und Regeln transportiert werden, stellt einen zweiten Bereich dar, durch den für Schüler:innen aus nicht privilegierten Milieus Nachteile entstehen. Die in der Schule von den Lehrpersonen verwendete Sprache wird als „Bildungssprache" bezeichnet (Gogolin 2010, 212). Sie umschreibt mehr als linguistische Aspekte und kann auch als „sprachlicher Habitus" bezeichnet werden. Zu ihm zählt, neben dem Wortschatz und den verwendeten Begriffen auch die Art und Weise der Kommunikation (z.B. wie Fragen gestellt werden und wie auf diese geantwortet wird).

Die Bildungssprache ist stark an der Schriftsprache orientiert und zeichnet sich durch Substantivierungen, Wortzusammensetzungen,

Konjunktionen und abstrakte Begriffe aus (Schütte/Kaiser 2011, 245). Ein solcher akademisch geprägter Gebrauch von Sprache findet sich (eher) in Milieus, die mit dem Gebrauch von Schriftsprache vertraut sind und diese als kommunikatives Ausdrucksmittel in der alltäglichen Lebenspraxis verwenden. Dies sind jene Milieus, die über mehr ökonomisches und kulturelles Kapital verfügen als jene, deren Alltagssprache, deren Mündlichkeit, weiter von der Schriftsprache entfernt ist. Mittels der Bildungssprache werden unterrichtliche Inhalte vermittelt. Schüler:innen, denen diese Art des Sprachgebrauchs fremd ist, sind mehr als jene, die hiermit vertraut sind, über das Verstehen der Inhalte herausgefordert, den sprachlichen Code zu erfassen (Zevenbergen 2001, 209). Gogolin bezeichnet den sprachlichen Habitus der deutschen Schule als „monolingual" (Gogolin 2008).

Die unterschiedlichen (milieugeprägten) Verständnisse, welche die Schüler:innen von Schule haben, werden in der Schule zu einem Vor- oder Nachteil, wenn vonseiten der Organisation bzw. ihrer Vertreter:innen Perspektiven bewertet und in die Relation von besser/schlechter zueinander gesetzt werden. Die milieugeprägten Orientierungen von Bildung und Lernen in der Schule, über die die untersuchten ressourcenprivilegierten Schüler:innen und Gymnasiast:innen verfügen, finden (häufig) eine Milieuentsprechung in der Lehrer:innenschaft, die zu weiten Teilen diesem ressourcenprivilegierten und bildungsorientiertem Milieu entstammt. Werden formale Regeln der Schule überwiegend aus der Perspektive spezifischer Milieus verstanden, kann dies zu einer systematischen Benachteiligung jener sozialer Gruppen führen, die anderen Milieus angehören.

4.3 Geschlechterbezogene Differenzen im Kontext von Schule und Unterricht

Geschlecht bzw. Gender ist neben sozio-ökonomischen Differenzen eine weitere gesellschaftlich etablierte Differenzkategorie. In der Zweidimensionalität, in der sie alltagssprachlich und -praktisch mehrheitlich gebraucht wird, stellt sie, neben der sozio-ökonomischen Zugehörigkeit ein *zentrales gesellschaftliches Strukturierungsprinzip* dar.

So beschreibt „Geschlecht" auf den ersten Blick eine horizontale Gliederung der Gesellschaft. Die binäre Unterscheidung zwischen männlich und weiblich – die in den letzten Jahren um die Kategorie divers erweitert wurde – hat jedoch auch eine vertikale Komponente, die sich z. B. in der geschlechtsspezifischen Arbeitsteilung zeigt. Die Zuschreibungen, was als männlich, was als weiblich gilt, unterscheiden sich zwar in unterschiedlichen Kulturen; *dass* diese Unterscheidung getroffen wird, darin unterscheiden sie sich jedoch nicht. Die Unterscheidung zwischen weiblich und männlich ist in der Gesellschaft eine Selbstverständlichkeit (Krais / Gebauer 2002, 49).

Die Differenzdimension soll in diesem Abschnitt in Bezug auf schulische Formen der Benachteiligung vorgestellt werden. Dazu wird zunächst aufgeführt, wie Geschlecht aus einer sozial-konstruktivistischen Perspektive verstanden wird. Anhand der Differenzdimension „Geschlecht" bzw. „Gender" lässt sich besonders die, auch für andere Dimensionen geltende Zuschreibungspraxis von Binarität, also einer Zweiseitigkeit, beschreiben. Geschlecht stellt einen zentralen Bezugspunkt dar, nach dem sich menschliche Interaktionen ausrichten.

4.3.1 Geschlechtsbedingte Ungleichheit

binäre Unterscheidung

Im Alltag wird mehrheitlich von einer binären Unterscheidung von Männern und Frauen, Mädchen und Jungen ausgegangen. Hier soll aufgezeigt werden, dass Geschlecht eine gesellschaftliche Differenzdimension ist resp. milieugeprägte Erfahrungen hervorruft, die in interaktiven Situationen alltäglicher Praxen hergestellt und bearbeitet werden (West / Zimmerman 1987, 126 f.). Geschlecht wird entlang dieser Überlegungen nicht als eine biologisch determinierte Kategorie verstanden, sondern als *soziale Konstruktion*, die zugleich mehrdimensional ist. Im wissenschaftlichen Kontext kommt dies auch durch die Verwendung des Begriffs Gender (s. u.) zum Ausdruck. Dies dokumentiert sich sowohl in den Praktiken als auch in den sprachlichen Bezügen und kulturellen Repräsentationen. Die Menschen eines genderbezogenen Milieus teilen soziale Erfahrungen (Goffman 2001, 106 ff.). Im engen Zusammenspiel mit anderen Milieudimensionen, die einander überlappen, leben und praktizieren Menschen Geschlechtlichkeit und Geschlechtszugehörigkeit.

„doing gender"

Geschlecht als ein soziales Konstrukt zu verstehen, verbunden mit dem Ziel der Überwindung einer einseitigen Betrachtung, wird seit den 1980er-Jahren in der deutschsprachigen Erziehungswissenschaft diskutiert (Faulstich-Wieland 2004 a, 176). Die Überlegungen sind wesentlich inspiriert vom Ansatz des „doing gender" (West / Zimmerman 1987, 126). Dieser unterscheidet zwischen „sex", „sex category" und „gender", um Geschlecht innerhalb der Gesellschaft zu erklären (West/Zimmerman 1987, 127). „Doing" im Zusammenhang mit „gender" unterstreicht die Aktivität der Akteure:innen in dem Prozess.

Erklärungen für Geschlecht innerhalb der Gesellschaft

■ **Sex** Sex verweist auf biologische Merkmale, anhand derer Geschlechtlichkeit definiert wird. Hierzu zählen beispielsweise Chromosomen und sichtbare Genitalien. Dass diese biologisch-genetischen Kriterien definierend herangezogen werden, geht auf Absprachen und Einigungsprozesse zurück, in denen sie festgelegt wurden. Die Unterscheidungen, die mithilfe dieser Merkmale vorgenommen werden, rekurrieren auf die Differenz männlich/weiblich. Die Unterscheidung zwischen Männern und Frauen, wie sie in der Alltagssprache vorgenommen wird, orientiert sich wesentlich an einem solchen Verständnis, in dem Geschlecht als eine natürlich gegebene und eindeutige Kategorie vorliegt, die zudem mit spezifisch geschlechtlichen Verhaltensweisen und Eigenschaften einhergeht (West/Zimmerman 1987, 127 f.).

■ **sex category** Mit „sex category" ist die Anwendung der Kategorie „sex" im Alltag gemeint. Da im Alltag die biologischen Kriterien, mit deren Hilfe männlich/weiblich erkannt werden kann, nicht unmittelbar sichtbar bzw. erkennbar sind, wird die Zugehörigkeit zu „sex" mittels „sex category" zugeschrieben. „Sex category" stellt also eine Art Platzhalter für die nicht erkennbare Zuordnung zu „sex" dar. Aufgrund im Alltag sichtbarer Merkmale wie Kleidung, Frisur und Schmuck – die Ausdruck kultureller Repräsentationen sind – einer Person wird ein Geschlecht entlang der „sex category" zugeschrieben, ohne dass geschlechtsprägende Merkmale im Sinne von „sex" sichtbar wären und/oder das so Zugeschriebene im Sinne von „sex" mit der „sex category" korrespondiert (West/Zimmerman 1987, 127). Mit der im zweiten Kapitel eingeführten Terminologie kann „sex category" als Form kultureller Repräsentation beschrieben werden.

■ **gender** Die Praxis der Herstellung von Geschlecht wird als „gender" bezeichnet. Dieses Verständnis korrespondiert mit der in der Praxis alltäglichen Lebensführung und verweist auf die Praktiken, mit denen der Alltag bestritten wird. Die Praktiken verweisen auf intersubjektive Validierung, also Bestätigung und

Anerkennung als Mann / Frau in der Selbst- und Fremdzuschreibung. Diese basieren auf Vorstellungen von adäquatem, also geschlechtsangemessenem Verhalten. Gender bezogene Praktiken sind mit der „sex category" eng verbunden. So stellen die Zuordnungskriterien eine Grundlage dar, von anderen und einem selbst als zugehörig zu einem geschlechtlichen Milieu anerkannt zu werden (Faulstich-Wieland 2004 a, 177; West / Zimmerman 1987, 127).

Praktiken des „doing gender"

Die kategoriale Zuschreibung von männlich, weiblich und / oder divers erfolgt im Alltag, in den alltäglichen Interaktionen durch Interpretation und Zuschreibung dieser Merkmale, die nicht natürlich und damit statisch, sondern kulturell hervorgebracht sind. Die Geschlechtlichkeit zeigt sich in den Interaktionsformen wie auch in körperlicher Bewegung.

Dies zeigt sich besonders deutlich am Beispiel von Menschen, die an einem späteren Zeitpunkt ihres Lebens entscheiden, ihre geschlechtliche Zugehörigkeit, Gender und / oder ihr biologisches Geschlecht zu wechseln. Sie müssen jene Praktiken und deren spezielle Art der Ausführung erst erlernen, die kulturell dem anderen Geschlecht zugeschrieben werden und in denen deren Angehörige von Geburt an sozialisiert wurden. Sie sind herausgefordert, äußere Erkennungsmerkmale, Verhaltensweisen und weitere kulturelle Symbole und Praktiken zu verändern, um in der Selbst- und Fremdzuschreibung als das je gewünschte bzw. empfundene Gender anerkannt zu werden. Diese werden v. a. während der Transformationsphase sehr deutlich und genau ausgeführt, um die Attribute nach außen zu verdeutlichen und für andere sichtlich erkennbar zu machen, um so jeglicher Verwechselung durch andere vorzubeugen und deren Anerkennung zu erhalten. Dies kann von Männern zum Ausdruck gebracht werden, die auf der Ebene sichtbarer kultureller Repräsentationen als dem weiblichen Geschlecht zugchörig gelesen werden wollen (durch das Tragen von Kleidern oder Röcken, hohen Schuhen, langen Haaren und / oder Schminke etc.) oder in ihren Verhaltensweisen (wie Ängstlichkeit, dem Lachen und weiteren vorgestellten Zuschreibungen von Gendermerkmalen). Dieser geschlechtliche Migrationsprozess zeigt sich häufig darin, dass – aus einer beobachtenden Perspektive – die Praktiken übertrieben wirken (Hirschauer 1999, 49 ff.). Geschlechtliche Zugehörigkeit ist, soll sie erkannt werden, auf die *Anerkennung durch andere angewiesen.* Dies stellt die Grundlage für Interaktionen auf der Ebene von Geschlecht dar und findet seinen Ausdruck in Symbolen kultureller Repräsentationen.

omnipräsente Kategorie

Gender ist eine in unserer Gesellschaft omnipräsente Kategorie, von der jede:r betroffen ist und zu der vermeintlich jede:r eindeutig zugeordnet werden kann. Vielfach reagieren Menschen irritiert, wenn sie das Geschlecht einer Person nicht eindeutig zuordnen können. Dies verweist auf die immense Bedeutung, die Geschlecht in unserer Gesellschaft einnimmt (Faulstich-Wieland 2008, 240). Die Differenzdimension Geschlecht bzw. Gender als sozial konstruiert zu betrachten, ist durch drei axiomatische, keiner weiteren Erklärung bedürfenden Aspekte gekennzeichnet. Sie erschweren es, die eigene Einbindung in die Herstellung von Geschlecht zu reflektieren. Innerhalb der Gesellschaft wird von einer Konstanz des Geschlechts ausgegangen. Mehr, als dies bei anderen sozialen Dimensionen der Fall ist, ist die Vorstellung leitend, dass Menschen ihr Leben lang dem gleichen Geschlecht angehören. Die Vorstellung von Geschlecht als einem natürlich gegebenen Merkmal ist ebenso weit verbreitet. Die körpergebundene Naturhaftigkeit ist mit dem dritten Kriterium, der Zweigeschlechtlichkeit, die nur männlich / weiblich kennt, verbunden. Sie kommt beispielsweise in der Namensgebung zum Ausdruck (Faulstich-Wieland 2008, 242).

Dichotomizität

Anders als andere soziale Differenzdimensionen und milieugebundene Erfahrungen weist Geschlecht keine Abstufungen auf. Der Erwerb genderbezogener Erfahrungen ist Prozess und zugleich *Produkt von Differenzierungen*, Unterscheidungen und Distinktionen, in denen Praktiken als einem Geschlecht spezifisch identifiziert und in Verbindung damit als adäquat für die eigenen Handlungen bewertet und eingeschätzt werden. Die antagonistische, d.h. gegensätzliche, Konzeption von männlich und weiblich ist Charakteristikum von Geschlecht. Die Welt, in der wir leben, war lange Zeit zweigeschlechtlich organisiert und aufgebaut. Kinder werden in diese Muster von Anfang an eingebunden. Das Verinnerlichen dieser Unterscheidungspraxis geht einher mit Vereinfachungen und mit Formen der Unterdrückung, die am binären Zuordnungsschema männlich / weiblich organisiert und konzipiert sind (Krais / Gebauer 2002, 50) und die in der Anerkennung von etwas, das als nicht männlich gilt, weiblich ist, einhergeht (Bourdieu 2005, 18).

Aus der Vielzahl gesellschaftlich und milieugebundener Möglichkeiten an Handlungen wählen Kinder jene aus, die sie für das ihnen, z.B. über die Namensgebung, zugeschriebene Geschlecht als passend kennenlernen bzw. erfahren, während jene, die diese Kriterien nicht erfüllen, nicht angewendet werden. Diese primäre Sozialisation ist folglich geprägt von Entscheidungen und von der Suche nach Orientierungen, die in den Praktiken anderer vollzogen und mithilfe eines binären Bewertungsschemas analysiert werden (Krais / Gebauer 2002, 50).

Naturhaftigkeit

Die Entwicklung geschlechtlicher Identität wird mehr als andere kulturell konstruierten Differenzen als naturgegeben wahrgenommen. Dies wird durch die körperlichen Grundlagen gestützt, die als Bezugspunkt herangezogen werden und sich in der geschlechtsspezifischen Teilung von Arbeit zuspitzt. Die Praktiken, die in den Körper eingeschrieben sind bzw. in diesen eingeschrieben werden, nennt Bourdieu „leibliche Hexis" (Bourdieu 1987, 129). Die Wahrnehmung des eigenen Körpers, Formen des körperlichen Ausdrucks und der Bewegung gelten als männlich / weiblich konnotiert (Krais / Gebauer 2002, 51).

Geschlechtsbezogenes Erfahrungswissen wird in konkreten Situationen und Lebensverhältnissen generiert. Letztere sind gekennzeichnet durch Selbstverständlichkeiten, die im Alltag i. d. R. nicht hinterfragt werden und ihren Ausdruck z. B. in der Nahrung und deren Aufnahme und in der Kommunikation finden (Faulstich-Wieland 2008, 241). Verschiedene Kulturen lösen diese Alltagsprobleme je unterschiedlich. Gemeinsam ist ihnen jedoch, dass sie unterschiedliche Schemata für männlich und weiblich anbieten. Diese werden praktisch hervorgebracht und repräsentiert. Moderne Gesellschaften unterscheiden sich folglich von sogenannten „traditionellen" nicht darin, dass Geschlecht als grundlegendes Strukturierungsprinzip angewendet wird, sondern in der Art und Weise *wie* Geschlecht hierin herangezogen wird (Krais / Gebauer 2002, 49).

Die lange Zeit – auch gesellschaftlich und politisch – dominierende Perspektive der Zweigeschlechtlichkeit, die auf vermeintlich „natürlichen Anlagen" beruht, wird in den letzten Jahren nicht nur in den sozialwissenschaftlichen Diskursen hinterfragt, sondern auch in der Öffentlichkeit thematisiert und problematisiert. So kann Geschlecht bzw. Gender in formalen Dokumenten, wie z. B. dem Personalausweis, in den Kategorien männlich, weiblich und divers angegeben werden. Dies zeugt einerseits von der Anerkennung, dass es mehr als zwei Geschlechter gibt und zugleich – durch die Überwindung einer dichotomen Sichtweise – dass Gender mit unterschiedlichen, vielfältigen Formen einhergeht. Wenngleich die erweiterten Verständnisse in formalen Dokumenten ihren Ausdruck finden, greifen viele Studien – auch die der OECD, auf die nachfolgend eingegangen wird – diese (noch) nicht auf. Sie unterscheiden weiterhin nur Jungen und Mädchen.

Die geschlechtliche Sozialisation findet im Kontext anderer, sich überlagernder Zugehörigkeiten und Milieus statt und ist folglich kein statisches und normenbezogenes Handeln, sondern differenziert und vielschichtig. Dennoch stellt Gender eines der grundlegenden Strukturierungsprinzipien der Gesellschaften dar, aller Gesellschaften, und wird – vielleicht in vergleichbarer Weise wie körperliche Behinderung – mit dem Körper assoziiert sowie als natürliche Unterscheidung in der alltäglichen Praxis prozessiert. Die Erfahrungen beinhalten different anerkannte Praxen für unterschiedliche Situationen (Bourdieu 2005, 154 ff.).

Geschlechtergerechtigkeit

Geschlecht und Schule: Der Diskurs um Geschlecht und Gender in der Schule wird entlang des Begriffs der „Geschlechtergerechtigkeit“ geführt (Budde et al. 2008). Gerechtigkeit kann in diesem Zusammenhang unterschiedlich verstanden werden: als Gerechtigkeit für die Geschlechter oder als den Geschlechtern gerecht werdend. Gerechtigkeit als Gleichheit ist dem Ziel gegenüber verantwortet, den Geschlechtern die gleichen Chancen, Zugänge, Rechte und Möglichkeiten zu eröffnen bzw. bereitzustellen. Die Strategie der Bearbeitung von Geschlechterungleichheit, die hieran ansetzt, zielt auf den ausgleichenden Abbau von Stereotypen. Ist das Ziel hingegen, den Geschlechtern mit ihren spezifischen Eigenarten gerecht zu werden, werden Differenzen zwischen ihnen zum Ausgangspunkt genommen. In der Bearbeitung von Ungerechtigkeit bedeutet diese Vorstellung, den Mädchen ihnen angepasste Angebote zu unterbreiten und, um den Jungen gerecht zu werden, männlich orientierte Angebote (Budde et al. 2008, 11 f.).

4.3.2 Benachteiligungen und Schlechterstellung in Schule und Unterricht

In diesem Abschnitt sollen genderbezogene Benachteiligungen in Schule und Unterricht aufgezeigt werden. Dies erfolgt nach dem Prinzip, das bereits im vorangegangenen Abschnitt gewählt wurde, indem

- der allgemeine Zugang zu Bildungsorganisationen und
- die unterrichtlichen Praktiken, mit denen die Benachteiligungen hervorgebracht und (auch) legitimiert werden

betrachtet werden.

Letztgenanntes erfolgt auf der Basis qualitativer empirischer Studien, während Ersteres auf den Ergebnissen der quantitativ ausgerichteten empirischen Bildungsforschung, v. a. der PISA-Studien der OECD, beruht.

Die Beteiligung von Jungen und Mädchen in der Bundesrepublik Deutschland an Bildungsgängen hat sich seit der Durchsetzung der Koedukation in den 1960er-Jahren zugunsten der Mädchen verändert. Hinsichtlich der fachlichen Kompetenzen, die in der Schule vermittelt werden, bestehen Unterschiede zwischen den Jungen und Mädchen; sie sind fachspezifisch. Die Skizzierung dieser Differenzen erfolgt wesentlich auf der Datengrundlage der PISA-Studien (OECD 2018).

Beteiligung und Zugang zu Bildungsgängen und Fachkompetenzen: Abbildung 5 zeigt die Beteiligung der Schüler:innen Hamburgs an den unterschiedlichen Bildungsgängen resp. Schulformen im Schuljahr 2020/ 2021 („Gym“ steht für Gymnasium, „STS“ für Stadtteilschule, die in anderen Bundesländern auch als Integrierte Gesamtschulen bezeichnet werden und „FS“ für Förderschulen).

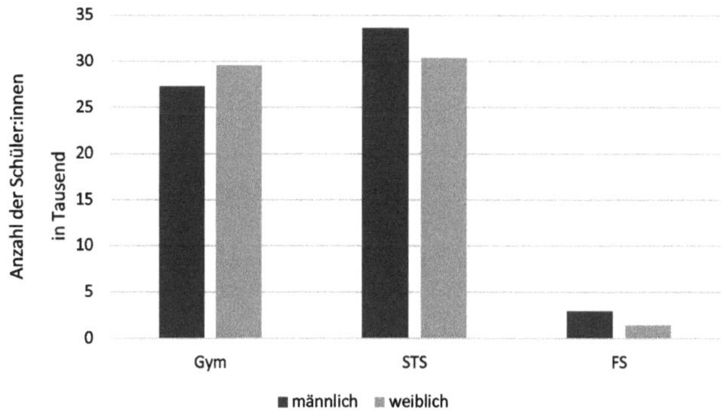

Abb. 5: Schüler:innenverteilung nach Schulformen, Sek 1, Hamburg, Schuljahr 2020/2021 (nach Statistisches Bundesamt 2023)

Die Abbildung 5 zeigt, dass der Anteil der Schülerinnen am Gymnasium höher ist als derjenige der Jungen. In der Stadtteilschule, wie auch in den Förderschulen ist der Anteil der Jungen höher. Die Gruppe der Mädchen besucht im Durchschnitt also höhere Bildungsgänge. Dieser Trend, der seit den 1980er-Jahren besteht, hat sich seither vergrößert (Faulstich-Wieland 2004 b, 1).

Bildungsbenachteiligung im Wandel

In den 1960er-Jahren galt die Kunstfigur des „katholischen Arbeitermädchens vom Lande“ (Dahrendorf 1965) im Schulsystem als am stärksten benachteiligt. Heute sind Jungen als soziale Gruppe häufiger von Bildungsbenachteiligung betroffen; als Kunstfigur lässt sich diese zusammenfassen als „Junge mit Migrationshintergrund aus prekären ökonomischen Verhältnissen der Großstadt". Ein Vergleich der zwei Figuren zeigt, dass sich Bildungsbenachteiligung wandeln kann (*zur kritischen Auseinandersetzung siehe unten)*.

Die Daten, die der PISA-Studie von 2018 entnommen sind, geben an, wie viel Prozent der Mädchen im Vergleich zu den Jungen welche Kompetenzstufe im Lesen erreicht.

Kompetenzstufe beim Lesen

- „VI: Jugendliche auf dieser Stufe können Schlussfolgerungen, Vergleiche und Gegenüberstellungen detailgenau und präzise anstellen. Dabei entwickeln sie ein volles und detailliertes Verständnis eines oder mehrerer Texte und verbinden dabei unter Umständen gedanklich Informationen aus mehrere Texten miteinander. Hierbei kann auch die Auseinandersetzung mit ungewohnten Ideen gefordert sein, genauso wie der kompetente Umgang mit konkurrierenden Informationen und abstrakten Interpretationskategorien sowie hohe Präzision im Umgang mit zum Teil unauffälligen Textdetails.
- V: Jugendliche auf dieser Stufe können sowohl mehrere tief eingebettete Informationen finden, ordnen und herausfinden, welche davon jeweils relevant sind, als auch ausgehend von Fachwissen eine kritische Beurteilung oder Hypothesen anstellen: Die Aufgaben dieser Stufe setzen in der Regel ein volles und detailliertes Verständnis von Texten voraus, deren Inhalt oder Form ungewohnt ist. Zudem muss mit Konzepten umgegangen werden, die im Gegensatz zum Erwarteten stehen.
- IV: Aufgaben dieser Kompetenzstufe erfordern vom Leser/von der Leserin, linguistischen oder thematischen Verknüpfungen in einem Text über mehrere Abschnitte zu folgen, oftmals ohne Verfügbarkeit eindeutiger Kennzeichen im Text, um eingebettete Informationen zu finden, zu interpretieren und zu bewerten oder um psychologische oder philosophische Bedeutungen zu erschließen. Insgesamt muss ein genaues Verständnis langer oder komplexer Texte, deren Inhalt oder Form ungewohnt sein kann, unter Beweis gestellt werden.
- III: Aufgaben dieser Kompetenzstufe erfordern vom Leser/von der Leserin, vorhandenes Wissen über die Organisation und den Aufbau von Texten zu nutzen, implizite oder explizite logische Relationen (z. B. Ursache-Wirkungs-Beziehungen) über mehrere Sätze oder Textabschnitte zu erkennen, mit dem Ziel, Informationen im Text zu lokalisieren, zu interpretieren und zu bewerten. Einige Aufgaben verlangen vom Leser/von der Leserin, einen Zusammenhang zu begreifen oder die Bedeutung des Wortes oder Satzes zu analysieren. Häufig sind die benötigten Informationen dabei nicht leicht sichtbar oder Passagen eines Textes laufen eigenen Erwartungen zuwider.

- II: Jugendliche auf dieser Stufe können innerhalb eines Textabschnitts logischen und linguistischen Verknüpfungen folgen, mit dem Ziel, Informationen im Text zu lokalisieren oder zu interpretieren; im Text oder über Textabschnitte verteilte Informationen aufeinander beziehen, um die Absicht des Autors zu erschließen. Bei Aufgaben dieser Stufe müssen unter Umständen auf der Grundlage eines einzigen Textbestandteils Vergleiche und Gegenüberstellungen vorgenommen werden oder es müssen, ausgehend von eigenen Erfahrungen oder Standpunkten, Vergleiche angestellt oder Zusammenhänge zwischen dem Text und nicht im Text enthaltenen Informationen erkannt werden.
- Ia: Aufgaben dieser Kompetenzstufe erfordern vom Leser/von der Leserin, in einem Text zu einem vertrauten Thema eine oder mehrere unabhängige, explizit ausgedrückte Informationen zu lokalisieren, das Hauptthema oder die Absicht des Autors zu erkennen oder einen einfachen Zusammenhang zwischen den im Text enthaltenen Informationen und allgemeinem Alltagswissen herzustellen. Die erforderlichen Informationen sind in der Regel leicht sichtbar, und es sind nur wenige beziehungsweise keine konkurrierenden Informationen vorhanden. Der Leser wird explizit auf die entscheidenden Elemente in der Aufgabe und im Text hingewiesen.
- Ib: Jugendliche auf dieser Stufe können in einem kurzen, syntaktisch einfachen Text aus einem gewohnten Kontext, dessen Form vertraut ist (z. B. in einer einfachen Liste oder Erzählung), eine einzige, explizit ausgedrückte Information lokalisieren, die leicht sichtbar ist. Der Text enthält in der Regel Hilfestellungen für den Leser, wie Wiederholungen, Bilder oder bekannte Symbole. Es gibt kaum konkurrierende Informationen. Bei anderen Aufgaben müssen einfache Zusammenhänge zwischen benachbarten Informationen hergestellt werden."
(Klieme et al. 2010, 28)

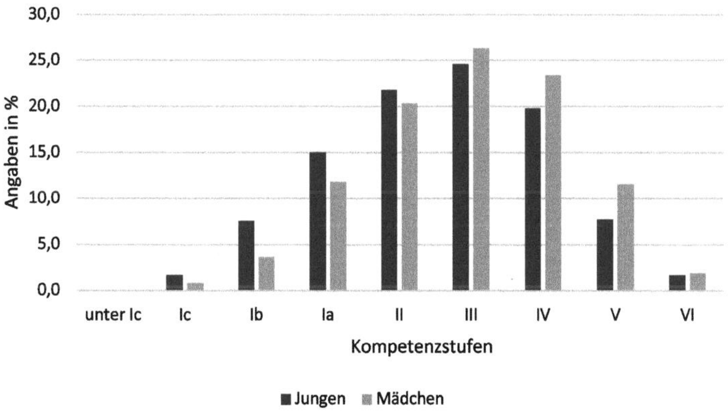

Abb. 6: Verteilung Jungen und Mädchen, Kompetenzstufen Lesen, PISA 2018 (nach OECD 2019)

Abbildung 6 zeigt, dass die Gruppe der Mädchen im Lesen durchschnittlich höhere Kompetenzstufen erreicht als die der Jungen: Ab der Kompetenzstufe IV wird der Unterschied gegenüber den Jungen besonders deutlich. In den unteren Kompetenzstufen sind die Jungen stärker vertreten. In den Stufen Ia und Ib sind knapp 20 % der Jungen vertreten. Vergleichbare Ergebnisse zeigen sich in der PISA-Studie 2012 (Klieme et al. 2013, 238). In der Abbildung wird ausschließlich auf eine Milieudimension Bezug genommen, weitere werden nicht berücksichtigt. Inwiefern und ob Jungen vor diesem Hintergrund als Verlierer im Schulsystem betrachtet werden können, wird unten diskutiert.

Koedukationsdiskussion

Die Einführung der Koedukation in den 1960er-Jahren war umstritten (Faulstich-Wieland 1991, 30 f.) und stellt auch heute einen strittigen Punkt dar (Überblick bei: Faulstich-Wieland / Scholand 2010). Grund hierfür ist die pragmatische Art, mit der die Koedukation eingeführt wurde: Weder gab es inhaltliche noch curriculare Veränderungen jener Vorgaben, die zuvor für Jungen / Männer ausgearbeitet wurden – Curricula und Lehrpläne, die vor dem Hintergrund geschlechterdifferenten Lernens konzipiert wurden. Erst später kam es zu Überarbeitungen in Gestalt geschlechtsbezogener Spezifizierungen, wie beispielsweise das Herausheben von Fremdsprachen für die Bildungsprozesse von Mädchen (Faulstich-Wieland 1991, 33 f.) *(siehe Kapitel 3.2)*.

In Österreich hingegen ist der Sportunterricht, das Turnen, bis heute geschlechterdifferent organisiert, gleiches gilt für einige Kantone der Schweiz (für Österreich: Republik Österreich 2023, § 8b (1)). In Österreich ist der monoedukative Unterricht in der Diskussion und Gegenstand von Kritik (Sporterziehung 2012, 23).

Faulstich-Wieland konstatiert, dass im Zuge der von PISA und anderen internationalen Vergleichsstudien aufgezeigten Geschlechtsunterschiede hinsichtlich schulischer und fachunterrichtlicher Leistungen häufig die Forderung abgeleitet wird, den koedukativen Unterricht zugunsten eines monoedukativen aufzugeben. Diese Forderung steht konträr zu der nach Inklusion und zur Anerkennung und konstruktiven Bearbeitung von Differenzen im Kontext weiterer Differenzdimensionen, wie wir sie in den Differenzdimensionen resp. gegenüber den Milieus sehen und erkennen, die sich durch Migrations- und Behinderungserfahrungen auszeichnen und die in einem reflektierten koedukativen und transklusiven Unterricht aufgehoben sein können (Faulstich-Wieland 2010, 18; Faulstich-Wieland / Scholand 2010, 171 ff.).

Die nachfolgenden Ausführungen beruhen auf qualitativen Untersuchungen, die sich mit den Praktiken der Reproduktion geschlechtlicher Ungleichheit auseinandersetzen, also mit Fragen nach dem Wie der Herstellung.

Geschlechterstereotype

Unterrichtliche Benachteiligung: Nicht nur Schüler:innen, sondern auch Lehrpersonen haben geschlechtsmilieuspezifische Erfahrungen. Diese bringen sie in die Schule mit, und als solche sind sie Bestandteil pädagogischer und unterrichtlicher Praktiken. In den Praktiken der Lehrpersonen (unabhängig davon, ob diese sich und ihren Unterricht als „gender frei", „gender sensibel" oder als „von eindeutigen Unterschieden zwischen den Geschlechtern ausgehend" bezeichnen) findet Budde (2006 b, 51) Praktiken, mit denen Geschlechterstereotype verfestigt werden. Dies beobachtet er sowohl bei männlichen wie auch bei weiblichen Lehrpersonen.

Die reproduzierten Stereotypen orientieren sich an Defizitzuschreibungen und/oder an *Remaskulinisierung* für Jungen bei gleichzeitiger *Parteilichkeit für Mädchen* und *Protektionismus*. Diese tradierten Vorstellungen von Männlichkeit und Weiblichkeit finden sich in Praktiken der unterrichtlichen Ansprache als auch in jenen des Übergangs von Pause zu Unterricht. Derartige Stereotypien verhindern den Blick auf die Unterschiede von Jungen und Mädchen, die innerhalb der Geschlechtergruppen bestehen, und führen letztlich zu einer Reduktion auf ein soziales Kriterium (Budde 2006 a, 490 f.). Nohl (2014) folgend stellt dies eine Form der Diskriminierung dar.

stereotype Vorstellungen

Eine ethnografische Studie: In einer ethnografischen Untersuchung an einer Schule, die sich selbst als „geschlechtergerecht" beschreibt, fanden Budde, Scholand und Faulstich-Wieland (2008), dass die Lehrpersonen zwar differenzierte Blicke und Verständnisse auf die Schüler:innen haben, ihnen aber zugleich stereotypische Vorstellungen zuordnen. So differenzieren sie ihre Lerngruppe nach ruhigen und nicht-ruhigen (normalen) Schüler:innen. Die Charakterisierung der „stillen Jungen" erfolgt abwertend, es werden keine Unterstützungsüberlegungen vorgenommen. Darin enthalten ist ein stereotypes männliches Verständnis, das sich durch Nicht-Ruhig-Sein auszeichnet (Budde et al. 2008, 114 f.).

Weiter zeigt das Autor:innenteam, dass in der untersuchten Schule Disziplinierungen geschlechtsspezifisch erfolgen. Jungen werden häufiger aufgrund ihres allgemeinen Sozialverhaltens von den Lehrpersonen gemaßregelt. Konträr dazu sind die Mädchen in den Vorstellungen der Lehrpersonen angepasster (Budde et al. 2008, 187). In Konflikten auch unter den Schüler:innen wird das Geschlecht der Jungen dramatisiert und negativ konnotiert (Budde et al. 2008, 209). Für den Werkunterricht, der in Österreich bis Mitte der 1990er-Jahre getrenntgeschlechtlich organisiert war, nun aber koedukativ geführt wird, konnte die Untersuchung aufzeigen, dass den Schüler:innen unterschiedliche Fähigkeiten zugeschrieben werden, die mit Stereotypien der Geschlechter korrespondieren: Während den Mädchen Zurückhaltung gegenüber Technik attestiert wird, werden die Jungen als technikinteressierte Gruppe anerkannt. Die Autoren:innen der Studie heben hervor, dass sie wenig Dramatisierung von Geschlecht im alltäglichen Unterrichtsgeschehen beobachteten, dies hingegen in den unterrichtlichen Routinen und entsprechenden stereotypisierenden Praktiken deutlich wurde (Budde et al. 2008, 271).

Leistungsbewertung

Die Einteilung der Jungen und Mädchen der Klasse, die im Rahmen der gleichen Studie erfragt wurde, zeigt, dass die Mädchen in der Zuordnung des Vierfelderschemas auffällig / unauffällig und positiv / negativ für die Aspekte „Leistung" und „Verhalten" insgesamt positiver positioniert werden als die Jungen. Die Zuschreibungspraktiken wurden mit Zeugnisnoten und Ergebnissen in Leistungstests in Beziehung gesetzt. Dieser Vergleich zeigt, dass die Positionierung negativ / auffällig von Jungen mit schlechteren Noten einhergeht als es durch die Leistungstests zu erwarten gewesen wäre, während für die Mädchen mit der Zuschreibung positiv / unauffällig keine Abhängigkeit, kein Muster gegenüber den Zensuren zu erkennen war. Hieraus schlussfolgert Budde:

> „Die Positionierungen im Feld [haben] einen entscheidenden Einfluss darauf, welche Bewertungen damit einhergehen. Während Jungen für ‚jungentypisches Verhalten' sanktioniert werden, werden Mädchen für ‚mädchentypisches Verhalten' prämiert." (Budde 2011, 121 f.)

Einsozialisierung der Lehrkräfte

Geschlecht und Fachunterricht: Willems (2007) arbeitet anhand eines Vergleiches von Physik-, Deutsch- und bilingualem Physikunterricht heraus, dass fachkulturelle (Selbst-)Verständnisse, in die Lehrkräfte u. a. durch ihr universitäres Studium einsozialisiert sind und in deren fachkulturellem Milieu sie Erfahrungen machen, ebenso wie die Einrichtung der Klassenzimmer, in denen der jeweilige Unterricht organisiert wird, die Konstruktion und die Bearbeitung von Geschlecht / Gender stützen. So wird die Motivation für das Fach Physik von den untersuchten Lehrkräften aufseiten der Lernenden verortet. Dies wird von den Lehrenden so praktiziert, dass nicht alle die Zielsetzung und den Sinn des Fachs erreichen. Mit anderen Worten, nicht alle Schüler:innen mit dem Fachunterricht zu erreichen, ist Teil des Selbstverständnisses des Faches Physik, also Teil der Orientierung des fachlichen Milieus, dem die Lehrpersonen angehören (Willems 2007, 259). Auch im Deutschunterricht zeigt sich eine spezifische Form des Umgangs mit (angenommener) Geschlechterdifferenz. Lehrkräfte erleben die Jungen als weniger interessiert am Fach und verstehen es als ihre Aufgabe, ihr Interesse gezielt durch Themen und Lektüre herauszufordern, die sie ansprechen.

Willems' Untersuchung (2007) fokussiert neben Interaktionen v. a. die Nutzung und Gestaltung der Fachräume in ihrer Symbolik und Bedeutung von Fachkultur. Die Gestaltung der Fachräume spiegelt die Vorstellung des Faches als exklusiv gegenüber anderen Fächern wider: Die Exklusivität zeigt sich in abgeschlossenen Räumen, die von den Fachlehrpersonen eingerichtet werden. Der Deutschunterricht findet hingegen im Klassenzimmer statt, einem Raum, der durch die Schüler:innen mitgestaltet wird und der „ihnen" gehört; die Lehrkräfte kommen zum Unterricht in diesen Raum (Willems 2007, 271 ff.).

Faulstich-Wieland (2002) zeigt auf, wie der Unterricht bzw. die Lehrpersonen zu einem unterschiedlichen Interesse ihrer Schüler:innen am Mathematikunterricht beitragen. Die Darstellung von Mathematik als männlicher Domäne, die Vorstellung, als Lehrperson keinen Einfluss auf die mathematische Entwicklung der Schüler:innen zu haben, geschlechtsspezifische Begabungskonzepte und Verhaltenserwartungen – das sind jene Orientierungen, die ihre Praktiken leiten. Diese auf der Grundlage natürlicher Unterschiede basierenden Konzepte begünstigen es nicht, dass Mädchen Interesse an Mathematik entwickeln (Faulstich-Wieland 2002, 245 f.).

implizite Vorstellungen

Die impliziten Vorstellungen zu Geschlecht über die Lehrpersonen verfügen, werden in ihren unterrichtlichen Interaktionen mit den Schüler:innen reaktiviert und fließen in diese ein. Thies und Röhner zeigen (2000, 164 f.), dass in dem von ihnen beobachteten koedukativ geführten Physikunterricht von unterschiedlichen geschlechtstypischen Vorstellungen der Wissensaneignung ausgegangen wird. So wird den Jungen eine produktive Wissensaneignung zugeschrieben, den Mädchen eine auf Fleiß und Sorgfalt beruhende.

In der unterrichtlichen Interaktion findet sich diese Vorstellung in den im Unterrichtsgespräch formulierten Fragen und den anschließenden Aufrufen der Schüler:innen wieder: Mädchen werden eher für *Wiederholungsaufgaben*, Jungen meist bei der Beantwortung von *neuen Sachverhalten* aufgerufen. Hierin spiegeln sich geschlechterstereotype Vorstellungen wider, in denen Männlichkeit und nicht

Weiblichkeit mit Naturwissenschaften im Zusammenhang gedacht wird. Wenn eine geschlechtliche Differenzierung aktiviert wird, impliziert die Zuschreibung zu einem Geschlecht die Abgrenzung gegenüber dem anderen (Thies / Röhner 2000, 164 ff.).

Mit der Veröffentlichung der Ergebnisse der ersten PISA-Studie im Jahr 2001 ist die Diskussion aufgekommen, ob und inwiefern nicht mehr die Mädchen die Verliererinnen im Schul- und Bildungssystem sind, wie bis weit in die zweite Hälfte des 20. Jahrhunderts hinein, sondern die Jungen (Budde 2006 a; Stamm 2008). Die PISA-Studie zeigt, dass Jungen häufiger als Mädchen die unteren Stufen im hierarchisch gegliederten Schulsystem besuchen, wie die Förder- bzw. Sonder- und Hauptschulen, während Mädchen häufiger am Gymnasium zu finden sind (Sandring 2009, 93). Dass die zunehmende „Feminisierung" der Schule, die v. a. ein Arbeitsplatz und Gestaltungsort von Frauen ist, ein Grund dafür ist, sieht Budde (2006 a) nicht so. Er argumentiert, dass sowohl Jungen als auch Mädchen zu den Gruppen der erfolgreichen und der nichterfolgreichen Schüler:innen gehören und dass weniger das Geschlecht der Lehrperson entscheidend ist, sondern vielmehr ihre *Geschlechtssensibilität.*

Innerhalb der Geschlechtergruppen bestehen große Unterschiede bezüglich der erreichten Kompetenzen. Allein eine geschlechtliche Betrachtung der Ergebnisse wäre verkürzt, da sowohl die Zugehörigkeit zu einem sozio-ökonomischen Milieu als auch ethnische Zuschreibungen von signifikanter Bedeutung für die erreichten Kompetenzen sind. Zudem erreichen Mädchen insgesamt zwar höhere Bildungsabschlüsse als Jungen, bei der Umwandlung dieser Zertifikate in Arbeits- und Ausbildungsverhältnisse sind die Jungen aber erfolgreicher (Budde 2006 a, 491).

Geschlechtsbezogene Erwartungen und Erfahrungen sind konstitutiver Bestandteil von Milieus und entsprechend präsent. Jene Vorstellungen, die Lehrpersonen haben, fließen in ihre unterrichtlichen Praktiken ein. Sind ihre impliziten Vorstellungen geschlechtsstereotyp, stellen sie eine potenzielle Form dar, soziale Gruppen (Mädchen / Jungen) im Unterricht zu benachteiligen. Gleiches gilt für die Peer-Interaktionen, in denen sich ebenfalls geschlechtsstereotypische Formen finden können. Diese Ausführungen verweisen wesentlich auf habituell geprägte Formen der Schlechterstellung, die von den Beteiligten nicht notwendigerweise hinterfragt und als solche erkannt werden. Eine gender-reflektierte Betrachtung der geschlechterbezogenen Vorstellungen und die Vielfalt ihrer Anwendung in der Schule und dem Unterricht der Lehrpersonen stellt einen Gegenentwurf zur beschriebenen Situation dar.

4.4 Migrationsbedingte Differenzen im Kontext von Schule und Unterricht

Ziel dieses Abschnittes ist es, vorzustellen, was unter „migrationsbedingten Differenzen“ – die häufig auch als „kulturelle Vielfalt“ bezeichnet werden – zu verstehen ist. Mit den Fragen migrationsbedingter Differenzen beschäftigt sich die Migrationspädagogik bzw. die Interkulturelle Pädagogik und die Pädagogik in der Migrationsgesellschaft – die drei Bezeichnungen werden derzeit gebraucht. Zentral sind dabei Fragen nach Möglichkeiten, Hindernissen und Einschränkungen von Teilhabe und Partizipation unter besonderer Berücksichtigung sprachlicher, kultureller und sozio-ökonomischer Unterschiede (Gogolin / Krüger-Potratz 2020). Migrationsbedingte Differenzen beschreiben eine horizontale Differenzierungsdimension der Gesellschaft, der jedoch auch eine vertikale inhärent ist, v. a. dann und dort, wo Migration wesentlich in die unteren sozio-ökonomischen Milieus einer Gesellschaft erfolgt. Daran anschließend sollen Benachteiligungen, die in Schule und Unterricht entlang von migrationsbezogener Differenzen bestehen, aufgezeigt werden.

4.4.1 Migrationsbezogene Differenzen

Migration

Als „Migration“ werden Bewegungen bezeichnet, die zu einer gänzlichen, vorübergehenden oder teilweisen Verlegung des Arbeits- und / oder Lebenszusammenhangs von Personen führen und über bedeutsame Grenzen hinweg verlaufen (Mecheril 2010 b, 7). Politisch-rechtliche Grenzen (z. B. Staatsgrenzen), deren Überschreiten erst den Tatbestand der Migration konstruiert, sind dabei stets symbolische Grenzen, über die Zugehörigkeit rechtlich bestimmt wird. Neben den Staatsgrenzen sind z. B. auch die Außengrenzen der Europäischen Union relevant, wenn es um die Beschreibung von Migration und die Definition von Zugehörigkeit geht (Mecheril 2010 b, 12).

Territoriale Grenzen markieren also rechtliche Räume, in denen Formen von Zugehörigkeit – und damit auch von Nichtzugehörigkeit – geregelt und formal zugeteilt werden. Dabei ist der rechtliche Raum in Nationalstaaten europäischer Prägung auf unterschiedliche Weise mit dem Recht der Staatsangehörigkeit verknüpft. Die Staatsangehörigkeit kann – je nach gesetzlicher Regelung – mit der Geburt und/oder nachträglich erworben werden und unterscheidet verschiedene Abstufungen. Zugehörigkeit zu einem Raum bedeutet, über die dort garantierten Rechte zu verfügen. Dabei ist zu beachten, dass heutige Grenzen und Räume in historischen Auseinandersetzungen entstanden sind und als solche dauerhaften Wandlungsprozessen unterliegen. So verlieren beispielsweise nationalstaatliche Grenzen innerhalb Europas zunehmend an Bedeutung. Migration selbst stellt kein neues Phänomen unserer Zeit dar. Vielmehr hat es sie in allen Epochen gegeben, wobei sich Migrationspraktiken und -möglichkeiten je nach historischen und kulturell-sozialen Zusammenhängen unterscheiden (Mar Castro Varela/Mecheril 2010, 24 f.).

Migrationsgründe

Migration kann durch ganz unterschiedliche Gründe motiviert sein. Mehrheitlich handelt es sich um bestimmte Entwicklungen im Ausgangsland, die Menschen dazu bewegen oder zwingen, ihren Lebens- und Arbeitsmittelpunkt zu verlegen. Dazu zählen ökonomische und ökologische Aspekte, aber auch Kriege und politische Verfolgung im Ausgangsland. Die Migration selbst – egal ob temporär oder dauerhaft – ist dabei häufig mit der Hoffnung sozialen Aufstiegs und so auch mit der Hoffnung auf soziale Veränderung verbunden (Mecheril 2010 b, 7 f.). Mit Mar Castro und Mecheril (2010, 26 ff.) können vier Formen der Migration unterschieden werden:

- Aus- und Übersiedlung
- Arbeitsmigration
- Flucht
- irreguläre Migration.

Bei dieser Typisierung ist zu berücksichtigen, dass es sich um eine schematische Vereinfachung von Migrationsprozessen handelt. Die genannten Migrationstypen und ihr Auftreten sind immer im Kontext der jeweiligen gesellschaftlich-politischen Situation sowie der technischen Rahmenbedingungen zu sehen (Mar Castro Varela/Mecheril 2010, 26 ff.).

Modernisierung durch Einwanderung

In Gesellschaften, die durch Ein- und Auswanderung gekennzeichnet sind, verändern Migrationsprozesse die soziale und die individuelle Wirklichkeit der Menschen: Die gesellschaftliche Realität dieser Ein- und Auswanderungsländer wird durch Migration erzeugt und permanent umgestaltet. Nicht selten gilt Migration für sogenannte „Einwanderungsgesellschaften“ auf diese Weise als Ausgangspunkt für Modernisierung und Entwicklung (Mecheril 2010 b, 7 f.). Die Struktur der Gesellschaft wird dadurch heterogener, es kommen neue Milieus hinzu und neue entwickeln sich (Nohl 2014, 146).

Menschen, die in ein Land einwandern, bringen neue Sprachen, Erfahrungen, Wissensstrukturen, Perspektiven, Erwartungen und Praktiken mit. Diese tragen sie zunächst in all jene sozialen Kontexte hinein, an denen sie unmittelbar teilhaben, z. B. Schule und Arbeit. Mittel- und langfristig führt dies zu grundlegenden Veränderungen in den betreffenden Feldern und gilt für Bildungsorganisationen und die Arbeitswelt in besonderem Maße (Mecheril 2010b, 8).

Von Migration geprägte Milieus werden auf der Ebene kultureller Repräsentationen häufig durch Unterscheidung in nationaler, ethischer und kultureller Hinsicht als anders bzw. different beschrieben. Dies erfolgt in formaler und informaler Hinsicht (Mar Castro Varela / Mecheril 2010, 39; Mecheril 2010b, 14).

natio-ethno-kulturelle Zugehörigkeit

Die sogenannte natio-ethno-kulturelle Zugehörigkeit markiert eine zentrale Unterscheidungsdimension innerhalb des Diskurses um sogenannte Migrationsandere. Dies gilt sowohl für die gesamtgesellschaftliche Betrachtung als auch für Schule und Unterricht im Speziellen. Die drei im Adjektiv „natio-ethno-kulturell" enthaltenen Begrifflichkeiten nehmen zwar Unterschiedliches in den Blick, verweisen aber gleichzeitig aufeinander.

„Natio" bezieht sich dabei auf den Nationalstaat und fokussiert die nationale, d. h. formale Zugehörigkeit. Die Nation wird hier als kultureller Repräsentant eines ethnischen Kollektivs gedacht, das nationalstaatlich organisiert ist. Obwohl damit lediglich auf die politische Organisationsform und die dort geltenden und praktizierten Gesetze, die formalen Regeln, verwiesen wird, unterstellt diese Sichtweise jeder Nation per se eine ethnische Gleichheit (Mecheril 2010b, 14).

„Ethno" steht für die ethnische Zugehörigkeit, die ihrerseits auf *„Kultur"* und damit auf den dritten Begriffsaspekt verweist. „Kultur" bezeichnet in diesem Verständnis die Vorstellung, dass es eine Gruppe von Menschen gibt, die sich in ihrem Alltag auf die gleichen historischen Bezüge beruft und auf diese Weise eine homogene kulturelle Praxis begründet, die ihrerseits ethnisch geprägt ist (Mecheril 2010b, 14).

Alle drei Begriffe blenden in der verwendeten Art und Weise aus, dass innerhalb der nationalen, ethnischen und kulturellen Formen des Zusammenlebens differenzierte Milieus und verschiedenartige soziale Praxen (sich überlappende Milieus) existieren. Zudem werden die drei Aspekte statisch definiert, sodass sich neue Praxisformen, die sich unter gesellschaftlich-historischen Bedingungen entwickeln, nicht betrachtet werden können (Mecheril 2010b, 14).

Trotz ihrer Vagheit und fehlenden Dynamik sind die Begriffe für die Formierung und das Verständnis informeller Unterscheidungen zwischen „wir“ und „nicht wir“ grundlegend. Unterschiede werden auf dieser Basis konstruiert und bearbeitet. Das auf diese Weise hergestellte „Wir“ wird dann zur Abgrenzung gegenüber anderen herangezogen, wodurch Differenz auf der Ebene kultureller Repräsentationen entsteht und verfestigt wird.

Im Zusammenspiel der (bildungs-)politischen und sozialen Realität setzt sich der deutschsprachige erziehungswissenschaftliche Diskurs seit den 1970er-Jahren systematisch mit der Frage von migrationsbezogenen Differenzen auseinander.

Schulpflicht für ausländische Kinder

Ab Mitte der 1960er-Jahre erhielten Kinder und Jugendliche ohne deutschen Pass in der damaligen Bundesrepublik Deutschland das Recht auf den Schulbesuch – verbunden mit der Pflicht dazu. Ihre Beschulung war zu dieser Zeit durch die Annahme geleitet, dass es sich lediglich um eine kurze Verweildauer in der jeweiligen Schule handeln würde. Ein solches Verständnis knüpfte an die politische Prämisse vorübergehender Aufenthalte von in Deutschland tätigen „Gastarbeitern“ und ihren Familien an. Die pädagogische Bearbeitung der migrationsbezogenen Differenzen fand hier ihren Anfang, realisierte sich allerdings noch nicht organisiert oder reflektiert und kaum systematisch (Mecheril 2010a, 56).

Migrationsbezogene Differenzen wurden in den 1960er-/1970er-Jahren *binär* verstanden, es kam zur Unterscheidung zwischen deutschsprachigen Schüler:innen einerseits und nicht deutschsprachigen andererseits. Die Anzahl von als „ausländisch“ bezeichneten Kindern und Jugendlichen nahm seit Ende der 1960er-Jahre stark zu. In den Schulen und auf administrativer Ebene suchte man in den 1970er-Jahren deshalb nach Lösungen und Bearbeitungsformen dieser Situation, was schließlich zu einer steigenden Zahl an Zusatzangeboten führte (z. B. Sprachförderkursen) (Nohl 2014, 23 f.).

kompensatorische Maßnahmen

Diese kompensatorischen Maßnahmen richteten sich ausschließlich an sogenannte „Ausländerkinder“. Ziel der Maßnahmen war es, die sprachlichen „Defizite“ der nicht deutschsprachigen gegenüber den deutschsprachigen Schüler:innen zu überwinden. Die Erarbeitung der deutschen Sprache bzw. ihre praktische Anwendung sollte dabei durch heimatkundlichen Unterricht bezogen auf das familiäre „Herkunftsland“ für die Schüler:innen mit familiärem Migrationshintergrund unterstützt werden.

Insgesamt waren die eingeleiteten Maßnahmen damit *assimilativ* organisiert, da eine sprachliche Angleichung der „Migrationsanderen“ das Ziel war (Gogolin / Krüger-Potratz 2020, 179). Die kompensatorischen und defizitorientierten Unterstützungsleistungen fielen zeitgleich mit den politischen Bemühungen um eine Rückkehr der „Ausländerinnen und Ausländer“ in deren sogenannte „Heimat“ zusammen. Dennoch begründeten die genannten Ansätze, die aus der Wahrnehmung einer schulisch-unterrichtlichen Problemsituation heraus resultierten, die Formierung der „Ausländerpädagogik“ als erziehungswissenschaftliche Disziplin. Zwischen ihr und der pädagogischen Praxis sowie dem öffentlichen Diskurs bestanden zu dieser Zeit kaum Unterschiede.

Zusammenfassend kann die „Ausländerpädagogik“ damit als ein *an Assimilation ausgerichtetes Vorhaben* beschrieben werden (Nohl 2014, 21 ff.), in dem Unterschiede gegenüber einer gedachten sprachlichen Normalität als „Defizite“ den einzelnen Schüler:innen (kollektiv gedacht als Gruppe) zugeschrieben werden. Da man die „Defizite“ jenen Kindern und Jugendlichen zuschrieb, die als nicht deutschsprachig galten, offenbart sich in der pädagogischen Bemühung um Kompensation die Vorstellung einer (sprachlich) homogenen Gesellschaft (Krüger-Potratz 2005, 100). Der „Ausländerpädagogik“ lag vor diesem Hintergrund ein konservatives Gesellschaftsmodell zugrunde: Neben der Sprache bildete die Rückkehr in das „Heimatland“ den Bezugspunkt pädagogischer Handlungen. In diesem Sinne bediente die „Ausländerpädagogik“ ein Verständnis, das Deutschland den Status eines Einwanderungslandes absprach und eine nur temporäre Migration der „Gastarbeiter“ vorsah (Diehm / Radtke 1999, 132 ff.).

Paradigmenwechsel zur Interkulturellen Pädagogik

In den darauffolgenden Jahren wurden die Praktiken und Positionen der als „Ausländerpädagogik“ bezeichneten Disziplin innerhalb der erziehungswissenschaftlichen Diskurse zunehmend kritisiert. Dies mündete in einem paradigmatischen, also grundlegenden Wandel, der in der „Interkulturellen Pädagogik“ seinen neuen begrifflichen Rahmen fand (Diehm / Radtke 1999, 129).

Aus der disziplinären Kritik formierte sich eine Perspektive, die den „Differenzdiskurs“ (Mecheril 2010 a, 56) der 1980er-Jahre charakterisiert – die Interkulturelle Pädagogik. Die defizitäre und auf Kompensation ausgerichtete Sichtweise der „Ausländerpädagogik“ wurde ebenso hinterfragt wie die Annahme, migrationsbezogene Differenzen ausschließlich als zeitlich begrenzte Erscheinung zu verstehen. Vielmehr betrachtete der Differenzdiskurs die zur Diskussion stehende Migration jetzt als *konstitutiven*, d. h. elementaren, Bestandteil des gesellschaftlichen Miteinanders (Gogolin / Krüger-Potratz 2020, 35 ff.).

Wie in der „Ausländerpädagogik" formierte sich auch die Interkulturelle Pädagogik um ein ganz bestimmtes Verständnis von Differenz. Innerhalb der Interkulturellen Pädagogik bildet *Kultur* das zentrale Konzept, um das sich Differenz rankt bzw. das Differenz begründet. Kultur als *Identität stiftendes* und gleichzeitig *Differenz markierendes* Moment löste die Sprache bzw. Sprachdefizite als grundlegendes Unterscheidungskriterium ab. Kultur und kultureller Identität wurde ein enormer Einfluss auf Individuen und die Konstitution von Milieus unterstellt. Dabei waren die Konzepte binär kodiert, d. h., man unterschied zwischen zwei Kulturen – der deutschen und der jeweils anderen – und dachte diese eindimensional und in sich homogen.

Anerkennung kultureller Identitäten

Anderssein wurde nicht mehr als Defizit, zumal als ein individuelles, verstanden. Die Kulturen der Migrant:innen erlangten diskursive Anerkennung. Dies mündete in der Forderung, verschiedene Identitäten zu respektieren (Mecheril 2010 a, 56) und zeigt sich in der Anerkennung unterschiedlicher kultureller Identitäten, verbunden mit der Zielsetzung, sie zu erhalten und sie gegenseitig kennenzulernen und zu verstehen. Hierin ist ein emanzipatives Moment enthalten, da nicht mehr nur die Arbeitskraft des Gastarbeiters, sondern der Mensch mit seiner kulturellen Identität der Bezugspunkt pädagogischer Bemühungen wurde (Nohl 2014, 53). Gedacht wird dies in einem Gesellschaftsmodell einer multikulturellen, sich als Einwanderungsland verstehenden Gesellschaft.

Damit wird vonseiten der Interkulturellen Pädagogik gesellschaftspolitische Kritik geübt (Krüger-Potratz 2005, 120). Mit dieser Perspektive verlässt die Interkulturelle Pädagogik die Ebene individueller bzw. milieuspezifischer Problem- und Ursachenzuschreibungen. Strukturelle Fragen der Benachteiligung gelangen verstärkt in den Blick. Differenz wird damit nicht mehr als Defizit gegenüber einer gedachten Norm, sondern als *gleichberechtigt nebeneinanderstehend* und als Anderssein verstanden (Gogolin / Krüger-Potratz 2006, 105).

Auf (bildungs-)politischer Ebene stellt die 1996 von der Kultusministerkonferenz formulierte Empfehlung, *interkulturelle Bildung als einen Bestandteil der Allgemeinbildung* zu begreifen, einen wichtigen Meilenstein dar. Mit dieser verankernden Empfehlung auf bildungspolitischer Ebene wird letztlich die gesellschaftliche Situation einer Einwanderungsgesellschaft durch die Bildungspolitik anerkannt und in rahmende Gestaltungslinien der Schule transferiert. Zudem wird der Adressatenkreis der Maßnahmen erweitert, indem alle Schüler:innen angesprochen werden (KMK 1996, 5). Gleichzeitig wird ein breiteres pädagogisch relevantes Verständnis gefordert, um „das Andere" in den Blick zu nehmen.

Kritik am Kulturverständnis

Kritisiert wird die Verwendung eines Kulturverständnisses, in dem kulturelle Aspekte von Andersartigkeit betont werden. Dabei werden andere Formen von Unterschieden ausgeblendet und der Fokus auf die Kultur gelegt. Die binäre Unterscheidung innerhalb der Zweigruppentheorie wird durch das gewählte Kulturverständnis gestärkt und aufrechterhalten sowie an einigen Stellen erst hergestellt und fokussiert. Kultur dominiert die Begründung von Differenz gegenüber anderen, v. a. sozio-ökonomischen Unterschieden bzw. ignoriert diese. Die Kritik bezieht sich also nicht auf den Kulturbegriff an sich, sondern auf die Art seines Gebrauchs. Es wird kritisiert, dass Kultur als die entscheidende Differenzdimension in den Blick genommen wird und ausschließlich in einem horizontalen Verhältnis zu den anderen stehend betrachtet wird. Diese Verwendung verweist auf den relativen Charakter des Kulturbegriffs.

Diesen folgend entstehen Kulturen durch die Relation zu anderen Kulturen bzw. Praxen der Bewältigung des Alltags. Der Wunsch oder die Notwendigkeit zur Abgrenzung besteht dann, wenn es um Konkurrenz politischer Macht bzw. deren Sicherung geht und/oder um ökonomische Vorteile und Zugangsberechtigungen. Derartige machtvolle Entscheidungen sind stets in den sozialen Konstruktionen von (kulturbezogenen) Differenzerzeugungs- und Verstetigungsprozessen enthalten. So sind hierarchisierende und hierarchische Momente als feste Bestandteile von Unterscheidungen und Differenzsetzungen nicht neutral (Diehm/Radtke 1999, 62).

Zudem verschließt ein einseitiger und eindimensionaler Blick auf Kultur diese als Ausdruck von unter je spezifischen sozialen und ökonomischen Situationen hergestellten Lebenspraxen und blendet die horizontale wie vertikale Relation aus, in der Kulturen zueinanderstehen (Mecheril 2002, 22).

Seit den 1990er-Jahren differenziert sich der Diskurs der Interkulturellen Pädagogik kontinuierlich. Dies erfolgt entlang unterschiedlicher theoretischer Bezüge und inhaltlicher Fokusse wie der wissenssoziologischen Perspektiven (Nohl 2014), der Diskriminierungsperspektive (Gomolla/Radtke 2009) und der Verwendung von Rassismus als Analysekategorie (Mecheril/Melter 2010, 150 ff.) sowie religiöser Differenz (Weiße 2010).

Bildungspolitik

Bildungspolitisch markiert die Veröffentlichung der ersten PISA-Studie (PISA-Konsortium 2001) einen markanten Punkt für die Weiterentwicklung der Interkulturellen Pädagogik. Die Studie verweist auf Mängel des deutschen Schulsystems in der Realisierung eines gerechten Zugangs zu Bildungsmöglichkeiten und Lernprozessen im Hinblick auf migrationsbezogene Differenzen. Der Diskurs geht einher mit einer verengten Fokussierung der Sprachkompetenzen der Kinder und Jugendlichen und führt nicht selten zu Fördermaßnahmen, die einer defizitorientierten Perspektive zuzuordnen sind (Mecheril 2010 a, 58). Gleichzeitig wird einer breiten Öffentlichkeit deutlich, dass es der deutschen Schule nicht gelingt, migrationsbedingte Benachteiligung zu überwinden – dies in anderen Schulsystemen und Staaten jedoch erfolgreich(-er) geschieht (Wilmes et al. 2011, 31).

4.4.2 Benachteiligungen und Schlechterstellung in Schule und Unterricht

Kinder und Jugendliche, die als „Migrationsandere" bezeichnet werden, sind im Schulsystem schlechter gestellt bzw. werden durch die Konzepte und Praktiken der Schule und des Unterrichts schlechter gestellt. Der Schule ist es bisher nicht gelungen, eine Passung zwischen schulisch-unterrichtlichen Erwartungen und den biografischen Erfahrungen und Sozialisationsbedingungen von Kindern und Jugendlichen mit familiären Migrationserfahrungen herzustellen, die ihnen vergleichbar erfolgreiche Lern- und Bildungsprozesse ermöglicht wie den „Nichtmigrationsanderen". In einem ersten Schritt soll im Folgenden die Schlechterstellung anhand von Zahlen aufgezeigt werden. Die Praktiken werden anschließend vorgestellt.

Beteiligung und Zugang zu Bildungsgängen und Fachkompetenzen: Die nachfolgenden Abbildungen wurden auf der Grundlage des Datenmaterials des Bildungsberichtes erstellt, der sich in weiten Teilen auf Ergebnisse der PISA-Studie stützt (Weishaupt et al. 2012, 67).

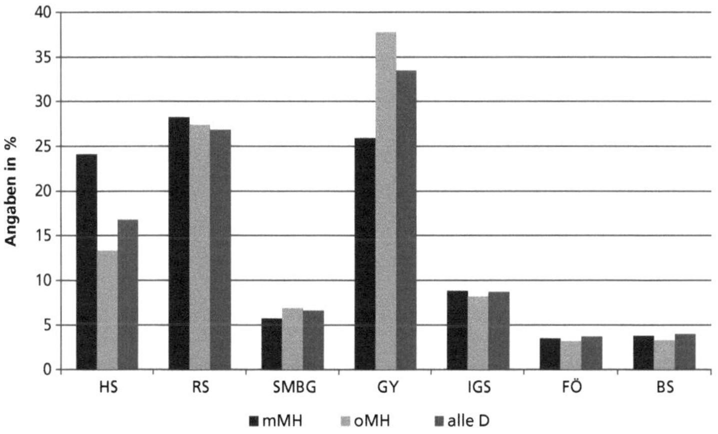

Abb. 7: Verteilung auf Schulformen: 15-Jährige nach mit/ohne Migrationshintergrund (nach Weishaupt et al. 2012, 254)

Verteilung auf Schultypen

Abbildung 7 zeigt, wie sich die Schüler:innen in Deutschland auf die unterschiedlichen Schultypen bzw. Bildungsgänge verteilen. Der erste, dunkle Balken repräsentiert die Gruppe der Schüler:innen, die einen eigenen oder familiären Migrationshintergrund haben (mMH); der mittlere und hellste Balken repräsentiert die Gruppe der in Deutschland lernenden Schüler:innen, die keinen Migrationshintergrund haben (oMH), und der jeweils dritte Balken verweist auf die Situation der 15-jährigen Schüler:innen in Deutschland insgesamt. Für jede angegebene Schulform, der Hauptschule (HS), der Realschule (RS), den Schulen mit mehreren Bildungsgängen (SMBG), den Gymnasien (GY), den Integrierten Gesamtschulen (IGS), den Förderschulen (FÖ) und den BS (Berufsschulen) werden die Anteile der Schüler:innen angezeigt. Die Abbildung verdeutlicht, dass sich insbesondere der Besuch von Hauptschule und Gymnasium unterscheidet: Zwar besuchen mehr Schüler:innen mit Migrationshintergrund ein Gymnasium (26 %) als Hauptschulen (24 %), jedoch ist innerhalb der Schulform der Anteil der Hauptschüler:innen mit Migrationshintergrund deutlich höher als derjenige der Schüler:innen ohne Migrationshintergrund. Im Gymnasium dreht sich dieses Bild um, hier übersteigt der Anteil der Schüler:innen ohne Migrationshintergrund jenen mit. In den anderen Schulformen bzw. Bildungsgängen ist der Anteil vergleichsweise ausgeglichen (Weishaupt et al. 2012, 254).

Es wird deutlich, dass der Zugang zu Schulformen und zu damit verbundenen Bildungsgängen und -programmatiken nicht ausgeglichen zwischen Jugendlichen mit und ohne Migrationshintergrund stattfindet, sondern – aus der Sicht privilegierter Schulformen – die Jugendlichen ohne Migrationshintergrund bevorzugt werden. Auch hier sei darauf hingewiesen, dass es sich um eine eindimensionale Darstellung handelt, in der nur ein Milieu betrachtet wird.

Der migrationsspezifische Vergleich, der in Abbildung 8 veranschaulicht ist, zeigt, dass Jugendliche mit Migrationshintergrund (mMH) durchschnittlich einen über 60 Punkte niedrigeren Mittelwert

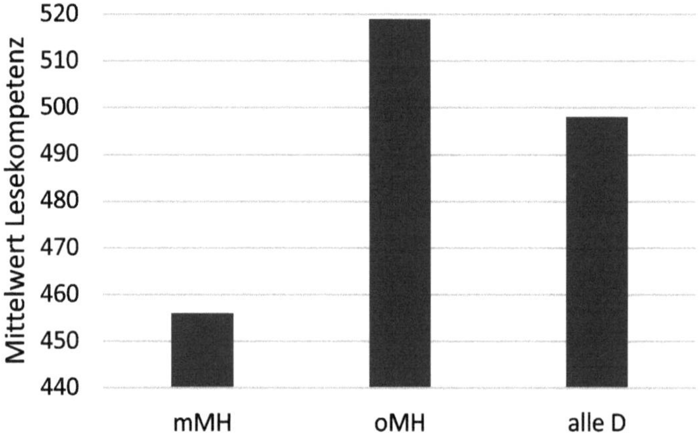

Abb. 8: Lesekompetenz im Vergleich: Schüler:innen mit/ohne familiären oder eigenen Migrationshintergrund (OECD 2019, 304)

in der Lesekompetenz erreichen als ihre Peers ohne Migrationshintergrund (oMH). Die Lesevermittlung im Unterricht gelingt der Schule bei Jugendlichen mit Migrationshintergrund nicht in vergleichbarem Maße wie bei den Schüler:innen ohne einen solchen. Eine systematische Schlechterstellung der in Deutschland lebenden Jugendlichen mit Migrationshintergrund kommt hier zum Ausdruck (OECD 2019, 304).

Ein vergleichbares Bild zeigt sich in Abbildung 9 bei der Betrachtung der Lesekompetenzen aller Schüler:innen, die in Deutschland (D) zur Schule gehen, aufgesplittet in Schüler:innen mit (mMH) und ohne Migrationshintergrund (oMH) und differenziert nach sozio-ökonomischem Status „nsöS" kürzt niedrigen sozio-ökonomischen Status ab, „hsöS" steht für hohen sozio-ökonomischen Status). Die Verbindung der zwei Differenzdimensionen zeigt, dass Schüler:innen aus Familien mit mehr sozio-ökonomischem Kapital deutlich besser abschneiden als die Schüler:innen aus Familien mit niedrigerem. Das sozio-ökonomische Milieu hat mehr Einfluss auf die Lesekompetenzen der Gruppe als der Migrationshintergrund.

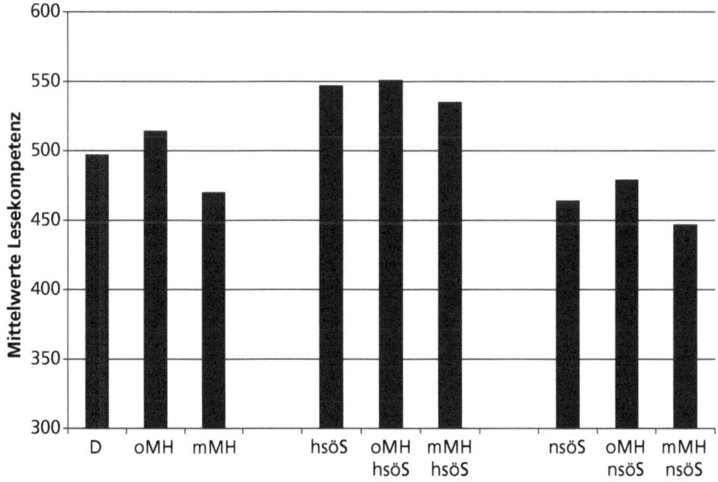

Abb. 9: Lesekompetenz nach Migrationshintergrund und sozialem Status (Datengrundlage: Weishaupt et al. 2012, 254)

Im Anschluss an die auf statistischen Berechnungen fußenden Angaben, die nachweislich die Schlechterstellung von Jugendlichen mit Migrationshintergrund im deutschen Schulsystem belegen, sollen die unterrichtlichen Praktiken, die eine solche Schlechterstellung begünstigen, in den Blick genommen werden. Dies erfolgt entlang qualitativ-rekonstruktiver Studien.

unterrichtliche Praktiken

Unterrichtliche Benachteiligung: Das Schulsystem ist durch eine kulturelle, nationale und linguale Zentriertheit gekennzeichnet, die historisch eng an die Herausbildung des Nationalstaates gekoppelt ist. Sie stützt und prägt die aktuellen Bearbeitungsformen ebenso wie Unterrichtskonzepte und Lehrmittel, die von sprachlichen und begrifflichen Vorkenntnissen der Schüler:innen ausgehen. In unterrichtlichem Material und den didaktischen Konzepten stecken Vorstellungen und Erwartungen darüber, was Schüler:innen bereits können müssen, um mit dem Material lernen zu können. Jene, die bei Schuleintritt bzw. dem jeweiligen Betrachtungszeitpunkt diese Kompetenzen nicht vorweisen, gelangen dann in die Situation, dass Benachteiligungen ihnen als individuelle Defizite zugeschrieben werden (Dirim / Mecheril 2010, 137).

Der monolinguale und monokulturelle Habitus *(siehe Kapitel 4.1)* charakterisiert das Selbstverständnis und die Verfasstheit des deutschen Schulsystems. Eine Schule, die Mehrsprachigkeit von Kindern und Jugendlichen nicht anerkennt, sondern ignoriert und/oder als Defizit bearbeitet, erkennt einen Teil ihrer Persönlichkeit und ihrer Lebensrealität nicht an und verkennt zugleich einen Teil der gesellschaftlichen Realität (Dirim/Mecheril 2010, 123 f.). So die Sicht auf unterrichtliche Lerngegenstände monoperspektivisch konzipiert wird und das Abweichen von dieser in die hierarchische Relation von besser/schlechter gestellt wird, findet Benachteiligung statt. Weber (2003) hat dies in einer qualitativen Studie für die unterrichtliche Ebene und die dort leitenden kulturellen Konzepte rekonstruiert.

Fachsprache

Schütte (2009) zeigt anhand einer videobasierten Fallstudie zum Mathematikunterricht in der Grundschule, dass die beobachteten Lehrkräfte bei der Einführung mathematischer Fachbegriffe wesentlich auf alltagssprachliche Begriffe rekurrieren. Erweiternd belegt er gemeinsam mit Kaiser (Schütte/Kaiser 2011), dass im Unterricht bei der Einführung und im Gebrauch mathematischer Fachbegriffe umgangssprachliche und fachsprachliche Verwendungen nicht klar voneinander getrennt werden bzw. auf letztere nicht explizit verwiesen wird. Schüler:innen, die aus ihrer familiären sprachlichen Sozialisation heraus nicht an die Bildungs- und Fachsprache herangeführt werden, erhalten somit auch im Unterricht keine Möglichkeit, diese zu erwerben. Es kann ihnen somit nicht/kaum gelingen, sich in der Fachsprache und in der Folge auch in der Fachkultur der Mathematik zu bewegen. Schüler:innen aus Familien mit Migrationsgeschichte und aus benachteiligten sozio-ökonomischen Milieus sind hiervon betroffen. Die Einführung mathematischer Fachbegriffe berücksichtigt kaum deren fachsprachliche Bedeutung und die bedeutungstragenden Bestandteile. Genau diese werden jedoch in Leistungstests und bei Klassenarbeiten erwartet und häufig vorausgesetzt.

Schüler:innen, deren Familiensprache nicht der Variante des Deutschen entspricht, die in einer bildungsorientierten Mittelschicht anzutreffen ist, werden somit im Unterricht durch die sprachliche Interaktionsgestaltung, die dies voraussetzt, benachteiligt (Schütte/Kaiser 2011, 246). Dies gilt gleichermaßen für einsprachige Schüler:innen, die nicht über einen entsprechenden sprachlichen Gebrauch verfügen. Schüler:innen erfahren Benachteiligungen, wenn sich die Lehrpersonen an der Annahme orientieren, dass alle Mitglieder der Lerngruppe ihre unterrichtlichen Erklärungen gleichermaßen verstehen. Derartige monolinguale und monohabituelle Vorstellungen der Lehrer:innen führen zu Schlechterstellungen der Schüler:innengruppe, deren Familiensprache sich von der spezifischen Unterrichtssprache im Sinne von Bildungssprache unterscheidet.

familiäres Wissen über Schule

Die fehlende Passung wird sowohl während als auch vor der Schulzeit dadurch verschärft, dass sich schulische Erwartungen in Bezug auf die familiäre Unterstützung des Schulkindes und die tatsächlichen Möglichkeiten vielfach unterscheiden. Familiäre Ressourcen oder Kapitalien *(wie in Kapitel 2 beschrieben)*, die ein Kind oder ein:e Jugendliche:r in der Bewältigung schulischer Anforderungen unterstützen können, stehen unterschiedlich zur Verfügung. Hierzu sind der Grad der Vertrautheit mit den Regeln und der Konstitution des Schul- und Bildungssystems ebenso zu zählen wie das Bildungsverständnis und die -ambitionen der Familie. Kinder und Jugendliche, deren Familien Migrationserfahrungen haben, kommen überdurchschnittlich häufig aus Familien, die im gesamtgesellschaftlichen Vergleich über wenig soziales, kulturelles und ökonomisches Kapital verfügen oder über Kapitalien, die im deutschen Schulsystem keine Anerkennung finden und damit wertlos sind (Neumann / Karakaşoğlu 2011, 47). Werden Wissen und Kenntnisse über die Schule und von ihr ausgehende Erwartungen vonseiten der Schule und / oder der Lehrperson jedoch vorausgesetzt, werden jene Kinder und Jugendlichen schlechter gestellt bzw. diskriminiert, deren Familien hierüber nicht verfügen.

Verantwortung für Bildung

Die Frage nach der Passung berührt damit auch die soziale Situation der jeweiligen Gesellschaft und das dominierende Selbstverständnis im Umgang mit migrationsbezogenen Differenzen. Hierzu gehört z. B. die Frage, in wessen Verantwortungsbereich die Ermöglichung des Erwerbs der Mehrheitssprache fällt: in den der Familie oder in den der Schule? Gehen beide Institutionen davon aus, die je andere sei verantwortlich, werden den Schüler:innen mit nichtdeutscher Familiensprache im Sinne der Bildungssprache sozial und biografisch vermutlich kaum Möglichkeiten eröffnet, Deutsch als für sie bedeutsame Sprache zu erfahren. Die Notwendigkeit dieser Erfahrung stellt die Grundlage erfolgreicher Lern- und Bildungsprozesse in Schule und Unterricht dar, da Deutsch jene Sprache ist, in der und über die Bildung in der Bundesrepublik vermittelt wird. Für einen entsprechenden Erwerb die notwendigen Voraussetzungen zu schaffen, gelingt bisher noch nicht zufriedenstellend (Neumann / Karakaşoğlu 2011, 49). Anstatt den Erwerb der Bildungssprache als Teil des schulischen Bildungsauftrages zu begreifen, wird eine fehlende Passung häufig als individuelles Defizit interpretiert. Auf dieser Grundlage werden dann biografisch bedeutsame Schullaufbahnentscheidungen getroffen (Dirim / Mecheril 2010, 128 ff.).

Verständnis von Unterrichtsfächern

Hawighorst (2007) hat in einer Untersuchung die elterlichen Bildungsorientierungen von Kindern / Jugendlichen mit Migrationshintergrund erfragt. Anhand eines Fallvergleichs kontrastiert sie die Vorstellungen, die türkisch- und russischsprachige Eltern, in beiden Fällen Väter, auf den Mathematikunterricht und die Bildung ihrer Kinder in Deutschland insgesamt haben. Dabei zeigt sich, dass die Bedeutung, die der Mathematik und dem schulischen Mathematikunterricht zugeschrieben wird, aus dem Zusammenspiel kultureller und sozialer Merkmale resultiert. Die eigenen schulischen und bildungsbezogenen Erfahrungen der Eltern stehen im Zusammenhang mit ihrer Sicht auf das Fach. Prinzipiell kann zwischen einer *alltagspraktischen Funktion* und einer *allgemeinbildenden* unterschieden werden. Jenen Unterricht, den ihre Kinder in der Schule erfahren, kontrastieren die Väter gegenüber diesen Vorstellungen und setzen ihn weiter in Relation zu den Bildungsaspirationen, die sie für ihre Kinder haben. Die fachliche Unterstützung ihrer Kinder können sie nicht immer in dem von ihnen gewünschten Maße leisten, weder inhaltlich noch finanziell über den Weg der Nachhilfe (Hawighorst 2007, 43 f.).

Dass die Nichtpassung unterrichtlicher Angebote mit biografischen und lebensweltlichen Erfahrungen von Schüler:innen aus impliziten Erwartungen der Schule wie auch dem Milieu der Lehrkräfte resultiert, konnte mithilfe empirischer Studien aufgezeigt werden. Die impliziten Annahmen der Lehrer:innen darüber, was unterrichtlich erwartet wird, z. B. spezifische (fach-)sprachliche Kompetenzen, bringen sie in ihre vermittelnden Praktiken ein. Dort, wo potenzielle Diskrepanzen nicht erkannt und durch Lehr-Lernangebote überwunden werden, können Benachteiligungen sozialer Gruppen die Folge sein. Auch die Schule als Organisation transportiert über die formalen Regeln der Bildungs- und Rahmenpläne Vorstellungen darüber, was erwartet und vorausgesetzt wird, und leistet so einen Beitrag zur Benachteiligung von Schülergruppen.

4.5 Behinderungsbedingte Differenzen im Kontext von Schule und Unterricht

Die drei in den vorangegangenen Abschnitten vorgestellten Differenzdimensionen werden häufig in einem Zusammenhang mithilfe der im angloamerikanischen Sprachraum verbreiteten Terminologie „race, class and gender“ gefasst (deutsch häufig: Ethnizität, soziales Milieu und Geschlecht), da sie mit Benachteiligung bzw. gesellschaftlicher Schlechterstellung korrespondieren. Behinderung hatte lange Zeit keinen vergleichbaren Stellenwert in der Diskussion. Dies kann damit erklärt werden, dass der Grunddualismus behindert/nicht behindert derart stark dem Pol der Nichtbehinderung zugeschrieben wird, dass sie im Gegensatz zur Behinderung nicht erwähnenswert erscheint (Lutz/Wenning 2001, 19 ff.). Behinderung soll hier dennoch in vergleichbarer Weise wie sozio-ökonomische, geschlechtliche und ethnische Differenzen dargestellt werden, da die Dimension in ihrer schulischen Variante, dem „sonderpädagogischen Förderbedarf“ für die Schule und Unterricht und dort generierte Formen der Benachteiligung und Ungleichheit relevant ist.

sonderpädagogischer Unterstützungsbedarf

„Sonderpädagogischer Förderbedarf“ stellt den schuleigenen Begriff für Behinderung und/oder Beeinträchtigungen in der Schule dar. Da die Schule und auch der Unterricht wesentlich an der Herstellung von Behinderung beteiligt sind, wird diese Differenzdimension hier als vierte vor- und dargestellt. Bevor auf die schulische Kategorie des sonderpädagogischen Förderbedarfs näher eingegangen wird, soll zunächst das Verständnis von Behinderung dargelegt werden. Behinderung wird als Fachbegriff nicht allein in der Schul- und Sonderpädagogik aufgerufen, sondern auch in anderen Fachdisziplinen, wie z. B. den Gesundheitswissenschaften und der Rechtswissenschaft.

vertikale und horizontale Gliederung

Behinderung verweist zugleich auf eine vertikale und horizontale Gliederung der Gesellschaft. Behinderung verweist als ein Begriff des Sozialrechts auf Einschränkungen, die die Möglichkeiten des Erwerbs ökonomischen Kapitals einschränken. Dies führt zu einer vertikalen gesellschaftlichen Stratifizierung durch die Differenzdimension Behinderung. Horizontal ist sie insofern, als behinderungsbezogene Erfahrungen als eine Milieudimension gefasst werden kann, die mit spezifischen Erfahrungen der Benachteiligung einhergeht, z. B. des Zugangs zu Gebäuden und/oder zu schulischen Bildungsangeboten.

Behinderung wird hier, ebenso wie die anderen Milieus auch, zunächst aus einer sozialwissenschaftlichen Perspektive beschrieben und damit als Erfahrung verstanden (Tervooren 2000). Im schulischen

Kontext bedeutet Behinderung, dass davon ausgegangen wird, dass die normative Erwartung schulischer Leistungen nicht erfüllt werden kann (Weisser 2005, 15 f.). Die Organisation reagiert hiermit mit der Vergabe von „sonderpädagogischem Förderbedarf" bzw. von „besonderem Bildungsbedarf" *(siehe Kapitel 4.5.1)*. In einem zweiten Abschnitt werden die spezifischen Benachteiligungen, die im schulischen Kontext mit Behinderung einhergehen, vorgestellt *(siehe Kapitel 4.5.2)*.

4.5.1 Behinderungsbezogene Differenzen

„Behinderung" als alltagssprachlicher Begriff unterscheidet sich in seiner Bedeutung vom fachwissenschaftlichen Verständnis; doch auch letztgenanntes Verständnis ist vielschichtig, da der Begriff nicht nur in unterschiedlichen wissenschaftlichen Disziplinen verwendet wird (wie z. B. in der Erziehungswissenschaft und in der Gesundheitswissenschaft), sondern auch aus unterschiedlichen theoretischen Perspektiven definiert wird. Eine grundlegende Unterscheidung besteht zwischen einem medizinischen oder essentialisierenden und einem sozialwissenschaftlichen Verständnis von Behinderung.

essentialisierendes Verständnis

Im erstgenannten Verständnis wird Behinderung als Schädigung verstanden. Folglich stellt sie eine *Dysfunktion* dar, die auf eine Anomalie, auf eine Abweichung zurückgeführt wird. Eine *Schädigung des Körpers* kann in organischer, mechanischer oder psychischer Hinsicht vorliegen. Die Beschreibung von Abweichung oder Anomalien erfolgt vor dem Hintergrund einer normierten Vorstellung, wie ein Mensch ist, bzw. einer unterstellten menschlichen Normalität. „Schädigung" bezeichnet dann den Verlust oder die Abweichung von dieser Norm, die meist zu Einschränkungen für die betroffenen Personen führt. Menschen mit derartigen Einschränkungen können Erwartungen, die (implizit) an sie gestellt werden, nicht erfüllen, da die Schädigung sie daran hindert. Mit dieser Zuschreibungsform von Behinderung als einer Schädigung geht das Verständnis von Behinderung als einem individuellen Merkmal einher. Dies läuft u. a. Gefahr, das so identifizierte Individuum auf seine Schädigung zu reduzieren (Hirschberg 2003, 172 ff.).

soziales Modell

In den „Disability Studies" und in Teilen der Behindertenpädagogik wurde diese Kritik aufgegriffen und ein soziales Modell von Behinderung entwickelt. *Gesellschaftliche Benachteiligungen* beschreiben das, was hier mit Behinderung gemeint ist. Das Vorliegen von Schädigungen wird hier im Kontext ihrer gesellschaftlichen Interpretation und mit diesen in Zusammenhang stehenden Behinderungen verstanden. Sind Partizipation und Teilhabe von Menschen behindert, so liegt die Ursache nicht in einer attestierten Schädigung, sondern in der Bearbeitung der Schädigung oder Beeinträchtigung in menschlichen Interaktionen und Praktiken. Die Lebensbedingungen von Menschen, die in ihrem Alltag behindert werden, hierzu zählt auch die Schule als Lebensraum von Kindern und Jugendlichen, sind in sozialer wie in materieller Hinsicht der maßgebliche Bezug bei der Betrachtung von Behinderung in dem sozialen Modell.

„Impairment" und „disability"

Die Unterscheidung zwischen „impairment" (Schädigung) und „disability" (Behinderung) ist leitend für das soziale Modell von Behinderung. „Impairment" bezieht sich auf eine „objektive" Schädigung, die mithilfe von Kriterien festgestellt wird und letztlich eine soziale Vereinbarung darstellt, vergleichbar mit der Unterscheidung von Mann / Frau aufgrund biologischer Kriterien. Sie bezieht sich auf körperliche Strukturen oder Prozesse. Aktivitätseinschränkungen und damit verbundene Benachteiligungen im gesellschaftlichen Status werden als „disability" bezeichnet (Kastl 2010, 49).

kulturelles Modell

Aus der Kritik an der Dichotomie zwischen Natur (Schädigung und Beeinträchtigung) gegenüber der Kultur (gesellschaftlich und sozial hervorgebrachte Behinderungen) ist das kulturelle Verständnis von Behinderung entstanden. Die Unterscheidung einer individuellen von einer sozialen Seite – wie sie dem sozialen Modell zugrunde liegt – wird in dem kulturellen gänzlich von der essentialisierenden Seite gelöst. Das heißt, die Unterscheidung von „normalen" und „geschädigten" Körpern selbst wird als Ausdruck kultureller Praxen – und nicht natürlicher Gegebenheiten – verstanden (Waldschmidt 2005). Mit anderen Worten: Kulturell – und in der Regel implizit – haben sich Verständnisse von Körpern und Menschen entwickelt und durchgesetzt, die auf der Unterscheidung „nicht-/normal" basieren. Die gesellschaftlichen Normalitäts- und Abweichungsvorstellungen sind Ergebnisse kultureller Verständnisse und Bearbeitungsweisen. Behinderung ist diesem Verständnis nach eine Voraussetzung für die Konstruktion von Normalität ebenso wie Normalität die Voraussetzung für Behinderung darstellt. Sie bedingen einander. Diesem Verständnis nach sind nicht nur alle gesellschaftlichen Akteur:innen gleichermaßen in die Konstruktion von Behinderung und Normalität eingebunden, auch wenn sie unterschiedlich positioniert sind, also verschiedene Positionen innerhalb der aufgemachten sozialen Hierarchien einnehmen. Gemeinsam ist den Positionen resp. den Akteur:innen jedoch die Erfahrung, in einer Gesellschaft zu leben, in der Behinderungen und damit verbundene Benachteiligungen, Marginalisierungen, Schlechterstellungen als legitim gelten (vgl. Waldschmidt 2005). Ein Beispiel hierfür findet sich z. B. in der Gestaltung öffentlicher Räume, zu denen auch Universitäten zählen. Beim Bau wird davon ausgegangen, dass bei Dunkelheit Licht erforderlich ist, damit die Studierenden sehen können, während aber Informationen zu Gebäuden kaum in Brailleschrift angeboten werden. Darin kommen körperliche Normalitätsvorstellungen zum Ausdruck, die ihren Niederschlag vermutlich auch in Bauvorschriften finden. Vergleichbare Normalitätsannahmen finden sich auch in didaktischen Konzepten und/oder Unterrichtsmaterialien, mit denen Schüler:innen sich im Unterricht lernend auseinandersetzen sollen.

Disability Studies

Die Unterscheidung zwischen den drei Verständnissen von Behinderung wird sowohl innerhalb des erziehungswissenschaftlichen Fachdiskurses als auch in den Disability Studies weiter differenziert. Die Bezugnahme auf unterschiedliche Metatheorien, wie z. B. dem dialektischen Materialismus oder der Systemtheorie, spiegelt eine differenzierte Betrachtung und Definition von Behinderung wider, basierend auf einem Diskurs mit verschiedenen, miteinander streitenden Positionen (Überblick: Bleidick 1999; Moser/Sasse 2008; Vernooij 2007). Die Konsequenzen, die für pädagogisches Handeln abgeleitet werden, unterscheiden sich entlang der jeweiligen Vorstellung, was unter „Behinderung" gefasst wird und können folglich sehr unterschiedlich ausfallen.

Disability Studies

„Disability Studies" ist eine Forschungsrichtung, die Behinderung als soziale und/oder kulturelle Konstruktion begreift und sich sozialwissenschaftlich mit dem Phänomen der Behinderung auseinandersetzt. Die Perspektive, die Behinderung als Ergebnis sozialer bzw. kultureller Barrieren versteht, geht wesentlich auf Analysen und Erkenntnisse der Behindertenbewegung zurück (bifos e. V. 2012).

Behinderung ist eine Zuschreibung, die nicht nur im schulischen Kontext herangezogen wird, sondern auch in anderen gesellschaftlichen Feldern wie der Sozialgesetzgebung und im Gesundheitsbereich. Eine solche Definition stellt die der Weltgesundheitsorganisation (WHO) bereit. Aufgrund ihrer Bedeutung für schulische und pädagogische Zusammenhänge soll das Konzept hier vorgestellt werden. Das soziale Verständnis findet sich auch in der UN-Konvention über die Rechte von Menschen mit Behinderungen.

WHO-Definition

Die WHO unterscheidet in der ICF, der „International Classification of Functioning, Disability, and Health", die Funktionsfähigkeit und ihre Einschränkung hinsichtlich der Körperfunktionen und -strukturen sowie die Aktivitäten und die Partizipation von den Kontextfaktoren der Umwelt und der konkreten Person. Die Betonung des gesellschaftlichen Kontextes der WHO-Definition beinhaltet die Einstellungen, die Menschen gegenüber Menschen mit Beeinträchtigungen als Teil von Behinderung haben – resp. als die Behinderung auslösendes und hervorbringendes Element. Die Partizipationsmöglichkeiten von Personen, die hierdurch eingeschränkt sind, werden in die Definition einbezogen.

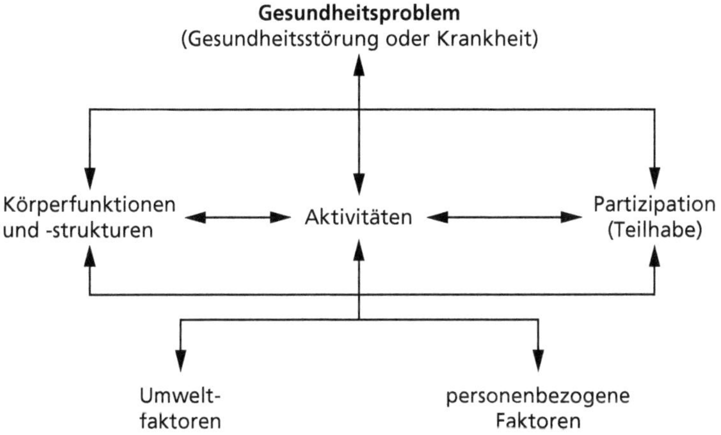

Abb. 10: Wechselwirkungen zwischen den Komponenten der ICF (WHO 2005, 23)

Ausgangspunkt der Überlegungen der WHO-Definition ist die Funktionsfähigkeit („functioning") des Menschen. Mit der dreiteiligen Unterscheidung von Körperfunktionen und -strukturen, Aktivität sowie Partizipation an Lebensbereichen umschreibt die ICF ein sogenanntes „bio-psycho-soziales Modell von Gesundheit". Abweichungen hiervon werden als Krankheit oder als Behinderung gefasst. Probleme in einem oder allen drei Bereichen führen zu Gesundheitsstörungen bzw. Behinderungen. *Behinderung wird als Oberbegriff für Abweichungen von der Funktionsfähigkeit verstanden.* Die Ursachen hierfür und hiervon können in Umweltfaktoren liegen, also in interaktiven Bezügen zwischen den Menschen, oder in personenbezogenen Aspekten (WHO 2005, 5).

Mithilfe der WHO lässt sich eine eingeschränkte körperliche Funktion wie das Fehlen der Beine erst dann als ein Problem beschreiben, wenn in der Folge (einzelne) menschliche Aktivitäten nicht ausgeführt werden können und / oder dadurch die Teilhabe oder Partizipation eingeschränkt sind.

Letzteres wäre der Fall, wenn Karl, der sich mithilfe eines Rollstuhls fortbewegt, nicht an der schulischen Aktivität „Bergwanderung" teilnehmen kann, da der ausgesuchte Weg nicht rollstuhlgängig ist und für ihn keine andere Möglichkeit der Partizipation besteht. Hingegen wäre Karls Teilnahme am schulischen Besuch eines Museums, das für ihn zugänglich ist, nicht eingeschränkt bzw. behindert. Er kann in vergleichbarer Weise wie seine nicht auf den Rollstuhl angewiesenen Peers an dieser schulischen Aktivität teilnehmen.

Zu den Umweltfaktoren gehören in beiden Beispielen neben der örtlichen Beschaffenheit der potenziellen Schulausflugsorte auch die Entscheidung (der Lehrpersonen), den Ausflug an den einen oder den anderen Ort zu machen. Die Entscheidung gestaltet die Umwelt, die von Karl vorgefunden wird. Umweltbedingungen umschreiben also die materiellen, sozialen und auch die einstellungsbezogenen Perspektiven der Umwelt. Hierzu zählen folglich auch Gesetze, Vorschriften und Regeln.

Kritik an der ICF

Die Unterscheidung der ICF zwischen Schädigung (also der messbaren Abweichung von der als „Gesundheit" gefassten Vorstellung) und der interaktiven, gesellschaftlichen Interpretationen dieser Schädigung, die durch soziale Bezüge Behinderung herstellt, macht den sozialwissenschaftlichen Anteil der Definition aus. Gleichzeitig verweist die ICF auf ein relatives Verständnis von Behinderung, das in Beziehung zur Umwelt definiert wird (Cloerkes 2007, 6 f.). An der ICF wird kritisiert, dass die Klassifizierung von Behinderung entlang negativer Beschreibungen erfolgt, die zur Stützung der Normalitäts- und Abweichungsunterscheidung beitragen. Die ICF bleibt entsprechend inkonsequent in ihrer Definition (Hirschberg 2003, 177 f.).

milieugebundene Erfahrung

Aus einem sozialen und wissenssoziologischen Verständnis heraus können Erfahrungen der Behinderung auch im Sinne eines Milieus konzipiert werden. Ein Beispiel hierfür stellt die Gruppe von Menschen dar, die gehörlos ist und sich als eine sprachlich-kulturelle

Gruppe, im Sinne eines Milieus, versteht. Der Gruppe ist ihre Hörschädigung in einer hörenden Gesellschaft bewusst, jedoch reflektiert sie diese nicht als ein Defizit, sondern als ein sprachliches Problem, das im Kontakt bzw. in der Interaktion mit hörenden, nicht gebärdensprachlich kommunizierenden Menschen auftritt (Galic 2005, 156).

Die lautsprachliche Kommunikation zwischen Anton, der gehörlos ist und gebärdensprachlich kommuniziert, und seiner Umwelt ist behindert, wenn er in der Schule auf Lehrpersonen trifft, welche die Gebärdensprache nicht beherrschen. Durch den Einsatz respektive den Erwerb der Gebärdensprache aufseiten seiner Lehrerin Frau Yilderim kann die Behinderung in der Interaktion zwischen Anton und ihr als bildungsrelevanter Bezugsperson überwunden werden. Vergleichbares, jedoch nicht Identisches gilt für den Erwerb lautsprachlicher Kommunikation durch Anton. Seine Möglichkeiten des Lautspracherwerbs sind aufgrund seiner körperlichen Voraussetzungen begrenzt.

Die Frage nach Behinderungen kann also verstanden werden als eine Frage der Passung zwischen Interaktionspartner:innen. Im folgenden Beispiel aus dem Bereich der emotional-sozialen Entwicklung fehlt innerhalb einer pädagogisch gestalteten Interaktionssituation ein solches Passungsverhältnis.

Maja fällt im sozialen Kontext des Unterrichts als unruhig und impulsiv auf. Ihre Impulsivität wird im Vergleich zu der expliziten Norm ihrer Klasse beschrieben und enthält Erwartungen an das Verhalten von Maja wie an das der anderen Schüler:innen im Unterricht. Die Maja zugeschriebenen Auffälligkeiten werden häufig mit ADS (Aufmerksamkeitsdefizitsyndrom) umschrieben. Maja gelingt es beispielsweise nicht, sich in Situationen wie dem Morgenkreis an Gesprächsregeln zu halten und/oder länger als zehn Minuten konzentriert an einer Aufgabe zu arbeiten. Diese Situationen überfordern das Mädchen; Maja kann die an sie gestellten Anforderungen nicht erfüllen. Die Behinderung liegt in diesem Fall nicht bei Maja, sondern in der Interaktionssituation des Unterrichts. In dieser werden Anforderungen an sie gestellt, die bestimmte sozial-emotionale Kompetenzen als von ihr entwickelt und erlernt voraussetzen. In ihrer bisherigen Biografie konnte Maja diese Praktiken und Verhaltensweisen jedoch nicht in ausreichendem Maße erwerben oder als bedeutsam erfahren, sodass sie in der Situation nicht mit den vonseiten der Lehrkräfte erwarteten Verhaltensweisen reagieren kann. Ihre erworbenen Handlungsmöglichkeiten passen nicht mit den an sie gestellten Erwartungen zusammen. Folglich stellen sich in pädagogischen Handlungssituationen die Fragen, warum Maja bisher nicht die Möglichkeiten hatte, eine längere Konzentrationsspanne zu entwickeln (angebotene Themen stellten für sie z. B. keinen Anlass dar, sich mit ihnen auseinanderzusetzen) und – daran anknüpfend – welche Formen von Angeboten geschaffen werden können/sollten, damit Maja das gewünschte soziale Verhalten im Unterricht erwerben und zeigen kann?

spezifische Maßnahmen

Die zwei Beispiele verdeutlichen, dass die Entwicklung und das Lernen bei Schüler:innen, die unter der Bedingung von Schädigungen und/oder Behinderung lernen und sich entwickeln, nicht grundsätzlich anders verlaufen als bei jenen ohne diese. Die Bedingungen, unter denen die entsprechenden Prozesse stattfinden, unterscheiden sich jedoch, sodass spezifische Maßnahmen erforderlich sein können. Beispielsweise ist bei Kindern und Jugendlichen, die gehörlos sind, die Unterstützung des Erwerbs der deutschen Schriftsprache auf spezifische Methoden angewiesen, da sie sich beim Erwerb der Schriftsprache nicht an der Lautsprache orientieren können.

Die vorgenommene analytische Trennung der zwei Ursachen bedeutet nicht, dass sich in der Praxis und bei konkreten Kindern und Jugendlichen nicht auch Überschneidungen finden lassen und/oder dass sich soziale Benachteiligungen zu tatsächlich messbaren Abweichungen ausweiten.

Exemplarisch hierfür kann erneut auf Antons Fall zurückgegriffen werden, der gebärdensprachlich kommuniziert. Ihm ist es, aufgrund seiner Kommunikationsmöglichkeiten, die sich durch fehlende bzw. im Vergleich zu anderen eingeschränkte Anzahl an Interaktionspartner:innen und/oder sprachlich bedeutsamer Anlässe auszeichnen, weniger möglich, begriffliches und lautsprachliches Wissen zu erwerben. Anton hat damit ein erhöhtes Risiko, in der Schule als „lernbehindert" bezeichnet zu werden, da ihm zahlreiche Begriffe fehlen, die im Sachunterricht und/oder im Deutschunterricht als der Alltagssprache zugehörig vorausgesetzt werden. Dass Anton bisher keine Gelegenheit hatte, in für ihn bedeutsamen Interaktionssituationen seinen begrifflichen Wortschatz entsprechend zu entwickeln und zu erweitern, bleibt als Ausdruck gesellschaftlicher Umstände vielfach unberücksichtigt.

sonderpädagogischer Förderbedarf

Sonderpädagogischer Förderbedarf als schuleigene Kategorie für Behinderung: Die Institution Schule operiert nicht mit dem Begriff der Behinderung, sondern mit dem des „sonderpädagogischen Förderbedarfs". Dieser kann als spezifische schulische Variante der Beschreibung von Behinderung verstanden werden – als eine Antwort auf Schüler:innen, welche die an sie gestellten Rollenerwartungen nicht erfüllen bzw. an ihnen scheitern (Weisser 2005, 15 f.) oder bei denen die pädagogischen Maßnahmen nicht ausreichen, um Bildungs- und Lernprozesse zu initiieren. Das sonderpädagogische Unterstützungsangebot hat zahlreiche begriffliche Vorläufer, die – wie dieser Begriff auch – inhaltlich auf individuellen Zuschreibungen beruht.

In den KMK-Empfehlungen von 1994 wird die Terminologie der Empfehlungen von 1972, der „Sonderschulbedürftigkeit", vom „sonderpädagogischen Förderbedarf" als Umschreibung von Behinderung im schulischen Kontext abgelöst. Von der KMK wird er wie folgt definiert:

Definition:
„*Sonderpädagogischer Förderbedarf* ist bei Kindern und Jugendlichen anzunehmen, die in ihren Bildungs-, Entwicklungs- und Lernmöglichkeiten so beeinträchtigt sind, daß sie im Unterricht der allgemeinen Schule ohne sonderpädagogische Unterstützung nicht hinreichend gefördert werden können." (KMK 1994, 5).

Diese Definition bleibt ungenau und offen, da „sonderpädagogischer Förderbedarf" dann vorliegt, wenn Schüler:innen ihn brauchen. Hier bleibt unklar, wie der Bedarf konkretisiert wird. Offen bleibt auch, wie sich sonderpädagogische Förderung von pädagogischer Förderung (Bleidick et al. 1995, 254). Zudem steht diese Definition im Widerspruch zur „Salamanca Erklärung" (UNESCO 1994), in der man sich für die gemeinsame Bildung aller Kinder und Jugendlicher ausspricht (UNESCO 1994, 2).

Etikettierungs-Ressourcen-Dilemma

Wie die Sonderschulbedürftigkeit ist auch sonderpädagogischer Förderbedarf darauf ausgelegt, Differenzen zwischen Schüler:innen zu beschreiben und zwar gegenüber jenen, die ohne spezifischen Förderbedarf die Schule und den Unterricht besuchen. Der Begriff schreibt den Schüler:innen individuell im Sinne eines Merkmals den sonderpädagogischen Bedarf zu. Im Kontext von Schule hat die Ausstellung eines sonderpädagogischen Förderbedarfs eine Erhöhung der Ressourcen zur Folge, in sächlicher wie in personeller Hinsicht. Die Vergabe von Ressourcen ist finanziell und rechtlich an die Zuweisung des sonderpädagogischen Förderbedarfs gebunden. Dies wird als „Etikettierungs-Ressourcen-Dilemma" (Füssel/Kretschmann/Scholz 1993) bezeichnet, da zusätzliche Ressourcen nur dann gewährt werden, wenn ein:e Schüler:in das Etikett des sonderpädagogischen Förderbedarfs trägt (Bleidick et al. 1995, 256).

Der sonderpädagogische Förderbedarf markiert somit in erster Linie eine institutionell-schuladministrative Kategorie der Ressourcenzuweisung, unabhängig davon, ob diese dann in inklusiven oder exklusiven Settings realisiert wird. Als Ressourcenvergabeinstrument kann sie hilfreich sein, nicht jedoch für eine pädagogisch-inhaltliche Klärung. Zudem erschwert eine derart kategoriale Ausrichtung, wie sie in den aktuellen Förderschwerpunkten enthalten ist, die Suche nach den Ursachen – und in der Folge auch die Überwindung von Beeinträchtigungen oder Abweichungen – außerhalb der betroffenen Schüler:innen (Sturm 2012c, 6 f.).

Förderschwerpunkte

Der sonderpädagogische Förderbedarf wird in Deutschland über folgende Förderschwerpunkte konkretisiert: *körperlich-motorische*, *geistige Entwicklung* sowie *Sehen und Hören.* Entsprechende Förderungen erhalten überwiegend Schüler:innen, die in der Regel auch außerhalb der Organisation Schule einen Anspruch auf ausgleichende Leistungen im § 2 Sozialgesetzbuch IX, Absätze 2 und 3 haben (Bundesrepublik Deutschland 2012). Gelingt es diesen Schüler:innen nicht aus eigener Kraft, den Erwartungen der Schule zu entsprechen, so erhalten sie sonderpädagogischen Förderbedarf in den genannten Bereichen.

Darüber hinaus gibt es die Förderschwerpunkte *Lernen*, *Sprache* und *emotional-soziale Entwicklung.* Anders als die vier oben genannten sonderpädagogischen Förderschwerpunkte haben diese kein Äquivalent außerhalb der Schule. Sie finden sich mithin ausschließlich dort.

Marie erlernt das Lesen und Schreiben im Unterricht nicht, weil sie keine schriftbezogenen Erfahrungen aus ihrer familiären Sozialisation heraus kennt, diese jedoch im Anfangsunterricht vorausgesetzt werden. Wird diese Passungsschwierigkeit von schulischer Erwartung und den biografischen Lern- und Lebenserfahrungen von Marie nicht durch veränderte didaktische Arrangements bearbeitet, sondern ihr individuell als Defizit oder als Nicht-Können zugeschrieben, kann dies nicht nur zu funktionalem Analphabetismus führen, der dann als Benachteiligung anerkannt ist, sondern auch in der Attestierung eines sonderpädagogischen Förderbedarfs Lernen münden. Letztgenannter kann dann – je nach Bundesland – dazu führen, dass Marie keinen formalen Schulabschluss erreichen kann.

Abbildung 11 zeigt die Verteilung der Schüler:innen mit sonderpädagogischem Förderbedarf auf die unterschiedlichen Förderschwerpunkte („FS“ kürzt Förderschwerpunkt ab, „L“ Lernen, „S“ Sehen, „H“ Hören „SuK“ Sprache und Kommunikation, „KME“ körperlich motorische Entwicklung, „GE“ geistige Entwicklung und „ES“ emotionale und soziale Entwicklung). Der größte Anteil der Schüler:innen mit sonderpädagogischem Förderbedarf befindet sich im Förderschwerpunkt Lernen. Mit knapp 40 % des Anteils liegt er mehr als doppelt so hoch wie die der anderen Förderschwerpunkte. Der Anteil der Schüler:innen, denen Förderbedarf in den Sinnesbehinderungen (Sehen und Hören) attestiert wird, ist deutlich geringer.

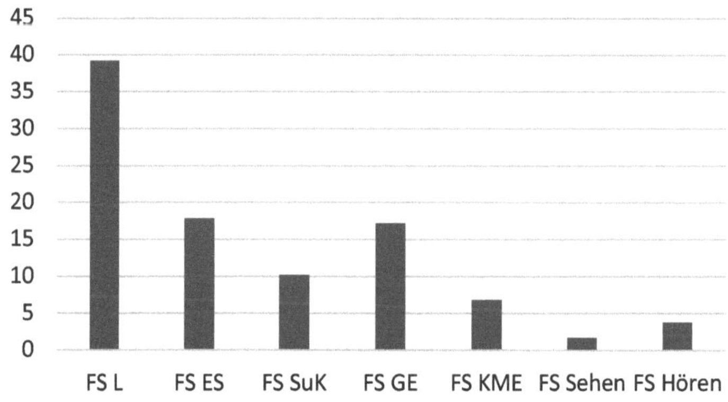

Abb. 11: Anteil von Schüler:innen mit zugeschriebenem sonderpädagogischem Förderbedarf im Jahr 2020 (KMK 2022, XVI)

Die oben eingeführte Unterscheidung zwischen sonderpädagogischen Förderbedarfen resp. Behinderungen, die ausschließlich in der Schule attestiert werden – diese werden vielfach mit LSE, Lernen, Sprache und emotional-sozialer Entwicklung zusammengefasst –, liegt mit 67,2 % deutlich über der anderen Gruppe.

Behinderung und sozio-ökonomische Milieuzugehörigkeit

Statistisch betrachtet, hängen Behinderung und sozio-ökonomische Milieuzugehörigkeit zusammen. Je niedriger der sozio-ökonomische Status ist, desto höher ist die Wahrscheinlichkeit einer Behinderung. Dies gilt für alle Behinderungsformen gleichermaßen (Cloerkes 2007, 90). Für die schulische Kategorie des sonderpädagogischen Förderbedarfs im Förderschwerpunkt Lernen ist dies mehrfach herausgearbeitet worden. Von den Schüler:innen, die in Deutschland sonderpädagogischen Förderbedarf im Förderschwerpunkt Lernen haben, entstammen zwischen 80 und 90 % aus sozio-ökonomisch benachteiligten Milieus (Geiling/Theunissen 2007, 340). Das entspricht etwa 10 % der Kinder und Jugendlichen aus sozial benachteiligten Milieus insgesamt. Diese hohe Korrelation zwischen sozio-ökonomischem Status und dem Schulbesuch einer Förderschule für Lernbehinderte resp. der Attestierung von sonderpädagogischem Förderbedarf im Förderschwerpunkt Lernen ist auffällig. Dieser ist zudem in der Bundesrepublik Deutschland regional unterschiedlich (KMK 2014). Gründe für diese Unterschiede resultieren aus den je eigenen Definitionen, Kriterien und Feststellungsverfahren dessen, was als „Lernbehinderung" verstanden wird, und verweisen damit auf den Konstruktionscharakter der Zuschreibung „Lernbehinderung". Vor diesem

Hintergrund werden Überschneidungs- und Schnittpunkte – insbesondere jene zwischen den Förderschwerpunkten Lernen, Sprache und Kommunikation sowie emotional-soziale Entwicklung – mit Fragen der Bildungsbenachteiligung und Differenzdimension des familiären sozio-ökonomischen Milieus deutlich. Wenn einzelne Schüler:innen in der Schule in einem spezifischen Ausmaß (das formal festgelegt ist) scheitern, wird ihnen „sonderpädagogischer Förderbedarf" attestiert.

4.5.2 Benachteiligungen und Schlechterstellung in Schule und Unterricht

Ziel dieses Abschnittes ist es, aufzuzeigen, in welcher Hinsicht Kinder und Jugendliche, denen sonderpädagogischer Förderbedarf zugeschrieben wird, in der Schule benachteiligt sind. Die hohe Exklusionsrate aus dem Regelschulsystem, die trotz des bildungspolitischen Primats der Inklusion nach wie vor besteht, unterscheidet sie von den anderen aufgezeigten Differenzdimensionen durch eigene Schulformen und spezifisch ausgebildete Lehrpersonen. Untersuchungen zu Benachteiligungen, die im Kontext unterrichtlicher Interaktionen liegen, in denen Schüler:innen mit sonderpädagogischem Förderbedarf unterrichtet werden, sind im Anschluss an die sogenannte Exklusionsquote im Schulsystem im zweiten Teil aufgeführt.

Beteiligung und Zugang zu schulischen Bildungsgängen: Die Beteiligung von Schüler:innen mit zugeschriebenem sonderpädagogischen Förderdarf an schulischen Bildungsangeboten wird vielfach mithilfe von drei Zahlensätzen beschrieben: der Förderquote – sie beschreibt den Anteil von Schüler:innen, denen bezogen auf die gesamte Schüler:innenschaft sonderpädagogischer Förderbedarf attestiert wird –, der Inklusions- und der Exklusionsquote. Während die Inklusionsquote beschreibt, wie hoch der Anteil der Schüler:innen mit zugeschriebenem sonderpädagogischem Förderbedarf ist, der inklusiv beschult wird, beschreibt die Exklusionsquote jene Schüler:innen, die exklusiv, d. h. in einer Sonder- oder Förderschule unterrichtet werden.

Die Förderquote lag im Jahr 2020 bei 7,7 %, das sind 1,5 % mehr als im Jahr 2010. Mit anderen Worten: die Gruppe der Schüler:innen, denen sonderpädagogischer Förderbedarf attestiert wird, ist in dem Jahrzehnt von 2010 bis 2020 gestiegen (Bildungsberichterstattung 2022, 129 f.).

Die Inklusionsquote lag im Schuljahr 2020/21 – deutschlandweit – bei 43,7 %, die Exklusionsquote bei 56,3 % (Bildungsberichterstattung 2022, 130).

Für alle drei Quoten gilt, dass es große Unterschiede zwischen den Bundesländern gibt. So lag die Förderquote 2020 in Sachsen-Anhalt bei 9,9 %, während sie im Saarland lediglich bei 4,2 % lag. Die höchste Inklusionsquote fand sich in dem gleichen Jahr mit 90,1 % in Bremen, die niedrigste hatte Bayern mit 31,1 %. Letztgenannte geht entsprechend mit der höchsten Exklusionsquote, erstgenannte mit der niedrigsten einher (Bildungsberichterstattung 2022, 130).

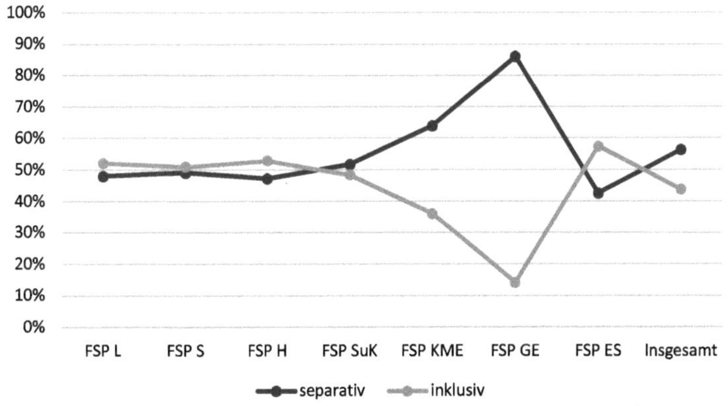

Abb. 12: Inklusiv und exklusiv beschulte Schüler:innen nach sonderpädagogischen Förderschwerpunkten (Bildungsberichterstattung 2022, 130)

Abbildung 12 zeigt, wie hoch der Anteil inklusiv und exklusiv beschulter Schüler:innen nach Förderschwerpunkten ist. Die Zahlen beziehen sich auf die Bundesrepublik insgesamt, wenngleich auch hier Unterschiede zwischen den Bundesländern bestehen. Hierbei wird zwischen den unterschiedlichen Förderschwerpunkten unterschieden („FS" kürzt Förderschwerpunkt ab, „L" Lernen, „S" Sehen, „H" Hören, „SuK Sprache und Kommunikation, „KME" körperlich motorische Entwicklung, „GE" geistige Entwicklung und „ES" emotionale und soziale Entwicklung).

Die Abbildung zeigt, dass der Anteil von Schüler:innen mit den zugeschriebenen sonderpädagogischen Förderschwerpunkten Lernen, Sprache, Hören sowie Sprache und Kommunikation bei ca. 50 % liegt, während Schüler:innen mit den Förderschwerpunkten körperlich-motorische Entwicklung zu 60 % exklusiv beschult werden, die Gruppe derjenigen mit attestiertem sonderpädagogischem Förderbedarf im Förderschwerpunkt Geistige Entwicklung sogar zu über 80 % separativ beschult werden. Die Gruppe mit dem Förderschwerpunkt ES stellt gegenüber den anderen insofern eine Ausnahme dar, als sie zu etwa 60 % inklusiv gegenüber 40 % separativ beschult wird (KMK 2022, XXII). Die Zahlen beschreiben das Jahr 2020, mehr als zehn Jahre nach der Ratifizierung der UN-Konvention, mit der sich die Bundesländer verpflichtet haben, Schulen inklusiv zu gestalten. Dass die Bundesländer auf schulgesetzlicher Ebene die Erwartungen der UN-BRK nicht umsetzen, zeigen Steinmetz und Kolleg:innen (Steinmetz u. a. 2021) auf: Sie haben neben der Exklusionsquote u. a. die (schul-) strukturellen Veränderungen, die seit der Ratifizierung der UN-BRK durch Bund und Länder im Jahr 2009 in den einzelnen Bundesländern vorgenommen wurden, untersucht, sowie, ob inklusiver gegenüber separativer Beschulung von Schüler:innen mit attestiertem sonderpädagogischen Förderbedarf der Vorrang gegeben wird. Die Autoren bezeichnen Bayern als „strukturpersistent" (Steinmetz, et al. 2021, 240) und ohne „wirkliche Transformation hin zu einem ‚inklusiven Schulsystem'" (ebd., 240), während sie Hamburg, Bremen und Schleswig-Holstein eine Inklusionsorientierung attestieren (vgl. ebd., 245).

Schulpflicht und Schulrecht für alle

Die Frage nach Teilhabe und Partizipation an schulischer Bildung für Kinder und Jugendliche, die unter der Bedingung von Behinderung aufwachsen, sich entwickeln und lernen, war lange Zeit keine Selbstverständlichkeit. Erst 1960 mit dem KMK Gutachten zur „Ordnung des Sonderschulwesens" wurde auch Kindern und Jugendlichen, denen eine geistige Behinderung zugeschrieben wird, ein Recht auf Schule bzw. die Schulpflicht zuteil (KMK 1960). Die Schulpflicht für alle Kinder und Jugendlichen war ein Schritt auf dem Weg zur Partizipation an Bildungsprozessen. Das Recht mit sogenannten nichtbehinderten gleichaltrigen Schüler:innen diesem Anspruch nachzukommen, kennzeichnet eines der Ziele schulischer Inklusion.

Die KMK-Empfehlungen von 1994 ermöglichen die reguläre Einführung schulischer Integration, die als eine Beschulungsvariante neben der separierenden vorgesehen war, und greifen damit die bereits praktizierte und in den meisten Bundesländern verankerte Integration auf. Die Entwicklung der Integration verlief in den einzelnen Ländern der Bundesrepublik Deutschland (Preuss-Lausitz 2001, 241) wie auch in den Bundesländern Österreichs (Feyerer 2009) und der Schweiz (Bless / Kronig 1999) unterschiedlich.

Inklusionspädagogik

Die Inklusionspädagogik hat sich disziplinär aus der Sonder- bzw. Behindertenpädagogik heraus entwickelt. Sie zeichnet sich durch ein sozialwissenschaftlich fundiertes Verständnis von Behinderung aus, das diese in Interaktionen verortet (Sturm 2016 b). Behinderungen können situativ auftreten oder in Form überdauernder Muster. Der begriffliche Wechsel von Integration zu Inklusion stellt im Anschluss an Lütje-Klose und Urban (2014) eine theoretische Kontinuität dar. Im Fokus steht dabei die akademische und soziale Partizipation aller Schüler:innen. Skepsis gegenüber der Inklusion von Kindern und Jugendlichen in der Regelschule ist in Deutschland sowohl aufseiten der „Regelschul"- als auch der „Sonderschullehrkräfte" gegeben – wie sie in der offiziellen politisch-administrativen Terminologie noch genannt werden. Für die politische Umsetzungsebene von Integration / Inklusion konstatiert Vernooij (2007, 95), dass sie sich v. a. auf Kinder und Jugendliche mit Förderbedarf in den Förderschwerpunkten Lernen, Sprache und emotionale und soziale Entwicklung bezieht. Auch bleiben Möglichkeiten der schulischen Exklusion weiterhin erhalten sowie politisch gestützt und getragen.

KMK 2011

Die KMK-Empfehlungen zur inklusiven Bildung von Kindern und Jugendlichen mit Behinderungen in Schulen (KMK 2011 a) greifen Ideen der UN-BRK und der UN-Kinderrechtskonvention auf. Erstmals, wenn auch nicht konsequent, stellt die gemeinsame Beschulung von Kindern und Jugendlichen mit und ohne Behinderung die leitende Orientierung für die Gestaltung des Schulsystems dar. Mangelnde Konsequenz kann jedoch darin gesehen werden, dass segregierende Schulformen ebenso wie ein prinzipiell gegliedertes Schulwesen grundsätzlich erhalten bleiben (Steinmetz et al. 2021). Die Idee einer inklusiven Schule auf allen Ebenen, wie in der UN-BRK formuliert, wird damit auf der bildungspolitischen Ebene nicht als einzige zur Leitidee genommen (Deutsches Institut für Menschenrechte 2011, 8).

Die KMK-Empfehlungen von 2011 proklamieren die schulische Bearbeitung von Behinderung als eine *Querschnittaufgabe* aller schulischen Bildungseinrichtungen. Vor diesem Hintergrund konkretisieren sich die Ziele, prinzipiell *an jedem schulischen Ort* gemeinsame Bildung und Erziehung zu ermöglichen, die hierfür notwendige Qualität und Unterstützung zu sichern, die Zusammenarbeit unterschiedlicher beteiligter Professionen zu gewährleisten und durch „sonderpädagogische Bildungs-, Beratungs- und Unterstützungsangebote qualitativ hochwertiges gemeinsames Lernen [zu] ermöglichen" (KMK 2011 a, 4, Anm. TS).

sonderpädagogische Unterstützungsangebote

Der sonderpädagogische Förderbedarf wird terminologisch abgelöst von „sonderpädagogischen Bildungs-, Beratungs- und Unterstützungsangeboten", die den Schüler:innen zugesprochen werden. Wie auch in den Vorgängerempfehlungen bleibt offen, worin sich dieser Bedarf von pädagogischem Bedarf unterscheidet. Für die Konkretisierung wird auf das Landesrecht der Bundesländer verwiesen. Die Unterstützungsleistungen sind so konzipiert, dass sie den Schüler:innen zugeschrieben werden und sich in Schwerpunkte spezifizieren, die vergleichbar den Förderschwerpunkten der Empfehlungen von 1994 sind. Anders als diese werden in dem neuen Dokument Behinderungen auch in sozialen Bedingungen gesehen, die Teilhabe verhindern (KMK 2011 a, 7).

In den Empfehlungen von 2011 wird nicht grundsätzlich zwischen behinderten und nicht-behinderten Kindern unterschieden; so wird mehrfach betont, dass adaptives Eingehen auf die Schüler:innen im Unterricht prinzipiell für alle gilt, nicht nur für jene mit sonderpädagogischem Förderbedarf. Die Prävention des Auftretens von Behinderung verweist auf ein soziales Verständnis von Behinderung, das in und durch Schule befördert werden kann, aber mittels sonderpädagogischer Unterstützung zu vermeiden ist (KMK 2011, 14 f.).

Die Bildung von Kindern und Jugendlichen mit Behinderung wird von politischer Seite damit als *Aufgabe der allgemeinen Schule* konzipiert. Sonderpädagogische Fördermaßnahmen setzen innerhalb dieses Rahmens an und sollen sich am Subsidiaritätsprinzip orientieren, d. h. die allgemeine Pädagogik unterstützen.

Formen der Benachteiligung, die Schüler:innen im Unterricht an Sonderschulen erfahren, sollen nachfolgend vorgestellt werden. Hierzu wird auf Studien zurückgegriffen, die dieser Frage empirisch nachgegangen sind.

Die Vereinten Nationen mahnen – auch vor dem Hintergrund bereits realisierter Reformen – u. a. an, dass diese in Deutschland noch nicht ausreichend seien und proklamieren die Aufhebung segregierter Schulen sowie die Notwendigkeit, einen gesetzlichen Rahmen zu schaffen, der Einzelnen ein Recht auf inklusive Schulung eröffnet (UN 2018, 5).

Sonderschulbesuch und Leistungsentwicklung

Unterrichtliche Kulturen der Benachteiligung: Die aktuellen Zahlen zur Schulung von Schüler:innen mit sonderpädagogischem Förderbedarf im Förderschwerpunkt Lernen zeigen, dass diese Gruppe weiterhin mehrheitlich in Sonder- bzw. Förderschulen unterrichtet wird. Die unterrichtlichen Benachteiligungen sollen nachfolgend entlang einzelner Studien dargelegt werden.

Einen sonderpädagogischen Förderbedarf im Förderschwerpunkt Lernen erhalten Schüler:innen, deren schulische Leistungen durchschnittlich zwei Jahre unter dem erwarteten / festgelegten Niveau der Klassenstufe liegen, die sie ihrem Alter nach besuchen sollten. Im Verständnis einer kompensatorischen Erziehung ist es Aufgabe dieses sonderpädagogischen Förderschwerpunkts, dass sich der relative Abstand von zwei Jahren gegenüber den altersgleichen Peers nicht erhöht – ohne die Erwartung zu haben, dass der Rückstand durch die Sonderschulung gänzlich aufgehoben wird (Wocken 2000, 495). Vor diesem Hintergrund hat Wocken (2000) in einer Untersuchung schulische Leistungen von Schüler:innen, die die 7. Klasse einer Förderschule besuchen, mit denen von Schüler:innen der 5. Klasse an Regelschulen verglichen. Die Schüler:innen der Förderschulen schneiden in ihren rechtschriftlichen Leistungen deutlich schlechter ab als diejenigen, die eine Hauptschule besuchen. Während erstere in der „Hamburger Schreibprobe" (HSP) einen Prozentrang von 2,2 erreichen (d. h. 97,8 % aller Schüler:innen sind besser als sie), erreicht die zweite Gruppe einen Prozentrang von 13. Diese Ergebnisse zeigen, dass der Unterricht in der Sonderschule *nicht zur Kompensation* im gewünschten Sinn führt, sondern sogar zur *Vergrößerung des Leistungsabstands* gegenüber Klassenstufennormen beiträgt (Wocken 2000, 496).

Wockens Befunde erhärten sich in einer weiteren Untersuchung. Deren Ergebnisse zeigen, dass die Anzahl der Jahre, die eine Förderschule besucht wurde, mit schlechten Schulleistungen und niedriger Intelligenz korrelieren. Die Begründung hierfür sieht der Autor der Studie über die Tatsache hinausgehend, dass die schwächsten Schüler:innen bereits früh in eine Sonderschule überwiesen werden, da sie besonders früh erkannt werden; er sieht die Begründung auch im *Milieu der Förderschule selbst. Schulleistungen sind immer auch ein Produkt der Schule.* Die in vieler Hinsicht fehlende Heterogenität in der Förderschule, v. a. in sozialer und leistungsbezogener Hinsicht, erklärt dies (Wocken 2005, 58 ff.).

gemeinsamer Unterricht

Dass Schüler:innen mit sonderpädagogischem Förderbedarf in heterogenen Lerngruppen erfolgreicher lernen, belegen zahlreiche Untersuchungen der Integrations- bzw. Inklusionspädagogik (vgl. für eine Übersicht Lütje-Klose / Sturm 2023). Zugleich lernen die nicht behinderten Schüler:innen in Integrationsklassen nicht weniger als in Regelklassen ohne Schüler:innen mit sonderpädagogischem Förderbedarf (Feyerer 1998). Beide Studien verweisen darauf, dass die *Lerneffekte in separativen Settings geringer* sind und somit, dass die *Sonderschule einen Anteil daran hat, dass ihre Schüler:innen behindert werden.* Mit anderen Worten, der Besuch einer Sonderschule behindert über das separative Setting hinaus die Lern- und Bildungsmöglichkeiten. Die Untersuchungsergebnisse verweisen darauf, dass die individuumsbezogene Zuschreibung von „Förderbedarf im Bereich Lernen", die den Schüler:innen attestiert wird, nicht berücksichtigt, dass die Schule – v. a. separativ organisierte – einen nicht unerheblichen Beitrag an Benachteiligung hat (Schumann 2007, 15).

integrative Schulung

Eckhart u. a. (2011) zeigen in einer Langzeitstudie, die in der Schweiz durchgeführt wurde, dass Schüler:innen mit sonderpädagogischem Förderbedarf im Bereich Lernen, die integrativ beschult wurden, im Gegensatz zu separativ beschulten einen besseren Zugang zu Ausbildungsplätzen haben und über größere soziale Netzwerke verfügen. Diese sozialen Netze entstehen nach dem Ende der Schulzeit wesentlich über die berufliche Tätigkeit und umfassen soziales Kapital in Form von Bekanntschaften mit Menschen, v. a. ehemaligen Mitschüler:innen, die ebenfalls einer Arbeit nachgehen. Die Benachteiligungen, die mit dem Besuch einer Sonderschule verbunden sind, wirken deutlich *über die Schulzeit hinaus* (Eckhart et al. 2011, 111).

Aktuelle qualitativ-rekonstruktive Studien zeigen, dass Schüler:innen – v. a. in den mehrgliedrigen Schulsystemen des deutschsprachigen Raums – entlang von Leistung, die ihnen individualisiert und hierarchisiert zugeschrieben wird, unterschieden werden. Die sogenannten Regelschüler:innen werden für die Erbringung der Leistung individuell verantwortlich gemacht, während Schüler:innen mit attestiertem Förderbedarf in der Unterrichtspraxis, d. h. handlungspraktisch, als nicht leistungsfähig konzeptualisiert werden (Sturm u. a. 2020; Wagener 2022). In fachunterrichtlichen Praxen des eingliedrigen Schulsystems von British Columbia konnten keine vergleichbaren Unterscheidungen von Schüler:innen rekonstruiert werden (Sturm 2022 b; 2022 c). Der internationale bzw. schulsystembezogene Vergleich legt nah, dass die Unterscheidungen von Schüler:innen mit den Normen und Erwartungen der Schulsysteme in Verbindung stehen, ohne, dass von Praxen determinierenden Verständnissen ausgegangen wird.

Untersuchungen, in denen ehemalige Schüler:innen mit zugeschriebenem sonderpädagogischem Förderbedarf nach den von ihnen erlebte Behinderungen in Schule und Unterricht befragt wurden, zeigen – über sehr unterschiedliche biografische Erfahrungen hinweg – dass die erlebten Benachteiligungen und Behinderungen in Relation zu den jeweiligen schulischen und historisch-kulturell unterschiedlichen Settings stehen, die auch entlang der Förderschwerpunkte variieren. So unterscheiden sich die Erfahrungen gehörloser Schüler:innen, denen die gebärdensprachliche Kommunikation verboten war, von denen, die Schulen besuchen, in denen die Gebärdensprache die Unterrichtssprache ist. Letztgenannte wird als Akzeptanz der eigenen Identität und des eigenen Selbstverständnisses verstanden (Krapf 2015). Buchner (2018, 270) fasst die Ergebnisse seiner Studie wie folgt zusammen: „Diese Arrangements können als Effekte (integrations-)pädagogischer Programmatiken und Policies verstanden werden, sozusagen als institutionalisierte Antworten auf Beeinträchtigung, deren Spuren sich in den schulbiographischen Erzählungen finden." Die Schüler:innen mit attestiertem sonderpädagogischem Förderbedarf, die integrativ bzw. inklusiv beschult wurden, zeichnen sich durch die erlebte Markierung „anders zu sein" aus (z.B. durch Besuch separierten Förderunterrichts, Arbeit mit spezifischem Personal), verbunden mit einer als „normal" gerahmten Teilhabe. Dabei wird letztgenannte von mehreren Befragten insofern als nicht selbstverständlich gerahmt, als das besondere Engagement von Lehrpersonen und/oder Schulleitungen als Voraussetzung für Partizipationsmöglichkeiten erlebt wurde. „Anders sein" wird von den Befragten als „nicht normal sein" erfahren und schulisch wesentlich durch die Kompensation vermeintlicher Defizite erlebt. Pfahl (2011, 199) zeigt für Schüler:innen auf, die die Förderschule Lernen besucht haben, dass sie dies „mit ihrer mangelnden schulischen Leistungsfähigkeit" erklären. Sie greifen dabei auf Kategorien des Schulsystems zurück, inklusive deren Individualisierung, und konzipieren ihre Lernbeeinträchtigung als „körperlich-biologische Tatsache" (ebd., 200).

Benachteiligungen entlang von Behinderung bzw. von sonderpädagogischem Förderbedarf werden im aktuellen Schulsystem mehr als die der anderen Differenzdimensionen durch eindimensionale Zuschreibungen hervorgebracht, die durch die Schule und formal vorgenommen werden. Wenn die Zuschreibung „sonderpädagogischer Förderbedarf" über die ressourcenvergebende Instanz hinausgeht und auch in unterrichtlichen Interaktionen herangezogen wird, wird auch ihr diskriminierendes Potenzial in diesen hereingenommen. Neben der organisatorischen Schlechterstellung der Schüler:innen, die für diese Gruppe in besonderem Maße gilt, sind auch Schlechterstellungen dieser sozialen Gruppe auf unterrichtlicher Ebene zu verzeichnen.

4.6 Übungsaufgaben

Aufgabe 1 Sozio-ökonomische Benachteiligung verweist auf eine gesellschaftliche Relation. Beschreiben Sie diese.

Aufgabe 2 Geschlecht bzw. Gender wird im Alltag vielfach als „dichotome Differenz“ beschrieben. Nennen Sie sozialwissenschaftliche Argumente, die diese Position infrage stellen.

Aufgabe 3 Beschreiben Sie den Paradigmenwechsel von der „Ausländerpädagogik“ zur „Interkulturellen Pädagogik“ anhand zentraler Unterschiede.

Aufgabe 4 Erläutern Sie wesentliche Unterschiede zwischen einem medizinischen und einem sozialwissenschaftlichen Modell von Behinderung, indem Sie diese einander gegenüberstellen.

Aufgabe 5 Diskutieren Sie Vor- und Nachteile des schulischen Leistungsverständnisses für Schüler:innen mit unterschiedlichen sozio-ökonomischen Erfahrungen im deutschen Schulsystem.

Aufgabe 6 Betrachten Sie offizielle schulische Dokumente wie z. B. das Schulgesetz des Bundeslandes / Kantons, in dem Sie arbeiten (möchten), und analysieren Sie dieses anhand des Verständnisses und der Vorstellungen von

- Leistung,
- sozio-ökonomischer Benachteiligung von Schüler:innen,
- Geschlecht,
- Migrationserfahrungen und
- Behinderung resp. Sonderpädagogischem Förderbedarf.

Aufgabe 7 Beschreiben Sie die Bildungs- und Leistungsverständnisse der kanadischen Provinz British Columbia und einem deutschen Bundesland. Welche Gemeinsamkeiten und Unterschiede sehen Sie?

4.7 Literatur- und Websiteempfehlungen

Bless, G., Kronig, W. (1999): Wie integrationsfähig ist die Schweizer Schule geworden? Eine bildungspolitische Analyse über schulorganisatorische Massnahmen bei Normabweichungen. Vierteljahreszeitschrift für Heilpädagogik und ihre Nachbargebiete 68 (4), 414–426

Brake, A., Büchner, P. (2012): Bildung und soziale Ungleichheit. Eine Einführung. Kohlhammer, Stuttgart

Brockmann, L., Pomykaj, A., Böttcher, W., Hack, C. (Hrsg.) (2021): Soziale Ungleichheit im Bildungs- und Sozialwesen. Beltz Verlag, Weinheim&Basel

Eder, F. (Hrsg.) (2012): PISA 2009. Nationale Zusatzanalysen für Österreich. Waxmann, Münster/New York/München/Berlin

Ellger-Rüttgardt, S. L. (2008): Geschichte der Sonderpädagogik. Eine Einführung. Ernst Reinhardt Verlag, München/Basel

Faulstich-Wieland, H. (1991): Koedukation – Enttäuschte Hoffnungen?. Wissenschaftliche Buchgesellschaft Darmstadt, Darmstadt

Gogolin, I. & Krüger-Potratz, M. (2020): Einführung in die Interkulturelle Pädagogik. Geschichte, Theorien und Diskurse, Forschung und Studium (3., vollständig überarbeitete Auflage ed.). Verlag Barbara Budrich, Opladen & Toronto

Mecheril, P. (2004): Einführung in die Migrationspädagogik. Beltz Verlag, Weinheim/Basel

Moser, V., Sasse, A. (2008): Theorien der Behindertenpädagogik. Ernst Reinhardt Verlag UTB, München/Basel

OECD (2020): PISA 2018 Results (Volume V): Effective Policies, Successful Schools (Publication no. https://doi.org/10.1787/ca768d40-en.). (16.05.2021)

Reh, S. & Ricken, N. (Hrsg.) (2018): Leistung als Paradigma. Zur Entstehung und Transformation eines pädagogischen Konzepts. Springer VS, Wiesbaden

Sturm, T. (2023): Inklusion und Exklusion in Schule und Unterricht. Leistung - Differenz - Behinderung. Kohlhammer, Stuttgart

Sturm, T. & Wagner-Willi, M. (Hrsg.) (2018): Handbuch schulische Inklusion. Barbara Budrich, Opladen, Berlin, Toronto

Waldschmidt, A. (2020): Disability Studies zur Einführung. Junius Verlag, Hamburg

Bildungspolitische Links
Für Deutschland: www.kmk.org (25.02.2023)
Für Österreich: www.bmbwf.gv.at (25.02.2023)
Für die Schweiz: www.integrationundschule.ch (25.02.2023)

Hier gelangen Sie zu den Antworten zu den Übungsfragen:

Hier gelangen Sie zur Lern-App zum Buch mit weiteren Lernaufgaben:

5 Inklusion als Perspektive schulischer und unterrichtlicher Bearbeitung von Differenzen

Die Ausführungen der vorangegangenen Kapitel verdeutlichen, dass die Schule als gesellschaftliche Institution mittels Normen und (Entscheidungs-)Erwartungen an die Akteur:innen sowie den sich vor diesem Hintergrund generierten Praktiken einen nicht unerheblichen Anteil an der (Re-)Produktion sozialer Ungleichheit trägt. Eine reflexive Bearbeitung von Differenzen in pädagogischen Organisationen ist als Gegenentwurf erforderlich, so die systematische Schlechterstellung sozialer Gruppen in Schule und Unterricht in Zukunft überwunden werden soll. Eine reflexive Auseinandersetzung allein reicht jedoch nicht aus, damit sich Milieus in der Schule entwickeln können, die jenseits von (systematischen) Benachteiligungen und Diskriminierungen orientiert sind. Vielmehr müssen sich auch Partizipationsmöglichkeiten für die unterschiedlichen Milieus zugunsten einer gleichberechtigten Teilhabe verändern (Nohl 2014, 224 ff.).

Eine veränderte Konstruktion, also Hervorbringung und Bearbeitung, von Differenzen ist weder ausschließlich bei Lehrkräften zu verorten, d. h. sie kann nicht von ihnen allein verantwortet und/oder überwunden werden, noch durch ausschließliche Veränderungen der formalen Regeln der Institution Schule. Die schulischen und unterrichtlichen Regeln und Praktiken sind eingebunden in gesellschaftliche Kräfte- und Machtverhältnisse, denen spezifische Bearbeitungsformen inhärent sind und die zugleich die Erzeugung spezifischer Differenzen (be)fördern. Eine an egalitären, also auf Gleichheit bezogenen Prinzipien orientierte Bearbeitung von Differenz, ist aktuell erschwert und bedarf integrierter und wechselseitiger Entwicklungen; d. h. eine Reflexion jener Differenzen, die überwunden werden resp. nicht zum Nachteil werden sollen, wie z. B. (Bildungs-)Armut. Dabei erhebt dieser Abschnitt – wie die anderen auch – nicht den Anspruch, präskriptiv zu beschreiben, wie eine inklusive Pädagogik realisiert werden kann. Vielmehr ist es das Ziel, einen Rahmen und Bezugspunkte für die Reflexion von Praxen aufzuzeigen. Dies wird hierbei damit verbunden, Schule und Unterricht grundsätzlich anders zu denken. Insbesondere die Reflexion der komplexen, miteinander verschachtelten diskriminierenden und marginalisierenden Normen und (Entscheidungs-)Erwartungen einerseits und der Praktiken andererseits ist dabei zentral.

Inklusionspädagogik

Der Ansatz der Inklusionspädagogik, der zunehmend über den sonderpädagogischen hinaus im allgemeinen schulpädagogischen Diskurs aufgegriffen wird (z. B. Reich 2012), stellt einen Reflexionsrahmen bereit, der zugleich einen Gegenentwurf zu aktuellen (in den vorangegangenen Kapiteln beschriebenen) Strukturen und Praktiken eröffnet. In diesem Kapitel werden die theoretischen Grundlagen der Inklusionspädagogik mit denen der Praxeologischen Wissenssoziologie, v. a. der Pädagogik kollektiver Zugehörigkeiten, verbunden. Die Ausführungen bieten Ansatzpunkte zur Reflexion von Praktiken, Normen und Erwartungen, die Benachteiligungen und Behinderungen in Schule und Unterricht hervorrufen. Das kritische Hinterfragen der eigenen Einbindung in diese Formen der Differenzherstellung und -bearbeitung und damit verbundener Benachteiligungen ist aufseiten von Lehrpersonen eine Möglichkeit, die Entwicklung alternativer Praktiken zu reflektieren.

Im letzten Jahrzehnt hat die Anzahl von Definitionen und Beschreibungen, was unter Inklusion – und zunehmend in Relation zu Exklusion – verstanden wird, deutlich zugenommen. Über die Unterschiede der verschiedenen Definitionen und Begriffsbestimmungen hinweg, findet sich ein Verständnis von Inklusion, das diese als Überwindung von Exklusion sowie Marginalisierung und Schlechterstellungen versteht. Die Erziehungswissenschaft ist vor diesem Hintergrund gefordert, jene Normen und (Entscheidungs-)Erwartungen sowie Praxen zu erkennen und zu beschreiben, die Ausschluss, Schlechterstellung und/oder Marginalisierung hervorbringen. Dabei werden Inklusion und Exklusion zur Reflexion – sich im Verlauf der Zeit – verändernden gesellschaftlichen und schulisch-unterrichtlichen Zusammenhängen verstanden (Ainscow 2021). Auch wenn es die Möglichkeiten der Profession der Lehrer:innen übersteigt, eine inklusive Schule zu gestalten: Sie nehmen dennoch eine Schlüsselstellung ein, da ihre explizit-kommunikativen und handlungspraktischen Formen der Konstruktion von Differenz im Unterricht die Lern- und Bildungsmöglichkeiten der Schüler:innen im Unterricht entscheidend prägen (Florian/Rouse 2010, 185). An diesem Primat orientieren sich die nachfolgenden Ausführungen. Verständnisse von Inklusion und Exklusion sollen, bevor sie für Unterricht *(siehe Kapitel 5.4)* konkretisiert werden, in allgemeiner Hinsicht *(siehe Kapitel 5.1)* vorgestellt werden. Dabei ist das Vorgehen daran orientiert, einen Reflexionsrahmen für schulische und unterrichtliche Normen ebenso für Praktiken vorzustellen, anstatt normative Rezepte anzubieten, mit denen Inklusion in Schule und Unterricht realisiert werden kann.

Da Unterricht als Gruppengeschehen organisiert ist, sollen zunächst, bevor er genauer in den Blick genommen wird, die erziehungswissenschaftlichen Grundbegriffe „Bildung“ und „Lernen“ in ihrem hier gebrauchten Verständnis *(siehe Kapitel 5.2)* skizziert sowie Möglichkeiten der systematischen Annäherung an konkrete Lern- und Bildungsprozesse in diagnostischen Prozessen vorgestellt werden *(siehe Kapitel 5.3)*. Diese Ausführungen werden in der anschließenden Betrachtung von Unterricht aufgegriffen. Die Darstellung orientiert sich an der Perspektive von Lehrpersonen auf den Unterricht, die sich entlang der Intentionalität von Vermittlung und Initiierung von Lehr- und Lernprozessen entfaltet. Dabei werden die besonderen Potenziale von Benachteiligungen hervorrufenden Praktiken fokussiert, die aktuell die Tätigkeit des Unterrichts charakterisieren *(siehe Kapitel 5.4)*.

5.1 Inklusion als institutionelles und pädagogisches Rahmenkonzept

Unterstützt durch die Ratifizierung der UN-Behindertenrechtskonvention (Österreich: 2008, Deutschland: 2009, Schweiz: 2014) wurde im letzten Jahrzehnt Inklusion als Aufgabe von Schulen in die Schulgesetze der Länder aufgenommen. Dies erfolgte nicht in allen Bundesländern in gleicher Art und Weise und Inklusion resp. „gemeinsame Beschulung“ hat nicht in allen Ländern Vorrang gegenüber separativen bzw. exklusiven Formen. Im Bildungsbericht werden vorrangige Beschulungsformen unterschieden: „Vorrang gemeinsamer Beschulung“, wie in Bremen und Hamburg vorgesehen, oder „Vorrang gemeinsamer Beschulung mit Vorbehalt“. Dieser Vorbehalt liegt, wie z.B. in Sachsen-Anhalt darin, dass die „personellen, sächlichen und organisatorischen Möglichkeiten vorhanden“ (Sachsen-Anhalt 2018, 5) sind. Neun Bundesländer führen diese oder ähnliche Begründungen als Vorbehalte gegenüber gemeinsamer Beschulung an. Die weiteren fünf Länder sehen keinen Vorrang in gemeinsamer Beschulung (Bildungsberichterstattung 2022, 130). Nachfolgend soll das Verständnis von Inklusion, das in der UN-BRK liegt, die ein zentraler Bezugspunkt für erziehungs- und sozialwissenschaftliche Diskurse zu Inklusion – und Exklusion darstellt – dargelegt werden (Weyers 2019). Die

UN-BRK ebenso wie die erziehungswissenschaftlichen Verständnisse von Inklusion und Exklusion beziehen sich dabei auf den gesellschaftlichen Kontext, die Schule als Institution und auf den Unterricht in konkreten Schulen.

UN-BRK

Im Artikel 24 der UN-BRK ist *das Recht auf gemeinsamen Unterricht* aller Schüler:innen verankert. Dieser normative Anspruch auf Inklusion im Bildungsbereich wird für den Unterricht weiter konkretisiert. Der Unterricht soll individuelle Unterstützungsmaßnahmen in dem Maß bereitstellen, „dass die bestmögliche schulische und soziale Entwicklung" angeboten wird (UN 2006; 2008, Art. 24). Dies führt unweigerlich dazu, die Normen und (Entscheidungs-)Erwartungen, die Strukturen und Praktiken in den Blick zu nehmen und zu hinterfragen, die Benachteiligungen und/oder Behinderungen in Schule und Unterricht hervorbringen und generieren (Sturm 2023).

normative Ausrichtung

Inklusion im Kontext von Schule und Unterricht im Sinne der UN-BRK ist normativ ausgerichtet und, wie die Konvention insgesamt, an den (allgemeinen) menschenrechtlichen Prämissen orientiert. Die Menschenrechte werden dabei aus der Perspektive von Menschen mit Behinderungen konkretisiert, einer Gruppe, deren Rechte besonders gefährdet sind (Bielefeldt 2010, 66). Die Ausführungen basieren auf einem sozialen Verständnis von Behinderung, das diese nicht allein als Beeinträchtigungen in Personen, sondern auch in Interaktionen verortet. Die Ratifizierung der UN-BRK eröffnet mit dem rechtlichen Rahmen, der sich in erster Linie an die (Bildungs-)Politik richtet, die Möglichkeit zur *Gestaltung einer Schule für alle*. Die Politik ist aufgefordert, Rahmenbedingungen bereitzustellen, die es ermöglichen, Schule nach diesem Verständnis zu gestalten. Damit findet die Diskussion um Differenzen im Ansatz der Inklusion, die explizit alle Schüler:innen einbezieht, eine Zuspitzung. Dass in Deutschland – wie gezeigt – auf der gesetzlichen Ebene (noch) nicht die notwendigen Voraussetzungen geschaffen wurden, um Inklusion auf allen Ebenen des Bildungssystems zu ermöglichen, kritisiert die UN regelmäßig. Sie fordert die Bundesrepublik und ihre Bundesländer auf, dies zu ändern (United Nations 2023).

Reflexion behindernder Praktiken und Strukturen

An die Prämisse der UN-BRK, alle Schüler:innen am Geschehen einer Schule akademisch und sozial teilhabend und partizipierend einzubeziehen, knüpfen die Ideen der Inklusionspädagogik an. Als Begriff verweist „Inklusion" auf Einschluss, Einbeziehung, Eingeschlossenheit und Zugehörigkeit. Dieser Ansatz geht über das Verständnis hinaus, vormals ausgegliederte Personen („Exkludierte") einzugliedern; es kann nicht das Ziel sein, die Ausgeschlossenen eingliederungsfähig zu machen, ohne jene schulischen und unterrichtlichen Strukturen und Praktiken in den Blick zu nehmen, die den Ausschluss und die Marginalisierung erst *bewirkt* haben. Vielmehr sind genau jene ausgrenzenden und marginalisierenden Strukturen und Praktiken zu fokussieren, die zu Exklusionen führen – mit dem Ziel, sie zu erkennen und zu überwinden.

Für die Institution Schule bedeutet dies, konkret zu erkennen, wo und wie in ihr und durch sie Exklusion und Marginalisierung realisiert werden und wie diese zu überwinden wären. Dies bezieht sich gleichermaßen auf Strukturen und Praktiken; und zwar insbesondere auf jene, von denen systematisch und wiederholt die gleichen Schüler:innen(gruppen) betroffen sind. Wenngleich – auch in der erziehungswissenschaftlichen Literatur – v. a. der Unterricht als Ort konzipiert wird, der perspektivisch inklusiv zu gestalten ist, ist hervorzuheben, dass Unterricht kein Mikrophänomen darstellt, das losgelöst von den sozialen und materialen Rahmenbedingungen resp. den Fremdrahmungen zu betrachten ist. Bezogen auf Schule und Unterricht umfasst dies neben den Programmatiken der Einzelschule, die sich u. a. in Schulprogrammen finden, „formale Regeln [..., die] zu großen Teilen gerade nicht auf der Ebene der Einzelschule verankert [sind], sondern in Schulgesetzen und damit verbundenen administrativen Vorgaben" (Amling 2021, 148, Anm. TS), wie Bildungs- und Rahmenplänen. Wie die Ausführungen im *vierten Kapitel* verdeutlichen, handelt es sich um vielfältige Strukturen und Praktiken, die sich historisch ebenso unterscheiden können, wie zwischen den Bundesländern. Das Vorhaben einer inklusiven Schulgestaltung bietet der Organisation insgesamt die Möglichkeit zur Entwicklung und fordert sie zugleich heraus, in eine kritische Distanz zu ihrer historischen Entstehung und ihrer aktuellen Praxis zu treten. Die Diskriminierungstypisierung in Organisationen von Nohl (2014, 211) (*siehe Kapitel 2.3*) bietet hierfür zahlreiche Anknüpfungsmöglichkeiten.

Verbindend kann gesagt werden, dass eine inklusive Pädagogik im Kontext schulischer Organisationen ihren Blick auf jene Situationen richtet, in denen einzelne Schüler:innen oder Schüler:innengruppen innerhalb der bestehenden unterrichtlichen und schulischen Rahmenbedingungen Marginalisierung und/oder Exklusionen erfahren (Ainscow 2006, 147). Eine solche situationsbezogene Perspektive auf Behinderungen bezieht sich auf die Strukturen bzw. Rahmenbedingungen und Praktiken. Mit anderen Worten: Die unterrichtlichen Praktiken von Lehrperson und Schüler:innen werden in dem Kontext der Organisation als auch der Institution mit ihren Normen und Erwartungen hervorgebracht. Vor allem international vergleichende Studien zeigen, dass unterrichtliche Praxen der Differenzkonstruktion in Relation zu den Normen und Erwartungen sowie den Konzepten von Differenz formaler Dokumente stehen (Sturm 2024).

situationsbezogene Perspektive auf Behinderung

Innerhalb des deutschsprachigen pädagogischen Fachdiskurses wird „Inklusion“ als Terminus aus dem englischen Sprachraum seit dem Jahr 2000 zunehmend verwendet und hat angefangen, jenen der (schulischen) „Integration“ abzulösen. Inklusion steht insofern in „einer theoretischen Kontinuität“ (Lütje-Klose / Urban 2014, 114) zum Begriff der Integration, als bereits in den 1990er Jahren ein Verständnis von Integration entwickelt wurde, das sozialwissenschaftlich fundiert ist und über die Differenzkategorie von Behinderung / Nicht-Behinderung resp. (k)ein sonderpädagogischer Förderbedarf hinausgeht (Sturm 2016b). Behinderung wird in diesem Zusammenhang situativ in aufeinander bezogenen Praktiken hergestellt und / oder in schulischen Dokumenten, z. B. durch individualisierte Konzepte von Normalität / Abweichung, Schüler:innen zugeschrieben. War es zunächst die Sonderpädagogik, aus der heraus die Diskussion um Integration wesentlich geführt wurde, etablierte sich in den 1980er Jahren der Diskursstrang der Integrationspädagogik (Eberwein 1998), die sich zur Inklusionspädagogik entwickelt (Reiser 2003). Aktuell wird Inklusion als bildungspolitische ebenso wie als pädagogische Herausforderung auch als Thema der Schulpädagogik verhandelt (z. B. Budde / Hummrich 2013; Reich 2014).

Mit dieser expliziten Verschiebung der Ausrichtung von der Adressat:innenorientierung hin zu einer situationsbezogenen Perspektive auf Behinderung geht ein Verständnis von Inklusion einher, das diese als Teilhabe- und Partizipationsmöglichkeiten versteht. Inklusion steht damit in Relation zu Exklusion und kann sich auf Interaktionen, Organisationen und / oder die institutionelle Seite von Schule sowie ihr Zusammenspiel beziehen; zugleich können sie situativ und / oder überdauernd auftreten. Diese Verständnisse von Behinderung und Inklusion gehen deutlich über die schul-administrative Differenzdimension von „sonderpädagogischem Förderbedarf“ und / oder individuell zugeschriebener Behinderung hinaus (Moore / Slee 2012, 237 ff.; Sturm / Wagner-Willi 2015). Bezogen auf den Unterricht und die Schule ist zu fragen, wo und wie Schüler:innen die Partizipation am unterrichtlichen Geschehen, an den unterrichtlichen Lehrintentionen der Lehrkräfte und der Partizipation an Lern- und Bildungsprozessen *be*hindert werden, z. B. weil nicht an ihre biografischen und milieugeprägten Vorerfahrungen angeknüpft wird und Lernen so nicht möglich ist.

Inklusion ist als pädagogisches Konzept dem Ziel verpflichtet, Diskriminierung und Benachteiligungen in Schule und Unterricht zu erkennen und abzubauen. Vornehmlich werden dabei jene Benachteiligungen gesehen, die im Kontext sozialer Differenzdimensionen stehen, wie Geschlecht, Ethnizität, Ability und sozio-kulturelles Herkunftsmilieu – also jene, die im Zusammenhang mit gesellschaftlichen Differenzkategorien stehen, die über die Schule hinaus bedeutsam sind (Ainscow 2008, 241). Diese Überlegungen erfordern es, nicht weiter Personengruppen in den Blick zu nehmen, auch wenn sie weiterhin für theoretisch-analytische Betrachtungen notwendig bleiben, um systematische Benachteiligungen zu beschreiben und zu erkennen, sondern Interaktionen und Prozesse hinsichtlich ihres „behindernden" Potenzials zu fokussieren.

Inklusive Strukturen und Praktiken entwickeln: Ansatzpunkte für derartige Perspektiven umfassen die Ebene expliziter und formaler Regeln der Schule: D.h. wesentlich die Normen und (Entscheidungs-) Erwartungen, die an Lehrpersonen gestellt werden sowie die „virtualen, sozialen Identitäten" (Goffman 2012, 9 ff.).

Normen und (Entscheidungs-) Erwartungen auf formaler Ebene

Die Gestaltung eines auf allen Ebenen inklusiven Schulsystems, wie in der UN-BRK formuliert, stellt zunächst einen Auftrag an die Bildungspolitik dar, die die formale bzw. gesellschaftlich-institutionelle Seite von Schule gestaltet. Sie formuliert nicht nur Rahmenbedingungen, Normen und Erwartungen, sondern gestaltet die Schule auch durch die jeweilige Finanzierung maßgeblich mit (Busemeyer 2015). Die Schulsysteme der deutschsprachigen Länder zeichnen sich durch eine – im internationalen Vergleich – frühe Form der Separation von Schüler:innen aus. Die Separation entlang von Bildungsgängen, die sich nach ihrer Bildungsprogrammatik unterscheiden, geht in den meisten Bundesländern mit dem Besuch unterschiedlicher Schulformen einher. Die Schüler:innen werden entsprechend ihrer Bildungsgangzugehörigkeit unterschieden, die ihrerseits mit unterschiedlichen Begabungen / Beeinträchtigungen erklärt wird. Die Begabungen / Beeinträchtigungen werden in den Schulgesetzen als natürliche Eigenschaften der Schüler:innen konzipiert, die durch institutionelle und / oder pädagogische Angebote nicht oder nur marginal beeinflussbar verstanden werden (Sturm 2023). Dass die Unterscheidung von Bildungsgängen und / oder Kursen, die formal entlang von Begabung bzw. Leistung erfolgt, mit einer Segregation der Schüler:innen nach sozio-ökonomischem Status einhergeht, zeigen internationale Studien (Chmielewski 2014).

Dass Inklusion in segregierenden Schulsystemen umsetzbar ist, wird in der Erziehungswissenschaft seit langem in Frage gestellt (Feuser 1995; Feyerer 2019). Dies wirft die Frage nach formalen Rahmenbedingungen auf, die eine inklusive Gestaltung von Schule und Unterricht eher ermöglichen resp. die weniger Ausschluss und Marginalisierung hervorbringen. Ein Blick über den deutschsprachigen Raum hinaus kann hier helfen bzw. Hinweise geben. In sogenannten integrativen Schulsystemen besuchen alle Schüler:innen den gleichen Bildungsgang, d.h. Lehrpersonen sind nicht gefordert bzw. es wird von ihnen nicht erwartet, dass sie entlang von Noten legitimieren, dass ein:e Schüler:in die Klasse wiederholen muss und/oder den Bildungsgang wechseln muss. Ein solches Schulsystem hat die kanadische Provinz British Columbia. Eine Analyse des Schulgesetzes sowie dieses ergänzende Dokumente zeigt, dass Ability (Leistung) von Schüler:innen als interaktiv in Schule und Unterricht herzustellend konzipiert wird (Sturm 2024). Das heißt, Lehrpersonen sind aufgefordert, ihre Schüler:innen in der Entwicklung von Leistung zu begleiten und zu unterstützen. Dieses Verständnis unterscheidet sich von einem Leistungsverständnis, das unterschiedliche Leistungen wesentlich auf Begabungsunterschiede der Schüler:innen zurückführt. Letztgenanntes korrespondiert mit der Erwartung, dass Begabungen „korrekt" erkannt werden und stellt zugleich die Legitimation für ein stratifiziertes Schulsystem dar, in dem Schüler:innen mit unterschiedlichen Bildungsprogrammatiken konfrontiert werden, z.B. grundlegende und vertiefte Bildung. Auch die Schüler:innen sind in der Schule, die unterschiedliche Bildungsgänge unterscheidet, gefordert, stetig zu legitimieren, dass sie im „korrekten" Bildungsgang sind. Abschulungen in weniger prestigeträchtige Bildungsgänge werden dabei als Bedrohung und auch als Scheitern erlebt, das von den Schüler:innen zu bearbeiten ist.

Eine Schule für alle schließt Exklusion aus Bildungsgängen aus und damit die Möglichkeit der Erfahrung des Verlustes von Zugehörigkeit zu einer Lerngruppe aufseiten der Schüler:innen sowie deren stetige Überprüfung durch die Lehrpersonen. Die Einschränkung der Begegnungsmöglichkeiten von Menschen, die sich in milieuspezifischer Hinsicht voneinander unterscheiden, würde ebenfalls überwunden werden können und Ansatzpunkte für Verständigung eröffnen.

formale Rahmenbedingungen von Schule und Unterricht

Betreten wir – gedanklich – einen solchen formalen Rahmen schulstruktureller Inklusion, so stellt sich die Frage ihrer inneren Gestaltung; denn wenn alle Schüler:innen in eine Schule gehen, stellt dies zwar eine notwendige, aber keine hinreichende Voraussetzung für Inklusion resp. die Reduktion von Exklusion dar. Dies umfasst sowohl die formalen Regeln, die innerhalb einer Schule sowie des Unterrichts explizit-formal vorliegen, als auch die konkreten Handlungspraktiken, die Organisationsmilieus, die sich in der Auseinandersetzung mit diesen entwickeln. Folglich wäre es auch notwendig, aktuell behinderte bzw. benachteiligte – oder mit Nohl (2014, 222) diskriminierte – Milieus in Entscheidungs- und Gestaltungsprozesse einzubeziehen, die bisher den dominierenden Milieus „vorbehalten" waren, z.B. die Mittelschichtsorientierung von Lehrpersonen, Schulleitungen und anderen relevanten Positionen.

Die formalen Regeln der Schule umfassen über die Strukturen und die sie legitimierenden Konzepte hinaus Erwartungen in Form von Lernzielen, die in Bildungs- und Rahmenplänen formuliert sind (*siehe 5.4.2*). Beide Aspekte stellen jenen Rahmen dar, innerhalb dessen sich unterrichtliche Organisationsmilieus von Lehrpersonen und Schüler:innen entwickeln. Innerhalb dieser können situativ und/oder kontinuierlich Behinderungen hervorgebracht werden.

inklusive Praktiken entwickeln

Innerhalb der Schule gilt es dann, in der Auseinandersetzung mit den formalen Regeln Praxen zu generieren, die nicht diskriminierend wirken, in expliziter wie in handlungspraktischer Hinsicht.

Als Sozialisationsort, an dem Erfahrungen im Umgang mit differenten und milieuspezifischen Praxen gemacht werden, sind die Schule und der Unterricht resp. ihre Akteur:innen, v.a. die professionellen gefordert. Die Schule kann für die Schüler:innen einen Anlass darstellen, sich mit Bearbeitungsformen von Differenz auseinanderzusetzen. Somit übernimmt die pädagogische Organisation nicht nur die Aufgabe, Differenzen aktuell bestehender Ungleichheiten zu bearbeiten, sondern auch vorbildlich vorzugehen. Wie kann das aussehen?

Die Schule und der Unterricht wären in ihrer Vorbildfunktion gefordert, Situationen zu schaffen, in denen sich die Schüler:innen ihre (unterschiedlichen) Perspektiven auf Teile der sozialen und/oder materialen Welt – ihre konjunktive Sichtweise – gegenseitig explizieren, ohne sie hierarchisch zu bewerten. Wird eine solche Praxis in Schule und Unterricht gelebt, besteht die Möglichkeit, voneinander zu lernen und einander in einem milieuübergreifenden Sinn zu verstehen und zu respektieren. Hieran anschließend stellt sich die Frage, ob und wie Inklusion unterrichtlich zu gestalten wäre; insbesondere dann, wenn – wie hier – davon ausgegangen wird, dass jegliche Praxis Unterscheidungen bzw. Differenzen hervorbringt (Rabenstein et al. 2013). Um derartige Prozesse in den Blick zu nehmen, bedarf es eines deskriptiv-analytischen Verständnisses von Inklusion, das in Relation zu Exklusion resp. zu Marginalisierungen steht und die Unterscheidung als (situative) Reflexionsfolie versteht. Inklusive Praktiken – im Sinne eines normativen Verständnisses, wie es in Schule vorliegt – könnten in kollektiv geteilten Praktiken zum Ausdruck kommen, die die Teilhabe und Partizipation aller an der unterrichtlichen Interaktion vorsehen. Differente Perspektiven auf die materiellen und / oder sozialen Lehr-Lerngegenstände, die verhandelt werden, würden als solche reflektiert und egalitär nebeneinander stehen. Die Genese unterschiedlicher Perspektive könnte rekonstruiert werden, um die Verschiedenheit zu erklären. Eine solche Unterrichtspraxis umfasst die Akzeptanz und Reflexion der Widersprüchlichkeit von Egalität und Hierarchien in Schule und Gesellschaft.

Akzeptanz und Reflexion

Inklusion in diesem Sinne geht deutlich darüber hinaus, beispielsweise Kinder und Jugendliche, denen „sonderpädagogischer Förderbedarf" zugeschrieben wird, auf formal expliziter Ebene in ein Gespräch zu integrieren – nicht weil es die formale Regel der Klasse so erfordert, sondern weil die Teilhabe aller, geteilte Orientierung ist. Als rahmendes Konzept beschreibt Inklusion mithin eine Sichtweise und praktische Haltung, also keinen Zustand, der einmal erreicht, als vorhanden gilt. Vielmehr stehen die situativ hergestellten Praktiken immer wieder zur Disposition (Allan 2012; Ainscow 2021).

situationsbezogene In- und Exklusionen

Die unterschiedlichen, in einem derartigen inklusiv gestalteten Interaktionsrahmen aufeinandertreffenden Akteur:innen teilen einige Milieuerfahrungen und andere nicht. Unterhalb der Ebene eines solchen Verständnisses von Inklusion kann sich dann ein kontinuierliches Wechselspiel von Inklusion in und Exklusion aus konkreten unterrichtlichen und schulischen Interaktionsbezügen entfalten, das sich durch gegenseitiges Lernen voneinander und übereinander auszeichnet. Es erzeugt *Momente von Zugehörigkeit und Nichtzugehörigkeit*, die lernend und bildend überwunden bzw. reflektiert werden können; sie sind dabei unterhalb der prinzipiellen Inklusion als Differenzen reflektierendes Miteinander angesiedelt und beziehen sich auf Einzelsituationen. So diese in einer Balance gehalten, situativ auf Kooperationskontexte bezogen sind und nicht permanent die gleichen Schüler:innen inkludiert bzw. exkludiert werden, muss dies nicht mit systematischen Benachteiligungen einhergehen. Vielmehr stellt der kontinuierliche Wechsel eine Möglichkeit für milieureflektierte Lern- und Bildungsprozesse dar (Wagner-Willi / Sturm 2012).

Exkludierende Modi dieser Art können im Unterricht bestehen, wenn eine (spontane) Schüler:innengruppe, die sich innerhalb des unterrichtlichen Geschehens auf eine bestimmte Art mit einer Aufgabenstellung befasst, keine weiteren Schüler:innen zulässt. Die Gruppe exkludiert in diesem gedachten Fall eine:n Schüler:in, sodass dessen bzw. deren Teilhabe an dem konkreten Geschehen nicht möglich ist. Exkludierende Praktiken wie diese werden nicht per se marginalisierend verstanden. Sie werden es erst dann, wenn die Differenzen zwischen einzelnen Schüler:innen und/oder Schüler:innengruppen nicht thematisiert und kommunikativ bearbeitet werden und/oder hiervon wiederholt dieselben Schüler:innen betroffen sind; wenn also auf expliziter und konjunktiver Ebene keine Regeln und Praktiken des Miteinanders bestehen, die Unterschiede und Differenzen thematisieren und zugleich Gemeinsamkeiten, also homologe Bezüge zwischen den Schüler:innen, betonen.

Letzteres bezieht sich v.a. auf die Art der Differenzkonstruktion, also der Hervorbringung und Bearbeitung, in Klassen. So sie an diese Gemeinsamkeiten anknüpfen können, ein pädagogisch zu unterstützendes Unterfangen des Lernens von- und miteinander, auch bzw. gerade im Modus von Differenz, kann eine solche Gruppenbildung als ein Erlebnis der Differenz genutzt werden, um Lernmöglichkeiten zu eröffnen.

Schule als Ort gesellschaftlicher Innovationen

Die Schule bietet als gesellschaftliche Institution und pädagogische Organisation Orte, an denen *in* und *durch Bildung* Benachteiligungen abgebaut werden können; das kann durch pädagogische Handlungen unterstützt und eröffnet werden. Dies verweist auf die Legitimationsfunktion der Schule, die den Auftrag umfasst, Loyalität der nachwachsenden Generation gegenüber der Rechtmäßigkeit von Entscheidungen des bestehenden politischen Systems und der Gesellschaft zu erzeugen und innovativ auf diese zu wirken. Zugleich umfasst es den Enkulturationsauftrag der Schule, der in Kooperationsformen eines friedlichen und demokratischen Miteinanders einführt. Sofern dies nicht auf rein kommunikativ-expliziter Ebene entlang eines unterrichtlichen Lehrinhalts erfolgt, ist die Schule herausgefordert, einen Rahmen bereitzustellen, in dem dies von den Schüler:innen auch konjunktiv erfahren werden kann, sie also in ein solches Miteinander einsozialisiert werden.

Inklusion orientiert sich an der Gestaltung einer demokratischen und pluralen Gesellschaft, in der das friedliche Miteinander vielfältiger Milieus leitend ist und Ungleichheit nicht benachteiligend wirken soll. Dies kann für die pädagogische Organisation insgesamt wie auch für den Unterricht im Speziellen bedeuten, dass etwas Gemeinsames, ein konjunktiver Erfahrungsraum, zwischen den Beteiligten erst hergestellt wird, sodass die Akteur:innen daran anknüpfen können. Auf diese Gemeinsamkeit, die auch Verlässlichkeit im Miteinander eröffnet (Bohnsack 2020, 103), kann dann in Lern- und Bildungsprozessen zurückgegriffen werden.

inklusiver Rahmen

Damit dies möglich wird, sind gesellschaftlich Ressourcen zur Verfügung zu stellen, um Schüler:innen Lern- und Bildungsprozesse zu eröffnen. Demnach muss sich die Gesellschaft die Frage stellen, wie und mit welchen Ressourcen sie Schule und Unterricht ausstatten möchte, um Inklusion resp. Schule in diesem Sinne zu gestalten (Slee 2006, 164 f.). Aktuelle gesellschaftlich-schulische Rahmenbedingungen, zu denen neben der finanziellen Ausstattung die Lehrer:innenbildung und soziale Gerechtigkeit zählen, relativeren die Möglichkeiten der Realisierung schulischer Inklusion im beschriebenen Sinne in der Bundesrepublik. Die Steuerung der Schule mittels betriebswirtschaftlicher Modelle, v. a. der output-gesteuerten Vorgehensweise stellt eine Entwicklung dar, deren Bedeutung für Inklusion ebenso kritisch zu betrachten ist wie die individuelle Zuschreibung von Leistungs(miss)erfolg (Gomolla 2010, 264 f.; Moser 2011, 364 f.).

Im Modus des kontinuierlichen und kritischen Hinterfragens von Behinderungen der Teilhabe und Partizipation stellt Inklusion als solche die „Architektur der Gesellschaft im Ganzen auf den Prüfstand“ (Lindmeier 2012, 39). Inwiefern und in welchen Bereichen Inklusion schulisch und unterrichtlich gelingt und / oder misslingt, bedarf in Zukunft einer empirischen Bearbeitung.

5.2 Lern- und Bildungsprozesse

„Sozialisation“, „Bildung“, „Lernen“ und „Erziehung“ stellen Grundbegriffe erziehungswissenschaftlicher Theoriebildung dar. An dieser Stelle sei betont, dass Bildung, Erziehung, Lernen und Sozialisation keine Prozesse sind, die ausschließlich an pädagogische Organisationen und Intentionen gebunden sind. Vielmehr können sie in den unterschiedlichsten Lebenskontexten stattfinden und angesiedelt sein. Pädagogische Bemühungen, wie jene in der Organisation Schule, sind jedoch explizit darauf gerichtet, den Schüler:innen solche Prozesse zu eröffnen (Nohl 2014, 199). Nachfolgend werden Lernen und Bildung fokussiert, da sie jene Vorhaben darstellen, die durch Lehrpersonen im Unterricht intentional und explizit aufseiten der Schüler:innen initiiert und unterstützt werden sollen. Dies gilt zwar auch für Erziehung und

Sozialisation, allerdings nicht entlang vergleichbarer (fachlicher) Vorgaben und Verständnisse. In den formalen Regeln der Schule konkretisieren sich Lern- und Bildungsziele in Bildungs- und Rahmenplänen.

Vor dem Hintergrund des im *zweiten Kapitel* vorgestellten Milieuverständnisses soll hier zunächst spezifiziert werden, wie Lern- und Bildungsprozesse, verstanden als Erweiterung derzeitigen Wissens, Könnens und aktueller Praktiken, begrifflich gefasst werden können. Diesem Verständnis folgend, sind sie in konjunktiven Erfahrungen wie auch auf explizit-generalisierter Wissensebene angesiedelt und der zwischen diesen bestehenden Wechselbeziehungen.

Diskrepanzerfahrung

Diskrepanzerfahrungen sowie lernende und bildende Auseinandersetzung: Lern- und Bildungsprozessen ist gemeinsam, dass sie im Kontext von Diskrepanzerfahrungen und Veränderung angesiedelt sind. Diskrepanzen, also Differenzen, können gegenüber den Tätigkeiten und/oder Kenntnissen anderer erfahren werden wie auch aus eigenen differenten Erfahrungen. Möglichkeiten für letztgenannte eröffnen v.a. die vielfältigen, mehrdimensionalen, milieugeprägten Erfahrungen, über die Einzelne verfügen. Insbesondere differente Erfahrungen in materiellen und/oder sozialen Zusammenhängen können einen Anlass darstellen, Differenz bzw. Diskrepanz zu erfahren. Bildungsprozesse beschreiben die Genese bzw. die Veränderung von Orientierungen, die im Kontext der Vielfalt unterschiedlicher Lebensformen hervorgebracht werden. Dies kann über den Weg kultureller Repräsentationen erfolgen wie auch über praktische Formen der Differenzerfahrung.

!

Diskrepanzerfahrungen bestehen dort, wo es Passungsschwierigkeiten zwischen dem bisherigen Wissen und Können und/oder Praktiken der Bewältigung des Alltags gibt. Sie sind Teil von Lernprozessen, ohne dass letztgenannte eine zwingende Folge sind.

Dabei ist die Erfahrung von Diskrepanz zugleich daran gebunden, an Bekanntes und Vertrautes anzuknüpfen, von dem aus die Diskrepanz gegenüber etwas anderem erst ersichtlich wird.

Lern- und Bildungsprozesse können im Bereich konjunktiver Erfahrungen und auf der kommunikativ-generalisierten Ebene von Wissen sowohl angesiedelt sein als auch ausgelöst werden: Während die Auseinandersetzung auf kulturelle Repräsentationen und/oder kommunikativ-generalisiertes Wissen verweist, also auf die explizite und gezielte Auseinandersetzung mit dem Selbst- und Fremdverständnis, werden Entwicklungen im konjunktiven Erfahrungswissen in geänderten Alltagspraktiken und Perspektiven sichtbar.

Lernen

Lernen stellt die Antwort auf die erfahrene Diskrepanz dar, dass die eigenen Wissensbestände nicht ausreichen, um ein auftauchendes Problem zu bearbeiten, ohne dass sich durch den Lernprozess die grundlegenden Erfahrungen und die Sicht auf Gegenstände verändern. Wenn diese Einsicht durch die Aneignung von Wissen und Können über etwas beantwortet wird, wird dies als „Lernen" bezeichnet. Ein solcher Einblick kann durch Vergleiche zu anderen Menschen und ihrem Wissen und Können angestoßen werden (Nohl 2014, 199).

Wie Bildungsprozesse auch, hat Lernen seinen Ausgangspunkt in Differenzen, die erkannt werden. Können und Wissen nehmen eine selbstbezogene Form an, wenn eigenes Handeln und eigene Praktiken anderen in ihrer konjunktiven Bedeutsamkeit erklärt werden. Die sprachliche und explizite Formulierung der existenziell zugeschriebenen Bedeutung wird dann zugänglich und es entsteht Wissen über einen selbst. Über die Ebene der Aneignung von Wissen über etwas beinhaltet Lernen die kommunikative Selbstexplikation der konjunktiven Erfahrungen, in denen etwas existiert bzw. für jemanden Bedeutung hat. Lernen erfolgt mittels Interpretation des eigenen Verstehens, z. B. indem es anderen erklärt wird (Nohl 2014, 200).

Bildung

Die Unterscheidung von Bildungs- und Lernprozessen liegt in der Qualität der Veränderung. Bildung wird als qualitative Weiterentwicklung und/oder Änderung der damit zusammenhängenden Praktiken des konjunktiven Erfahrungswissens und seiner reflexiven Durchdringung verstanden. Bildungsprozesse beschreiben sogenannte „Transformationen", die sich in der praktischen Lebensführung niederschlagen (Rosenberg 2011, 51).

Bildung beinhaltet die Entwicklung neuer Konzepte in konjunktiver Hinsicht. Sie findet dort und dann statt, wenn eigene Handlungen und Praktiken in ihrer Milieuzugehörigkeit erkannt und relativiert werden. Eine Neuausrichtung ist auf die Anerkennung durch andere angewiesen. Im schulisch-unterrichtlichen Kontext kann sich der Zugang zu Gegenständen durch die Einnahme der Perspektive „Bildung ist wichtig" verändern. Ein solcher Perspektivwechsel eines lernenden Schülers oder einer lernenden Schülerin ist auf die Bestätigung der anderen angewiesen, die sie nun als ambitionierte:n und interessierte:n Schüler:in anerkennen (Nohl 2014, 182 f.).

rational diskursive Bildungsprozesse

Diskrepanzerfahrungen können dann (und dort) gemacht werden, wenn erfahrbar wird, dass gleiche Ziele durch unterschiedliche Praktiken erreicht werden können. In der Schule gilt dies für fachliche wie für soziale Lerngegenstände. So kann es beispielsweise ein „schnellerer Weg“ sein, addieren zu können statt zu zählen, um eine Menge zu bestimmen. Eine reflexive Auseinandersetzung ist nicht allein durch die Beobachtung gegeben, sondern erfolgt durch die hinterfragende Betrachtung der Praktik in ihrem jeweiligen Kontext. Bei dieser Art von Bildungsprozess, die auf Denkleistung beruht, handelt es sich um eine rationale und diskursive Art der Auseinandersetzung (Nohl 2014, 182). In Schule und Unterricht ist dies ein wesentliches Ziel des Fachunterrichts. Die Aneignung von Wissen und Können umschreibt Lernprozesse, die v. a. auf explizit-generalisierte Formen der Auseinandersetzung fokussieren. Diese können, müssen aber nicht, zu Bildungsprozessen führen. Bildungsprozesse können aus Lernprozessen hervorgehen, wenn das neu erworbene Wissen und Können zu qualitativen Entwicklungen der Praktiken führen. Dies kann beispielsweise der Fall sein, wenn jemand schriftkundig wird, also die Schriftsprache und ihre Prinzipien versteht und anwenden kann.

Bildungsprozesse im Modus konjunktiven Erfahrungswissens

Neben den theoretisch-reflexiven Modi der Auseinandersetzung gibt es durch praktische Bezüge ausgelöste Formen der Bildung. Diese sind dadurch gekennzeichnet, dass sie in der Begegnung und Auseinandersetzung mit Menschen, die anderen Milieus angehören (die zu je eigenen Praktiken führen), ausgelöst werden können (Nohl 2014, 182 f.). Bildungsprozesse, die konjunktiver Art sind, werden (zunächst) nicht sprachlich verarbeitet. Sie sind abzugrenzen von Situationen, in denen bereits gewohnheitsmäßige Praktiken in der Auseinandersetzung mit anderen Milieus entwickelt wurden, wie mit der erlebten Differenz zwischen milieugeprägten Praxen umgegangen wird. Solche Situationen stellen keinen Bildungsanlass dar, da bereits Praktiken vorliegen und die Differenz bearbeitet wird. Kommt es hingegen zu spontanen und neuen Lösungen der Bearbeitung erlebter Differenz, kann eine diskursive und reflexive Auseinandersetzung initiiert werden. Wird die Diskrepanz weder durch spontane Lösungen noch durch Praktiken, auf die zurückgegriffen werden kann, bearbeitet, so führt dies zum experimentellen Ausprobieren neuer Bearbeitungsformen. Die Suche und das Finden solcher neuen Praktiken vollzieht sich durch die Trennung der (zwei) Sphären, die je eigenständige, aber keine aufeinander bezogenen Tradierungen bereitstellen. Zwischen ihnen ergibt sich ein Freiraum für die Entwicklung neuer Praktiken, die Bildungsprozesse markieren (Nohl 2014, 179 ff.). Die unterschiedlichen sozialen Milieus, die sich in Schule und Unterricht begegnen, tun dies im Sinne „interkultureller Begegnung“. Ihre Begegnungen können entlang der beschriebenen Prozesse sowie verbindender Formen erfolgen.

Die Transformation bisheriger Erfahrungen wird durch Nichtpassung herausgefordert (Rosenberg 2011, 82). Das Entstehen von Differenz oder Diskrepanz zwischen bewältigbaren Praktiken und Irritationen ist mithin die Voraussetzung für Lern- und Bildungsprozesse. Dies kann als Prozess des Hinauswachsens über die ursprünglichen Möglichkeiten verstanden werden, über die (einstigen) Limitierungen (Stojanov 2007, 43), und beschreibt zugleich ein übergeordnetes Ziel schulischer Bildung. Bildung wie auch Lernen sind in dieser Konzeption nicht als individuelle Prozesse zu verstehen, sondern in ihrer gesellschaftlichen Bedeutung. Die milieugeprägten und inkorporierten Wissensbestände und Vorerfahrungen der Lernenden sind in die Überlegungen des Unterrichtens und Lehrens zu integrieren.

Lern- und Bildungsprozesse werden notwendig, wenn aktuelle Formen der Bewältigung des Alltags nicht ausreichen. Gelernt werden sollen dabei v.a. gesellschaftliche und kulturelle Bedeutungsgehalte und Sinnsysteme, die fachunterrichtliche Gegenstände darstellen.

Der Grundschüler Max kann nicht lesen, aber er mag Geschichten. Er bemerkt, dass er im Vergleich zu seinen lesenden Geschwistern und/oder Eltern nicht lesen kann, er ist beim Entschlüsseln der Geschichten auf sie angewiesen. Max erlebt in Bezug auf den Gegenstand Literatur/Schriftkultur zunächst eine Diskrepanz zwischen seinen eigenen Möglichkeiten und denen anderer. Aus dieser Diskrepanzerfahrung heraus beginnt er einen Lernprozess. In diesem eignet er sich – mithilfe von anderen oder autodidaktisch – die Funktionsweise der alphabetischen Schrift des Deutschen an. Dieser Prozess ist für Max mühsam und erfordert zugleich Mut, da er sein bisheriges Verständnis vom Gegenstand und auch der bisher erlebten Beziehungsgestaltung (sich vorlesen zu lassen) aufgibt. Zugleich wird er von der Kontingenzerfahrung geleitet, dass menschliches Lernen und Handeln prinzipiell offen sind, er also das zu Erlernende auch erlernen kann. Dieses Wagnis geht Max ein, ohne jedoch genau zu wissen, was ihn konkret erwartet, da er sich den Lerngegenstand ja noch nicht erschlossen hat. Im Lernprozess setzt er sich mit der Bedeutung von Buchstaben, Lauten, Graphemen und Phonemen sowie deren Korrespondenz auseinander. Erst wenn er diese Zusammenhänge lesend aufschlüsseln kann, kann die erlebte Diskrepanz – eine Geschichte ohne die Hilfe lesender anderer zu verstehen – überwunden werden. Die Tatsache, dass das Lesenlernen auch zu einem Bildungsprozess führen kann, da sich durch die Kenntnis der Schriftsprache die Erfahrungen und auch die Perspektiven auf die Welt und den Alltag ändern, ist bei diesem Gegenstand sehr wahrscheinlich.

Folgt man dem skizzierten Verständnis, so besteht die Aufgabe der Lehrenden im Unterricht darin, die Schüler:innen dabei zu unterstützen, die kulturellen und gesellschaftlichen Bedeutungen von Lehrgegenständen zu erkennen. Um Lernprozesse zu initiieren, ist es notwendig, zugleich an konjunktive, also gemeinsame, vergleichbare

Erfahrungen zwischen dem materiellen und sozialen Gegenstand, der vermittelt werden soll, sowie den Interaktionsformen, mittels derer sie präsentiert und ausgehandelt werden, anzuknüpfen; so können Möglichkeiten zur Erfahrung von Diskrepanz eröffnet werden. In der didaktischen Theoriebildung wird zwischen *Bildungsinhalt*, d. h. kulturellen Gegenständen sozialer und/oder materieller Art, und dem *Bildungsgehalt* unterschieden. Der Bildungsgehalt von Gegenständen ist personen- oder milieubezogen zu betrachten, aus der jeweiligen Perspektive und den Erfahrungen der Lernenden (und Lehrenden) heraus. Letzteres ist von den Lehrenden so aufzubereiten, dass Bedeutung erkannt und erfahren werden kann (Hopmann 2007b, 116 f.).

milieuübergreifende Verständigung

Im Unterricht ist die milieuübergreifende Verständigung besonders herausgefordert, da sich die fachmilieuspezifischen Vorstellungen und jene der Schüler:innen nicht gleichberechtigt begegnen. Vielmehr ist ihr Verhältnis asymmetrisch, da die Schüler:innen das Verständnis spezifischer Gegenstände in einem Fachmilieu erwerben sollen und somit zunächst eine Diskrepanz gegenüber ihm haben können. Sie sind zum Ziel des Erwerbs Teilnehmende am Unterricht.

milieugeprägte Unterrichtsgegenstände

Diese Anforderung ist für die Schule in zweifacher Hinsicht herausfordernd und widersprüchlich zugleich: Zum einen sind Lerngegenstände milieugeprägt vorformuliert und zum anderen ist das schulische Lernen nicht ausschließlich auf aktuelle Problematiken, sondern auch auf eine vage und kontingente Zukunft gerichtet. In der Gesellschaft haben Gegenstände eine (legitime) Bedeutung, die in kulturellen und historischen Kontexten entstanden sind und in Auseinandersetzungen spezifischer sozialer und materialer Bedingungen herausgebildet wurden. Unterschiedliche Milieus und Perspektiven nehmen unterschiedliche Perspektiven und Positionen innerhalb dieser Felder ein (*siehe Kapitel 4.2*).

Verschiedene Perspektiven auf Mathematik

Innerhalb der wissenschaftlichen Disziplin Mathematik lassen sich konkurrierende Perspektiven unterscheiden, was Mathematik ist und wie sie funktioniert (Schmotz et al. 2010, 281 f.). Auch für das Schulfach Mathematik gibt es verschiedene Perspektiven. So unterscheidet sich beispielsweise eine eher an formalen Zielen ausgerichtete gymnasiale Mathematik gegenüber einer an materialen Aspekten orientierten in den Haupt- und Realschulen (Henn/Kaiser 2001, 361 ff.).

5.3 Diagnostik: systematische Annäherung an Lern- und Bildungsprozesse

Es konnte aufgezeigt werden, dass für die Betrachtung und Initiierung von Lernprozessen, Diskrepanz oder Differenz zwischen dem noch nicht – im Sinne seiner kulturellen Bedeutung – erschlossenen Gegenstand und seinem Potenzial erforderlich ist. Diese Differenzen liegen zunächst auf der Seite der Lernenden vor. Die Lehrenden hingegen sind herausgefordert, die Diskrepanzen aufseiten der Schüler:innen zu erkennen, da diese Ausgangspunkt ihrer pädagogischen Handlungen sind. Geht diese Diskrepanz über (additives) Wissen und Können im Sinne kommunikativen Wissens hinaus und berührt sie das konjunktive, handlungspraktische Wissen, so sind die Lehrpersonen gefordert, im diagnostischen Prozess die biografischen Erfahrungen und die Sozialisation der Schüler:innen einzubeziehen. Hierzu zählen auch ihre schulisch-unterrichtlichen Vorerfahrungen, wie z. B. schulischer Misserfolg.

Differenz zwischen Können und potenziellem Können

Differenzen, die die Relation zwischen potenziell möglichen Entwicklungen und einem aktuellen Entwicklungs- und Lernstand beschreiben, beruhen auf der Annahme, dass Menschen prinzipiell über ihre derzeitigen Handlungsmöglichkeiten – lernend und sich bildend und auf der Grundlage entsprechender Angebote – hinauswachsen können (Stojanov 2007, 43). Die Suche nach den je spezifischen Begründungen und Barrieren, die im Lernprozess bisher nicht überwunden werden konnten bzw. ihn erschweren, ist zentrales Ziel einer pädagogischen Diagnostik, die an die dargelegten Lern- und Bildungsverständnisse anknüpft. Die so erkannte Differenz ist mehrdimensional und bezieht die biografischen und milieugeprägten Erfahrungen ein, die ein Kind, ein:e Jugendliche:r mit dem jeweiligen Lerngegenstand im Rahmen der Schule gemacht hat.

Erkenntnisprozess der Diagnostik

Die professionelle Annäherung an die Vorkenntnisse der Schüler:innen wird als „Diagnostik“ bezeichnet.

> **Definition:**
> *Pädagogische Diagnostik* ist ein Erkenntnisprozess, mit dessen Hilfe Differenzen mit dem Ziel der Unterstützung von Lern- und Bildungsprozessen erkannt und erklärt werden (Schuck 2007, 147).

Diagnostik kann als Kristallisationspunkt pädagogischen Handelns betrachtet werden, da in ihr die Vorstellungen über Lernen, Bildung, Erziehung und Sozialisation im organisatorischen Kontext von Schule und Unterricht mit dem Ziel der „Prognose“ und Formulierung konkreter Förderperspektiven resp. Lern- und Bildungsprozesse zusammenlaufen. Als systematische Erkenntnistätigkeit ist Diagnostik darauf gerichtet, Wissen für die Gestaltung von Lehr-Lern-Arrangements zu generieren; diese sollen die Initiierung von Lern- und Bildungsprozessen aufseiten der Schüler:innen im Unterricht eröffnen und unterstützen (Schuck 2000, 233).

adaptives Lernen eröffnen

Das jeweilige Vorwissen der Schüler:innen über Unterrichtsgegenstände sowie ihre Erfahrungen mit diesen zu erkennen, macht einen Teil jener Überlegungen aus, die für die Initiierung von Lern- und Bildungsprozessen notwendig sind. Sie sind die Grundlage für die Gestaltung eines adaptiven d. h. auf die Lernbedürfnisse der Schüler:innen zugeschnittenen, Lehrangebotes. Die Lehrkräfte können dieses Wissen generieren, es bleibt aber vage, da Lernen weder eine unmittelbare Folge von Lehren darstellt noch kann prinzipielle Offenheit kontrolliert werden.

Diagnostisches Vorgehen bezeichnet die Annäherung der Lehrer:innen an die Wissens- und Erfahrungsstände der Schüler:innen. In einem milieusensiblen und -reflektierten Ansatz ist das diagnostische Vorgehen herausgefordert, das explizite Wissen und Können in Bezug auf einen Gegenstand mit den konjunktiven Erfahrungen integriert zu betrachten. Der Einbezug der schulischen Vermittlungssituation – also der Erfahrungen in der Schule und im Unterricht – ist dabei von Relevanz; Kinder und Jugendliche, die in der Schule (häufig) die Erfahrung machen, dass ihre Perspektiven nicht anerkannt oder gar sanktioniert werden, dass sie die gestellten Erwartungen nicht erfüllen, inkorporieren diese organisationsbezogene Erfahrung des Scheiterns, die wiederum konstituierend in weitere Lernprozesse einfließt. Ihre Handlungssouveränität im schulischen und unterrichtlichen Kontext verringert sich bzw. kann sich nicht ausbilden und führt zu Unsicherheit und wenig Selbstbewusstsein. Die Schüler:innen erleben sich als wenig kompetent. Diese Situation stellt eine Bildungs- und Lernvoraussetzung dar, die im schulischen Kontext entsteht (Bittlingmayer 2011, 47).

Gegenstandsstruktur

Der sozial-konstruktivistischen und praxeologisch-wissenssoziologischen Perspektive folgend, wird die Gegenstandsstruktur als sogenannte „strukturorientierte Bezugsfolie“, als Maßstab für den Vergleich zur Ermittlung von Differenz in diagnostischem Handeln gewählt. Die Sozialisationserfahrungen und die biografisch bedeutsamen Momente einzelner gegenüber spezifischen Lehrgegenständen sowie der widersprüchliche Rahmen schulischer Lehr-Lernprozesse werden in dieser Perspektive aufgegriffen und mit den gegenstandsbezogenen Aspekten verbunden. Die bisher von Schüler:innen erworbenen und potenziell zu erwerbenden gegenständlichen Bedeutungen werden in den Blick genommen, indem ihr konjunktives Erfahrungswissen auf den zu erlernenden Gegenstand (d.h. seine je spezifische, milieugebundene, Bedeutung für den/die Lernende:n) sowie ihr explizites Wissen in ihrem Zusammenhang in den diagnostischen Prozess einbezogen werden.

Das Einbeziehen der lern- und bildungsrelevanten Umwelt sowie der Lebenssituation und milieugeprägten Erfahrungen von Kindern und Jugendlichen verweist auf ein komplexes Vorhaben. Diese Komplexität nicht aufzugreifen, würde bedeuten, eine verkürzte Perspektive auf Entwicklung, Lernen und Bildung einzunehmen, in der die Sozialisation und Milieuzugehörigkeit ausgeblendet und eine Homogenität der Lernvoraussetzungen aller Schüler:innen unterstellt würde. Um dieser Reduktion entgegenzuwirken, soll eine Möglichkeit vorgestellt werden, wie diagnostische Prozesse, deren Vorgehen an der Relation von Gegenstandsstruktur und Aneignungsniveau orientiert sind, gestaltet werden können.

Die differenzierte Betrachtung eines konkreten Auseinandersetzungsniveaus eines:r Schüler:in mit einem Gegenstand stellt nur einen Teil diagnostischer Prozesse dar, die sogenannte „Mikroanalyse“ (Knebel 2010, 239). Sie ist zu ergänzen um eine gegenstandsbezogene Handlungsanalyse und eine biografische Analyse (siehe Abbildung 13).

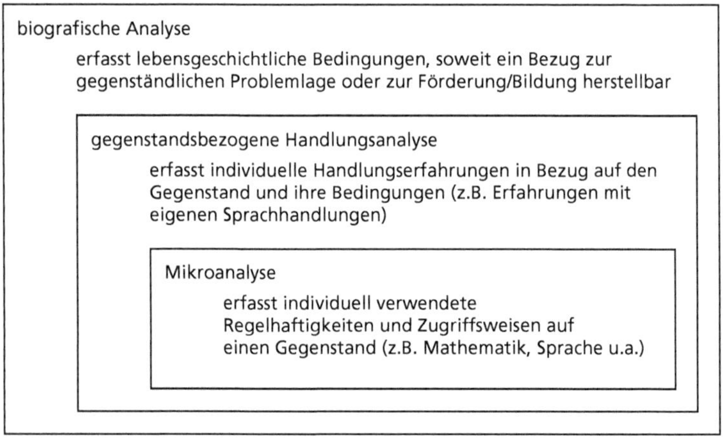

Abb. 13: Dimensionen diagnostischer Prozesse (nach Knebel 2007, 1091)

Mikroanalyse

In der Mikroanalyse wird das Aneignungsniveau, das ein:e Schüler:in in Bezug auf einen konkreten Lehrgegenstand erreicht hat, genau ermittelt und beschrieben. Das kann beispielsweise das Aneignungsniveau der Rechtschreibung der deutschen Schriftsprache sein. Für mikroanalytische diagnostische Fragestellungen ist es notwendig, ein theoretisches Konzept zu haben, das beschreibt, wie die Aneignung, die lernende Auseinandersetzung mit dem Gegenstand erfolgt. Im Bereich der Rechtschreibung kann dies z. B. entlang des Rechtschreiberwerbsmodells von Günther (1995) erfolgen.

Wenn das Erkenntnisziel diagnostischen Handelns demnach in der Ermittlung eines erreichten Aneignungsniveaus besteht, spielt das fachdidaktische Wissen von Lehrkräften eine wichtige Rolle (Schiefele u. a. 2019).

Das Stufenmodell von Günther (1995)

Für den Erwerb von Schriftsprache sei hier beispielsweise auf das Stufenmodell von Günther (1995) verwiesen. In diesem werden für die Teilbereiche Lesen und Schreiben unterschiedliche Strategien des Zugriffs auf die Schriftsprache erläutert. Zudem werden der Zusammenhang von Lesen und Schreiben verdeutlicht und notwendige „Vorläuferfähigkeiten“ formuliert. Mithilfe des Modells lässt sich die Frage beantworten, welche Strategie in der jeweils aktuellen Lernsituation eines Kindes oder Jugendlichen die dominierende im Zugriff auf die Schriftsprache ist. Diese Frage kann diagnostisch beantwortet werden, indem z. B. ein frei geschriebener Text des Kindes analysiert wird.

Auch ein Rückgriff auf Testmaterial, wie z. B. die „Hamburger Schreibprobe“ (May 2002), wäre möglich. Das Ergebnis eines solchen Tests kann – je nach didaktisch-diagnostischer Zielsetzung – herangezogen werden, um Selektionsentscheidungen zu begründen und zu legitimieren, d. h. summativ, oder um nächste Lehrschritte und -arrangements zu konkretisieren, also als formativ. Letzteres geschieht, wenn die leitende Frage sich auf die Systematik und Zugriffsweise der Lernenden bezieht. Denkbar sind auch beide Bezüge.

Die Ergebnisse eines Tests, der ein Hilfsmittel oder Werkzeug zur Erkenntnisgenerierung darstellt, sind gebunden an die theoretischen Vorstellungen, die ihm zugrunde liegen. Bei der Auswahl diagnostischer Instrumente ist mithin zu prüfen, ob und inwiefern sie Aufschluss über die interessierenden Aspekte geben können und den eigenen theoretischen Vorstellungen nicht zuwiderlaufen. Im Fall der Rechtschreibung stellen freie Schreibproduktionen von Schüler:innen eine Alternative oder Ergänzungen zum Einsatz von Tests dar. Aktuelle Zugriffsweisen auf die Rechtschreibung zu ermitteln und sie so genau wie möglich zu beschreiben, ist das Ziel dieses mikroanalytischen Erkenntnisschrittes.

individuelle Bezugsnorm

Die Orientierung an der Struktur des Gegenstandes als Vergleichsfolie zur Betrachtung der Entwicklung der Lernenden verweist auf eine individuelle Bezugsnorm. Differenzen werden als Relationen zwischen dem aktuellen Aneignungsniveau von Schüler:innen einerseits und einem konkreten kulturellen und gesellschaftlichen Gegenstand andererseits beschrieben. Diese Position geht von verschiedenen Niveaustufen der Aneignung kultureller und gesellschaftlicher Sachverhalte aus.

Die jeweilige Qualität der Auseinandersetzung der Lernenden mit einem Lerngegenstand, „die Zone der aktuellen Entwicklung", wird ebenso wie „die Zone der nächsten Entwicklung" (Vygotzkij 2002, 326) in diagnostischen Prozessen ermittelt. Durch den Vergleich der Komplexität eines Lerngegenstandes mit dem erreichten Repräsentationsniveau bei den Schüler:innen wird eine Aussage darüber möglich, wo jede:r Lernende aktuell steht, was wiederum die Planung zukünftiger Lehrprozesse anleitet.

Handlungsanalyse

Die lebensweltlichen Bezüge, in denen die Lernprozesse stattfinden, sind integrativer Bestandteil diagnostischer Betrachtung. Ziel ist es, dabei die Ermöglichung und Verhinderung von Lernen in und durch die gestaltete, v. a. bildungsrelevante Umwelt der Lernenden zu erkennen. Die erklärenden Betrachtungen gehen bei diesem Vorgehen also über das einzelne Kind hinaus (Schuck 2008, 110). Diese lebensweltlichen Bezüge werden in der *Handlungsanalyse* ermittelt. Sie bezieht sich auf die gegenstandsbezogenen Erfahrungen und damit auf die entwickelten persönlichen Bedeutungen des jeweiligen kulturellen Gegenstandes, mit dem eine Auseinandersetzung stattfinden soll. Diese orientiert sich an der Zielsetzung, vorhandenes Wissen und Können in ihrer jeweils erfahrungsgebundenen Einbettung zu betrachten. Diese Lernausgangslage in den Blick zu nehmen, ermöglicht Lehrpersonen sowohl eine reflektierte und begründete Gestaltung zukünftiger Lehr-Lernarrangements als auch die Rekonstruktion jener Aspekte, die verhindert haben, dass die von der Lehrperson erwartete Erweiterung des Wissens in der unterrichtlichen Gestaltung nicht gelungen ist.

Bei einer Sprachhandlungsanalyse in Bezug auf den Lehrgegenstand „Schriftsprache" wäre z. B. zu fragen, welche gegenständlichen und/oder sozialen Erfahrungen ein Kind mit dem Gegenstand bisher gemacht hat und welche Bedeutung es dem Gegenstand aktuell zumisst. Die Bedeutung der Rechtschreibung, die eingebettet ist in die kommunikative, die bewahrende und die gedächtnisstützende Funktion der Schriftsprache, umfasst die Frage, inwiefern das Kind sie für sich nutzt bzw. welche der kulturellen Möglichkeiten es kennt und nutzen kann. Zusätzlich zu diesen eher positiv konnotierten Elementen ist zu betrachten, welche negativen Erfahrungen der:die Schüler:in mit dem Gegenstand gemacht hat – wenn z. B. in der Schule fokussiert wurde, was er:sie falsch anstatt was er:sie bereits richtig geschrieben hat. Vielleicht wurde sogar ohne Berücksichtigung der kommunikativen Absicht einer Schreibleistung nur die formale, insbesondere die Rechtschreibung, betrachtet und negativ bewertet.

biografische Analyse

Der dritte Aspekt der Diagnostik richtet sich auf die Biografie. In der biografischen Analyse werden lebensgeschichtliche Erfahrungen und Bedingungen von Schüler:innen erfasst, soweit sie eine Bedeutung für den Erwerb des jeweiligen Gegenstandes haben, der in der Mikroanalyse betrachtet wird. In Bezug auf die Schriftsprache kann dies z. B. die Frage sein, ob Schüler:innen in der Familie eine positive Beziehung zur Schriftsprache entwickeln konnten bzw. können. Dies wäre dann der Fall, wenn Vorlesesituationen bestehen, die von Kindern und Eltern als positiv und beziehungsstiftend erlebt werden; oder wenn aktive und positiv erfahrene Schreibprozesse beobachtet und/oder die Kinder hierin einbezogen werden (wie z. B. Postkarten oder E-Mails an Freund:innen/Familie schreiben). In diesen Bereich gehören auch die schulischen Erfahrungen, die mit dem Unterrichtsgegenstand gemacht wurden.

Eine Gruppe von Schülerinnen ist der Überzeugung, Physik nicht zu können, *weil* sie *Mädchen* sind. Dann ist im diagnostischen Vorgehen die Frage zu stellen – und im Lehrprozess zu berücksichtigen –, welche milieuprägenden Sozialisationserfahrungen in Gesellschaft und Schule diese Überzeugung begünstigt haben und wie diese im Unterricht reflektiert werden können, um nicht als Barriere das Lernen zu behindern. Es kann dann bzw. sollte die unterrichtliche Aufgabe sein, diese geschlechterstereotypen Vorstellungen der Schülerinnen in Bezug auf das Schulfach Physik zu hinterfragen, zu problematisieren und zu überwinden, da die von den Mädchen entwickelte Orientierung eine Behinderung für ihre fachliche Auseinandersetzung und Aneignung der Inhalte darstellt. Diese können auch in der schulisch gestalteten Fachkultur liegen; z. B. wenn das Fach ausschließlich von Männern unterrichtet wird und/oder die Räume und Bücher mit männlichen Physikern dekoriert sind.

Die drei Teilschritte Mikroanalyse, gegenstandsbezogene Handlungsanalyse und Biografieanalyse werden in der Interpretation und bei der Beschreibung von Lern- und Bildungszielen miteinander verbunden.

Prinzipien diagnostischen Vorgehens

Diagnostisches Vorgehen, das diese drei Analyseebenen unterscheidet und zugleich integriert, ist prozesshaft aufgebaut, da sich Kinder/Jugendliche kontinuierlich lernend entwickeln. Vergleiche des Aneignungsniveaus zu unterschiedlichen Zeitpunkten erlauben es auch, die Wirkung dazwischen vorgenommenen pädagogischen Bemühungen zu evaluieren und kritisch zu hinterfragen. Die Lehrperson kann darüber die Qualität und den Erfolg ihrer unterrichtlichen Handlungen ebenso überprüfen wie den Lernstand der Schüler:innen.

5.4 Unterricht: Anforderungen an die Initiierung von Lern- und Bildungsprozessen

Dieser Abschnitt widmet sich einer Zusammenführung der vorgestellten lerntheoretischen und diagnostischen Bezüge, die in der Darstellung wesentlich auf Individuen bezogen wurden, für das kollektiv organisierte Geschehen inklusiven Unterrichts.

Im Unterricht Lern- und Bildungsprozesse aufseiten der Schüler:innen zu initiieren und zu unterstützen, ist Aufgabe der Lehrer:innen. Dies ist eine komplexe Anforderung, da im Unterricht zwischen zweierlei zu vermitteln ist: den mehrdimensionalen Milieuerfahrungen der Schüler:innen in ihrem sozialen und fachlichen Miteinander sowie zwischen ihnen und dem jeweils zu vermittelnden Fachgegenstand. Im organisatorischen Rahmen erfolgt dies zusätzlich entlang widersprüchlicher Erwartungen, namentlich der Selektions- und Enkulturationsfunktion sowie der Qualifikationsfunktion *(siehe Kapitel 3.1)*. In ihrem Vorhaben zu lehren, sind die Lehrkräfte auf die Kooperation der Schüler:innen angewiesen, da Lernen durch die Lernenden selbst erfolgt – wenn auch in intersubjektiver Auseinandersetzung – und keine logische Konsequenz von Lehren darstellt.

Dieser Abschnitt widmet sich u. a. den theoretisch gestützten Möglichkeiten, die zur reflexiven Auseinandersetzung mit dieser Komplexität herangezogen werden können. Unterricht wird dabei in seiner Widersprüchlichkeit betrachtet und entlang seiner Potenziale, systematische Benachteiligung sozialer Gruppen hervorzubringen sowie diese zu erkennen und zu überwinden. Letzteres orientiert sich an den Möglichkeiten für Lern- und Bildungsprozesse, die über soziale und fachliche Milieugrenzen hinweggehen und am Primat der Inklusion ausgerichtet sind.

5.4.1 Didaktik – eine Definition

Der erziehungswissenschaftliche Diskursstrang, der sich mit Unterricht befasst, ist die Didaktik. Die Bezeichnung kommt ursprünglich aus dem Griechischen und bedeutet so viel wie lehren, unterweisen, klar auseinandersetzen und belehrt werden (Lehner 2009, 10). Das im 17. Jahrhundert entwickelte Verständnis von Didaktik als planvolles Lehren und Lernen hat sich bis heute in der schulpädagogischen Diskussion gehalten und lässt sich mit der folgenden Definition Wiaters (2015) zuspitzen:

Definition:
„Didaktik ist die wissenschaftliche und praktische Beschäftigung mit dem Zusammenhang zwischen Unterrichten und Lernen." (Wiater 2015, 10)

Die Definition verweist darauf, dass in didaktischen Überlegungen präskriptive und legitimierende Aspekte fokussiert werden (Breidenstein 2008). Aus diesem Selbstverständnis heraus setzt sich die Didaktik mit Fragen auseinander, wie unterrichtliche Prozesse zu gestalten sind, und orientiert sich an normativen Vorstellungen und Erwartungen (Proske 2011, 10). Eine empirische Betrachtung, die bereits stattgefundenen Unterricht in den Blick nimmt, etabliert sich zunehmend. Im Gegensatz zu präskriptiven und legitimierenden Zielen stehen hier deskriptive im Vordergrund (Breidenstein 2008).

Entlang dieser Prämissen setzt sich Didaktik mit den Zielen und Wertvorstellungen auseinander, die in Bildungs-, Lern- und Erziehungsprozessen gelten, und stellt Ideen für deren Umsetzung in der Praxis bereit. Deren inhaltliche Füllung und Ausgestaltung ist gebunden an die in der schulischen Organisation formalisierten Verständnisse und deren pädagogischen Interpretationen durch die Beteiligten.

Bezugspunkte

Neben den Inhalten, durch die Bildung realisiert werden soll, sind die methodischen Formen ihrer Aufbereitung für den Unterricht Gegenstand der Didaktik. Die schulorganisatorischen und gesamtgesellschaftlichen Rahmenbedingungen, in die Unterricht eingebettet ist, stellen weitere Bezugspunkte didaktischer Überlegungen dar und sind zugleich die deutlichste theoretische Brücke zu einer sozialwissenschaftlichen Perspektive, die Unterricht nicht als rein pädagogische Angelegenheit, der losgelöst von „schulorganisatorischen, bildungsadministrativen und gesellschaftspolitischen Rahmungen" (Proske/Rabenstein/Meseth 2021, 4) gestaltet wird. Abbildung 14 verdeutlicht die Zusammenhänge und zeigt zugleich potenzielle Ebenen auf, entlang derer systematische Benachteiligung ursächlich sein kann.

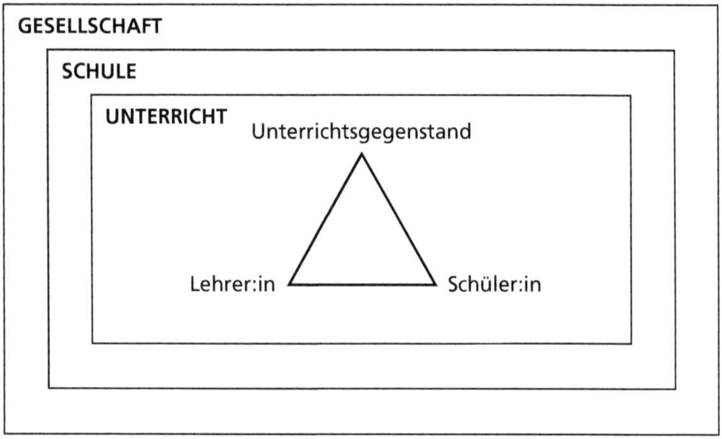

Abb. 14: Bezugspunkte didaktischer Überlegungen (in Anlehnung an Wiater 2015, 11)

Unterricht als dialektisches Geschehen

Unterricht ist vor dem Hintergrund didaktischer Überlegungen und Definitionen sowie der Ausführungen zum Lernen als ein nicht vorhersagbares Interaktionsgeschehen zu verstehen. Aus der Perspektive unterrichtender Lehrer:innen verweist dies auf das Spannungsverhältnis zwischen dem, *was im und durch Unterricht wie erreicht werden soll* – die präskriptive und legitimierende Seite – und der tatsächlichen Realisierung. Der Unterricht stellt sich als ein dialektisches Geschehen dar, in dem die Lehrperson die rollengebundene Aufgabe verfolgt, den Schüler:innen einen bestimmten Sachverhalt zu vermitteln, hierbei jedoch darauf angewiesen ist, dass sich die adressierten Schüler:innen auf diesen Gegenstand einlassen und ihn erlernen bzw. sich lernend mit ihm auseinandersetzen (Wiater 2015, 18). Mit Mannheim (1980, 207) kann dies so verstanden werden, dass Lehrer:innen Beziehungen zwischen dem Gegenstand und denjenigen entstehen lassen, die Wissen über ihn erwerben sollen. Die Schüler:innen können dies nur zulassen bzw. für sich als bedeutsam erkennen, wenn Anknüpfungsmöglichkeiten an vorherige Erfahrungen und Wissensbestände und gleichzeitig etwas potenziell zu Lernendes gegeben sind. Ist dies nicht der Fall, so dominiert vermutlich die schulische Situation, zum Lernen des Gegenstandes „gezwungen“ zu werden.

5.4.2 *Unterricht als Milieu*

In diesem Abschnitt wird, anknüpfend an die bisherigen Ausführungen, ein Verständnis von Unterrichtsmilieu entwickelt. Es dient als Grundlage für die weiteren Betrachtungen. Fokussiert wird die Milieudimension des Unterrichtsmilieus von Lehrkräften.

Unterrichtsmilieus

Der fachliche Gegenstand, über den Wissen und Können erweitert und durch den Lernen und Bildung erfolgen sollen, erweitert und differenziert die Dimensionen des Organisationsmilieus zu Unterrichtsmilieus. Pädagogisches Wissen und Können beschreibt eine weitere Dimension, die für das professionalisierte Agieren von Lehrpersonen prägend ist, da ihre unterrichtlichen Intentionen auf eine pädagogisch-professionelle Beziehungsgestaltung angewiesen sind. Um diese zwei unterrichtstypischen Dimensionen sollen die bisherigen Überlegungen zur Schule und ihrem Organisationsmilieu ergänzt und erweitert werden. In der Organisation der Schule kann dieses Zusammenspiel als ein spezifischer Teil des Organisationsmilieus, als „Unterrichtsmilieu“ (Wagner-Willi / Sturm 2012), bezeichnet werden.

Definition:

Das *Unterrichtsmilieu* stellt eine spezifische Kultur der Interaktion dar, in der vonseiten der Lehrpersonen Bildungs- und Lernprozesse entlang ausgewählter Fachgegenstände aufseiten der Schüler:innen initiiert und unterstützt werden. Unterrichtsmilieus werden in interaktiven Praktiken hervorgebracht, in welchen die unterschiedlichen sozialen Milieus der Beteiligten und ihre rollen- und organisationsbezogene Mitgliedschaft der Schule einfließen.

unterrichtliche Gegenstände

Unterricht stellt jenen Interaktionsraum dar, in dem Schüler:innen und Lehrpersonen sich in der Organisation Schule begegnen. Anders und abstrakter formuliert treffen hier – mit der Zielsetzung pädagogisch unterstützter und initiierter Bildungs-, Erziehungs- und Lernprozesse – unterschiedliche Milieus und Erfahrungen aufeinander. Neben den spezifischen sozialen Milieus, denen die Beteiligten angehören, zählen aufseiten der Lehrer:innen hierzu eine *pädagogisch-professionelle* Dimension, die auch eine fachliche enthält, sowie eine *organisationsbezogene Dimension.* Aufseiten der Schüler:innen sind diese ebenfalls vorhanden, ohne jedoch identisch mit denen der Lehrperson zu sein.

Die Beteiligten begegnen sich im Unterricht in Form sozialer Rollen, die mit Verhaltenserwartungen verbunden sind. Im Kontext von Unterricht kommt zudem der Unterrichtsgegenstand, in materieller oder sozialer Form hinzu. Er stellt das jeweilige unterrichtliche Medium dar, durch das Lernen und Bildung realisiert werden sollen (Hopmann 2007b, 115), und ist, mittels seiner curricularen Vorgaben, zugleich Produkt sozialer Auseinandersetzungen und gesellschaftlicher Machtverhältnisse. Letztere betreffen den Unterrichtsgegenstand in doppelter Hinsicht: zum einen in seiner kulturellen Bedeutung, in der spezifische Interpretationen und Perspektiven auf den Gegenstand enthalten sind, und zum anderen in der Tatsache, Teil des Curriculums zu sein – also zu jenen sozialen oder materialen Gegenständen und Errungenschaften zu zählen, die intendiert und idealerweise demokratisch legitimiert an die nächste Generation weitergegeben werden sollen. Durch diese fachwissenschaftliche Komponente erhöht sich das Risiko systematischer Benachteiligung sozialer Gruppen, und zwar insbesondere für jene, die sich in der Auseinandersetzung mit den Gegenständen nicht auf milieuspezifisches Verstehen verlassen können und auf einen interpretativen Zugang angewiesen sind.

Fachkultur

Die fachlichen Milieus oder Fachkulturen finden sich in der Schule als Unterrichtsfachkulturen – die Schulfächer werden im Sinne der hier erfolgten Definition als eine eigene Kultur verstanden, die Bedeutungen und Werte enthält. Hierzu zählt beispielsweise die Klärung, welche Gegenstände in der Mathematik als bedeutend gelten, die an die nächsten Generationen vermittelt werden sollen. Lehrer:innen werden im Studium in den wissenschaftlichen Fachkulturen und deren Fachdidaktiken sozialisiert und erwerben im jeweiligen Fachgebiet in explizit-kommunikativer Hinsicht Wissen und Können. Das Selbstverständnis des Faches und seine Bedeutung im schulischen Fächerkanon, also v.a. auch in Relation zu anderen Fächern, ist Teil des Fachmilieus.

Ein derartiges Fachmilieu ist, neben den pädagogischen und organisatorischen Bezügen ein Teil des professionellen Milieus der Lehrer:innen. Die fachkulturellen Milieus gehen über die Gegenstände und typischen Vermittlungsformen hinaus und finden ihren Ausdruck in den Unterrichtsmedien und den Interaktionsformen, die ihrerseits Vorstellungen von Differenz enthalten und spezifisch aufgreifen, wie z.B. das Geschlecht (Willems 2007, 253 ff.). Die Lehrpersonen einer Schule gehören unterschiedlichen Fachmilieus an. Die sozialen Felder der Wissenschaftsdisziplinen stehen in Relationen zueinander, die sich über fachliche Aspekte hinaus auch in Macht- und Herrschaftsverhältnissen zeigen. Innerhalb fachwissenschaftlicher Felder bestehen Argumentationen und Verständnisse, die legitim sind. Zugleich werden die Felder von Akteur:innen gestaltet und beherrscht, die selbst sozialen Milieus angehören und aus diesen jeweiligen Perspektiven heraus Gegenstände betrachten und verstehen.

Für die Ebene formaler Regeln in der Schule verweist dies darauf, dass sowohl in der vorgegebenen schulischen Fächerkombination innerhalb eines Bildungsgangs als auch in den spezifischen Unterrichts- und Lerngegenständen, die als Bildungs-, Rahmen- und Lehrpläne in der Schule präsent sind, soziale Geschichte gespeichert ist und zwar in Form (fach-)milieuspezifischer Bedeutungen. Dies kann über die Verhaltensebenen hinaus die Schlechterstellung sozialer Gruppen begünstigen. Die milieugeprägte Interpretation von Regeln erfolgt dort, wo Milieus dominieren und ihren Umgang mit einer Regel, einer Interpretation, durchsetzen.

Mathematische Sprache und mathematischer Habitus

So argumentiert Zevenbergen (2001) auf der Grundlage Bourdieus für den Mathematikunterricht, dass dieser zum Ziel habe, in die mathematische Sprache und einen mathematischen Habitus einzuführen. Die Schüler:innen sollen mathematisch sprechen können und so Teil des mathematischen Milieus werden. Sprache wird dabei von ihr über die linguistische Ebene hinaus als Habitus verstanden (Zevenbergen 2001, 209).

fachliche Ziele

Im Unterricht sind die formalen Regeln der Schule nicht nur in Form sozialer Rollen vorgegeben. Es sind auch die inhaltlich-fachlichen Ziele enthalten, die von den Lehrpersonen zu vermitteln sind. Im Vergleich zu pädagogischen Praktiken außerhalb von Schule sind die materialen oder sozialen Gegenstände, mittels derer die Schüler:innen gebildet werden sollen, explizit formuliert. Die fachlichen Ziele sind den übergeordneten Bildungs- und Erziehungszielen einer freiheitlich-demokratischen Grundordnung sowie den orientierenden Zielen von Mündigkeit und Emanzipation zwar nachgeordnet, sie stellen aber jene Gegenstände und Inhalte in Form von Schulfächern und Curricula dar, mittels derer diese als erreichbar erachtet werden. Die Erwartung an die Schüler:innen in der Organisation Schule findet im Unterricht insofern eine Konkretisierung, als erwünscht wird, dass sie sich auf die Auseinandersetzung mit den Inhalten einlassen.

pädagogische Beziehung

Vor diesem Hintergrund eines Verständnisses von Unterrichtsmilieu sind Lehrer:innen auf pädagogisches Wissen und Können angewiesen, um Lern- und Bildungsprozesse aufseiten der Schüler:innen zu initiieren. Das eröffnet ihnen die Gestaltung und/oder Herstellung einer pädagogisch-professionellen Beziehung zu den Schüler:innen. Hierzu bedarf es Gemeinsamkeiten, an die angeknüpft werden kann, wie sie beispielsweise aus Übereinstimmungen von Milieudimensionen resultieren. Diese liegen entweder tatsächlich vor oder sind durch die Lehrpersonen herzustellen. Entlang der hier leitenden theoretischen Annahmen besteht dies darin, an das *konjunktive Erfahrungswissen* und *an* das *explizite Wissen* der Schüler:innen anzuknüpfen, um ihr Interesse an einer lernenden Auseinandersetzung zu wecken und zugleich Differenzen gegenüber diesen zu provozieren – und damit Diskrepanzerfahrungen als Lernanlässe zu ermöglichen. Beide Aspekte können nicht losgelöst voneinander betrachtet werden, da sie einander wechselseitig bedingen (Mannheim 1980, 217). Auf expliziter Ebene Gebotenes kann *verstanden* oder muss *interpretiert* werden. Um Lern-, Bildungs- und Erziehungsprozesse zu initiieren und zu unterstützen, sind beide Bezüge, sowohl die zwischen der Lehrperson und den Schüler:innen als auch die zwischen den Schüler:innen eine Voraussetzung.

In der Didaktik wird zwischen *Bildungsinhalt*, dem potenziellen Wissen und Können, und dem *Bildungsgehalt* unterschieden. Der Bildungsgehalt ist individuell zu betrachten, aus der jeweiligen Perspektive der Lernenden. Aus je individueller resp. milieugeprägter Sicht entscheidet sich, ob etwas einen Bildungsgehalt hat, also zur Erweiterung der bisherigen Perspektiven, zu ihrer Transformation beiträgt. Fehlt eine solche Erkenntnis aufseiten der Schüler:innen, so ist deren Entwicklung zu unterstützen, d. h. der Unterrichtsgegenstand ist so aufzubereiten, dass Bedeutung erkannt werden kann. So der Unterricht nicht ausschließlich über die Zentrierung auf die Lehrperson ohne das gegenseitige Miteinander der Schüler:innen erfolgen soll, ist zwischen ihnen ebenfalls konjunktive Gemeinsamkeit notwendig. In einem demokratischen Zusammenhang von Schule – und in dem ist die Organisation angesiedelt – stellen Kooperation und Miteinander der Peers eine wichtige Komponente dar (Prengel 2012, 177).

Unterrichten von Gruppen

Durch die gruppenförmige Organisation von Lehr-Lernprozessen in der Schule ist davon auszugehen, dass eine Lerngruppe sowohl hinsichtlich ihres konjunktiven Erfahrungswissens als auch ihres explizit kommunikativ-generalisierten Wissens vielfältig ist und dass es zugleich Gemeinsamkeiten gibt. Die Aspekte können sich auf Teilgruppen oder die Klasse insgesamt beziehen. Die Lehrintentionen sind gleichzeitig auf mehrere Schüler:innen gerichtet und somit deutlich mehrdimensionaler und vielschichtiger, als dies in der Adressierung einzelner der Fall ist. Die Anordnung von Unterricht im organisatorischen Rahmen der Schule steigert diese Komplexität noch weiter, ermöglicht aber auch erst das Zusammenkommen und den Austausch von Kindern und Jugendlichen mit unterschiedlichen milieugebundenen Erfahrungen.

Lehren und Lernen in Schulklassen erweitert gegenüber dem Einzelunterricht von Schüler:innen die Optionen der Diskrepanzerfahrung, die für eine lernende Auseinandersetzung mit der sozialen und materialen Welt eine Voraussetzung darstellt. Unterrichtliche Lehrziele, die daran ausgerichtet sind, milieuübergreifende Lernerfahrungen zu schaffen und zugleich die individuellen Lernprozesse einzelner Schüler:innen zu unterstützen, sind aufgrund ihrer Vielschichtigkeit komplex und herausgefordert, unterschiedlich(st)e Perspektiven auf Unterrichtsgegenstände aufzugreifen und wertzuschätzen.

Gemeinsamkeiten und Differenzen erkennen

Die pädagogisch-unterrichtliche Herausforderung besteht darin, die milieugeprägten Erfahrungen und das gegenstandsbezogene Wissen und Können der Schüler:innen hinsichtlich ihrer Gemeinsamkeiten und ihrer Unterschiede zu erkennen. Diese so aufzugreifen, um Lern- und Bildungsprozesse zu initiieren, macht den Kern didaktischen Handelns in gruppenförmig organisierten Lehr-Lern-Konstellationen aus. Gemeinsamkeiten und Unterschiede bestehen aufseiten der Schüler:innen zwischen den sozialen wie auch material vorliegenden Unterrichtsgegenständen, die als Bildungsmedien fungieren und im Unterricht verhandelt werden. Je nachdem, welche konkreten Schüler:innen mit welcher didaktischen Intention im Unterricht gruppiert und adressiert werden, sind ihre Differenzen und Gemeinsamkeiten neu zu betrachten. Es sind die Fragen zu klären, ob und wie die Schüler:innen voneinander und/oder von der Lehrperson und ihrem Fachwissen lernen sollen. Je nach spezifischer Zielsetzung bestehen unterschiedliche Möglichkeiten, die Gemeinsamkeiten und Differenzen zu berücksichtigen und aufzugreifen. Wird die gesamte Klasse adressiert, stellt sich die Gemeinsamkeit anders dar, als wenn mit einzelnen Schüler:innen gearbeitet wird.

Bei der pädagogischen Adressierung einer Gruppe, die mit einer Vermittlungsintention einhergeht, ist es notwendig, bestehende Gemeinsamkeiten und zugleich Differenzen heranzuziehen, um Diskrepanzerfahrungen als potenzielle Lernanlässe zu schaffen. Fehlt einzelnen Schüler:innen der Lerngruppe die Möglichkeit bzw. gelingt es ihnen nicht, an Vertrautes anzuknüpfen, so sind sie aus dem Interaktionszusammenhang ausgeschlossen. Eine solche Situation kann zum Anlass genommen werden, um die Diskrepanz zu thematisieren oder das Arrangement zu verändern, sodass gemeinsame Erfahrungen möglich werden. Bleibt dies aus, machen die Schüler:innen die Erfahrung, in diesem unterrichtlichen Setting nicht lernend partizipieren zu können.

5.4.3 Unterrichtliche Herausforderung: Vermittlung zwischen widersprüchlichen Erwartungen

widersprüchlicher Handlungsrahmen

Die vorangegangenen Ausführungen verdeutlichen, dass Unterrichten ein hochkomplexes Interaktionsgeschehen darstellt, da in der vermittelnden Tätigkeit diverse Anforderungen zusammenlaufen, die in der praktischen Ausführung miteinander zu integrieren sind: der formale Rahmen der Schule inklusive seiner (schul-)fachdisziplinären Vorgaben, die Regeln der Organisation, die milieuspezifischen Erfahrungen der Schüler:innen sowie die eigenen, sozialen und organisationsbezogenen mit ihrer fachlichen und pädagogisch-professionellen Dimension. Diese vielschichtigen Bezüge fließen zusammen in der pädagogischen Vermittlungsintention, also der Initiierung und Unterstützung von Lern- und Bildungsprozessen aufseiten der Schüler:innen und sind durch die Lehrperson aufeinander zu beziehen.

Die Komplexität steigert sich weiter dadurch, dass Unterrichten in der Schule stattfindet, die ihrerseits durch im Widerspruch zueinander stehende schulische Aufgaben bzw. Verständnisse gekennzeichnet ist. Die Bildungs- und Selektionsaufgaben stehen in einem konstitutiven Spannungsverhältnis zueinander. Schulgesetzlich werden sie mit unterschiedlich konnotierten Konzepten von Bildung begründet: einem begabungsbedingten, begrenzten einerseits und einem offenen und transformativen andererseits (Sturm 2023). Die Lehrer:innen positionieren sich mittels ihrer Praktiken immer wieder neu in diesem Spannungsfeld. Die vielschichtigen Rahmenbedingungen und die ihnen innewohnenden Potenziale sowie die Restriktionen einer milieureflektierten und zugleich Diskriminierung überwindenden inklusiven Pädagogik sollen hier in den Blick genommen werden, indem die Grundkonflikte in ihrer rollenbezogenen Zuspitzung der Lehrkräfte betrachtet werden. Die unterrichtlichen Handlungen von Lehrpersonen entfalten sich um den Grundkonflikt, den Schüler:innen die Zugehörigkeit und das Vertrauen in ihre lernende Auseinandersetzung zu eröffnen, und zugleich zu kontrollieren und ggf. zu legitimieren, dass die Schüler:innen im ‚korrekten' Bildungsgang sind. Der zentrale Widerspruch der unterrichtlichen Lehrtätigkeit, der nicht allein durch Entwicklungen innerhalb des Unterrichts und/oder der Schule zu überwinden ist, ist konstitutiv für die Tätigkeit in separativen Schulsystemen. Er fordert die Lehrer:innen je nach Handlungszusammenhang und Intention unterschiedlich heraus und bietet ihnen Anlass zur Reflexion ihrer Tätigkeit. Im Anschluss an eine allgemeine Beschreibung des Grundkonfliktes wird dieser für die fachliche Auseinandersetzung mit Lerngegenständen spezifiziert.

Zugehörigkeit und Bildungsmöglichkeiten der Schüler:innen eröffnen und in Frage stellen: Der zentrale Widerspruch, in dem die Lehrer:innentätigkeit in den Schulen der deutschen Bundesländer angesiedelt ist, entfaltet sich zwischen dem bildungspolitisch formulierten Verständnis von Leistung und Bildung, die als v.a. naturgegeben und in der Folge begrenzt, konzipiert werden. Ihren Ausdruck finden sie in einer Vielfalt hierarchisch zueinander stehender schulischer Bildungsangebote, denen die Schüler:innen legitim zugeordnet werden sollen, und dem Verständnis offener und transformatorischer Bildungsmöglichkeiten, die interaktiv hervorgebracht werden. Die de-kontextualisierte Betrachtung von Lehr-Lernergebnissen, die wesentlich als Produkte der Schüler:innen und nicht als interaktiv verstanden werden, stehen auch im Widerspruch zu sozialwissenschaftlichen und erziehungswissenschaftlichen Erkenntnissen. Letztgenannte zeigen auf, dass und wie soziale und materiale Erfahrungen von Schüler:innen ihre Perspektive auf Gegenstände wie auch auf die Schule selbst prägen (z.B. Jünger 2008). Von der Lehrperson wird also gefordert, unterrichtliche Situationen zu gestalten, zugleich Lern- und Bildungsgelegenheiten zu eröffnen und Legitimationen für Selektion und Bewertungen im Besser/Schlechter-Modus zu generieren.

Grundwiderspruch der Lehrtätigkeit

Der Grundwiderspruch der Lehrtätigkeit konkretisiert sich in Vermittlungssituationen, deren Ziel es ist, Schüler:innen mit unterschiedlichen Erfahrungen in ein gemeinsames Unterrichtsgeschehen einzubinden. Die Überlegung, alle am unterrichtlichen Geschehen partizipieren zu lassen, ein inklusives Setting zu gestalten, liegt konträr zu der schulischen Erwartung, Situationen zu schaffen, an denen nicht alle vergleichbar partizipieren können, um eine Bewertung im Modus besser/schlechter (nachträglich) legitimieren zu können. Es wird also Marginalisierung durch Nicht-lernen-Können provoziert. Letzteres muss nicht unmittelbar in der Situation deutlich werden, sondern kann auch bei der späteren Bewertung stattfinden – also in Situationen, in denen ein gemeinsamer Bezugs- und Vergleichspunkt für alle herangezogen wird. Die egalitäre Differenz zwischen unterschiedlichen Positionen oder Lernständen wird durch die formale Vorgabe von Zielen, die als (nicht) erreicht bewertet werden, in hierarchische Relationen überführt. Diese Form der Bewertung erfolgt mithilfe von Skalen, und sie hat im schulischen Kontext eine enorme Bedeutung, da insbesondere bei Nichtkönnen die Mitgliedschaft in der jeweiligen Schulform oder Lerngruppe nicht mehr legitim ist.

Die Lehrerin Frau Blanck muss ihre Schüler:innen am Ende der 3. Klasse bewerten. Aus ihren Beobachtungen im Unterricht, die sie in einzelnen Bereichen mittels diagnostischer Verfahren abgestützt hat, weiß sie, dass Laura im letzten halben Jahr eine positive Beziehung zur Schriftsprache entwickelt und begonnen hat, mithilfe der alphabetischen Strategie zu schreiben. In der Hamburger Schreibprobe erreicht die Schülerin mit ihren Kenntnissen den Prozentrang 3. Frau Blanck weiß, wie sie Laura, die große Fortschritte gemacht hat, weiter unterstützen kann, um mittelfristig eine orthografische Strategie anzubahnen. Konträr zu ihren fördernden Gedanken stehen Versetzungsregeln, die einen Übertritt Lauras in die vierte Klasse nur dann vorsehen, wenn Rechtschreibregeln umfangreicher beherrscht werden. Frau Blanck ist hier in dem Dilemma, zum einen in Form von Zeugnissen und Zensuren Lauras aktuellen Lernstand entlang einer objektiven und/oder sozialen Bezugsnorm belegen zu können und auf der anderen Seite, sie im Lernen zu unterstützen und durch ihre Angebote einen Erhalt Lauras in der Lerngruppe bzw. Schulform zu ermöglichen. Kann Laura aufgrund der Regelungen des Bundeslandes nicht versetzt werden, macht sie vermutlich Erfahrungen des Scheiterns als auch die des Vertrauensverlusts zu einer für sie bildungsrelevanten Bezugsperson.

In der Gestaltung didaktischer Arrangements spitzt sich dieser Widerspruch zu: Hier ist einerseits an die individuellen Lernausgangslagen der Schüler:innen anzuknüpfen, die gleichberechtigt nebeneinanderstehen, und diese dann zum Ausgangspunkt unterrichtlicher Betrachtung gemacht werden; andererseits wird auch an von außen gesetzte Ziele herangeführt, um mittels des Erreichens belegen zu können, dass die Mitgliedschaft legitim ist und bleibt. Die Mitgliedschaft im Unterricht ist an konkrete Leistungs- und Verhaltenserwartungen gebunden, die in formalen Regeln festgehalten sind. Sowohl Bildung als auch Lernen werden hier neben ihrer Handlungsmöglichkeiten erweiternden auch in einer distinktiven (abgrenzenden) Perspektive verstanden. Dies steht im Widerspruch zu der ebenfalls explizit formulierten Berücksichtigung individueller Lernausgangslagen; letztere werden allerdings nicht in vergleichbarer Weise eingefordert und/oder kontrolliert. Eine egalitäre Perspektive auf Differenz zwischen Lern- und Entwicklungsprozessen von Schüler:innen steht in Konkurrenz zu einer hierarchisierenden und mit unterschiedlichen Begabungen begründeten.

„Kooperation am Gemeinsamen Gegenstand"

Das Ziel der Konzeption eines inklusiven Unterrichts im Kontext der aufgezeigten Widersprüchlichkeit liegt darin, dass die Schüler:innen mit ihren unterschiedlichen sozialen und materialen Erfahrungen die unterrichtlichen Inhalte und Gegenstände als für sich bedeutsam und relevant erleben, um Diskrepanzen gegenüber ihren aktuellen Vorstellungen erfahren zu können, die in Lern- und Entwicklungsprozesse münden. Mit anderen Worten, eine Auseinandersetzung muss für sie bedeutsam sein bzw. sich für sie lohnen. Ein didaktischer Ansatz, der dies aufgreift, ist Feusers Theorie der „Kooperation am Gemeinsamen Gegenstand“ (Feuser 1995, 178 ff.).

Die Gemeinsamkeit sieht Feuser (1995) in einem kulturellen Gegenstand oder einer kulturellen Tätigkeit, die vermittelt werden soll, da sie gesellschaftlich bedeutsam ist. Der Gemeinsame Gegenstand ist nicht das konkrete Material, das im Unterricht erarbeitet und bearbeitet wird, sondern die *kulturelle Tätigkeit* bzw. der *kulturelle Gegenstand* in seiner gesellschaftlichen Bedeutung; diese sogenannte „Sachstruktur“ eines Gegenstandes ist aufzuschlüsseln, um die ihr innewohnenden Lerngelegenheiten zu erkennen. Letztere bestehen in allen denkbaren gesamtgesellschaftlichen Auseinandersetzungsformen, die insofern in hierarchischer Beziehung zueinander stehen, als komplexere und differenziertere Formen im Auseinandersetzungsprozess mit einem Gegenstand bestehen.

Neben der vertikalen gibt es eine horizontale Dimension, die durch die Integration neuer Information in die vorhandenen Erfahrungen gekennzeichnet ist (Feuser 1995, 175 f.). Ein kultureller Gegenstand ist z. B. die Kommunikation, der Austausch zwischen Menschen, die mittels Zeichen und Symbolen erfolgt; diese finden in Mimik, Gestik, Bildern, Piktogrammen, Laut- oder Gebärdensprache unterschiedliche Ausprägungen. Ist es die unterrichtliche Vermittlungsintention, den Gebrauch von Symbolen mit dem Ziel zwischenmenschlicher Kommunikation im Unterricht zu differenzieren und zu erweitern, kann dies beispielsweise am „Gemeinsamen Gegenstand“ realisiert werden, Geschichten zu erfinden. Unterschiedliche Schüler:innen können die Aufgabe – mit verschiedenen pädagogischen Begleitformen – verschieden bewältigen. So kann eine Geschichte geschrieben, es können Bilder gezeichnet werden oder eine Geschichte kann von einem nichtschriftkundigen Kind einer schriftkundigen Person diktiert werden. Bilder zu einer vorgelesenen Geschichte können in die richtige Reihenfolge sortiert werden. Kooperation an einem solchen „Gemeinsamen Gegenstand“ wird durch den interaktiven Austausch der Schüler:innen realisiert, in der Bearbeitung der Aufgaben und dem Austausch hierüber beim Erzählen ihrer Geschichten.

Kritik und Differenzierung

Die entwicklungslogisch fundierten Überlegungen Feusers (1995) können um die Reflexion milieugebundener kultureller Bedeutungen von Gegenständen ebenso erweitert werden wie um die Notwendigkeit, in Kooperationssituationen in doppelter Hinsicht Gemeinsamkeit zu eröffnen: konjunktive Erfahrungen und/oder geteilte Wissensbestände. Dies bezieht sich gleichermaßen auf das soziale Miteinander und den unterrichtlichen Gegenstand.

Im schulischen Kontext wird ein solches unterrichtliches Vorgehen herausgefordert: einerseits durch Differenzen und andererseits durch die Notwendigkeit, auf Gemeinsamkeit zurückgreifen zu können. Die erste Herausforderung konkretisiert sich darin, dass in der Schule unterschiedliche *entwicklungslogisch begründete* Bearbeitungsformen in hierarchische Relation zueinander gestellt werden, z. B. wird Schreiben höher bewertet als Bilder zu malen – ohne zu fragen, unter welchen Bedingungen die Lernenden ihr Verständnis entwickelt haben; eine inklusive unterrichtliche Gestaltung erfordert, dies unter den Beteiligten zu thematisieren und zu reflektieren. Die zweite Herausforderung besteht dort, wo Schüler:innen keine Gemeinsamkeiten mehr erfahren bzw. die gegebenen für sie nicht bedeutsam sind (Werning/Lütje-Klose 2016, 155f.). Hier ist es die Aufgabe des Unterrichts, Gemeinsamkeit und Verständnis zwischen einander fremden Milieus konjunktiv erfahren zu lassen und/oder Wissen über sie bereitzustellen, welches zur Reflexion und Verständigung herangezogen werden kann (Nohl 2014, 234). Die unterrichtlichen Lehrsituationen sollen die Schüler:innen darin unterstützen, ihre individuellen Zugänge weiterzuentwickeln und bestehende Wissensbestände herauszufordern.

Fachsystematik

Vorgabe legitimer, spezifischer Bedeutungen und Wertschätzung differenter, milieuspezifischer Perspektiven: Die widersprüchlichen Anforderungen an die Lehrtätigkeit, die zahlreiche Risiken systematischer Benachteiligung bergen, zeigen sich im unterrichtlichen Bezug der Fachlichkeit auf eine weitere und spezifische Art und Weise. Fachliche Systematiken stellen geteiltes Wissen über einen gesellschaftlich und kulturell bedeutsamen Gegenstand dar und sind zugleich von jenen Milieus geprägt, die ihn in den jeweiligen sozialen Feldern – hier v. a. den wissenschaftlichen – produzieren und seine Legitimität sichern. Fächer bzw. Unterrichtsfächer können als besondere Perspektiven, die in einer Fachsprache zum Ausdruck kommen, verstanden werden, mit deren Hilfe die Welt beschrieben und erklärt wird, wie z. B. mithilfe der Sprache der Mathematik. Es ist die Aufgabe von Unterricht, in diese Sinn- und Symbolsysteme, die sich in historischen Auseinandersetzungen herausgebildet haben, einzuführen und die Schüler:innen mit ihnen zu konfrontieren. Dies verweist auf die schulische Aufgabe der Enkulturation bzw. Bildung der Schüler:innen, die neue Perspektiven und vielfältige milieugeprägte Sichtweisen erfahrbar machen kann. Diese bildungsorientierte Perspektive wird durch die fachlichen Systematiken und den ihnen inhärenten (milieugeprägten) Vorstellungen begrenzt.

Fachliche Systematiken strukturieren den Unterricht, da in sie eingeführt werden soll. Ihnen gegenüber stehen *individuelle Lernzugänge*, die auf der Grundlage konkreter biografischer und milieugeprägter Erfahrungen Perspektiven auf die Gegenstände einnehmen. Die Schüler:innen bringen ebenfalls Perspektiven auf die sozialen und materiellen Gegenstände mit und verfügen über Erfahrungswissen mit ihnen. Zwischen diesen zu vermitteln und eine Beziehung zwischen ihnen zu initiieren, ein „Kontagion", um es mit Mannheim (1980, 208) zu beschreiben, stellt die unterrichtliche Lehrtätigkeit dar. Die vermittelnde Position zwischen den Milieus, die immer eine legitimierte und in historischen Auseinandersetzungen generierte ist, und den Schüler:innen beschreibt die pädagogischen Handlungen der Lehrpersonen.

legitime Perspektive

Die Unterrichtsinhalte stellen die in bildungspolitischen und -administrativen Prozessen legitimierten Kulturgüter dar, die der nächsten Generation vermittelt werden sollen; diese Inhalte sind jedoch unweigerlich mit jenen Milieus verknüpft, die Interesse an ihnen haben und sie curricular verankert haben. An derartigen Entscheidungsprozessen sind nicht alle Gesellschaftsmitglieder resp. sozialen Milieus gleichermaßen beteiligt. Die inhärente Milieuprägung unterrichtlicher Gegenstände und Bildungsziele werden durch formale Regeln der Schule bzw. der Bildungspolitik gestützt und forciert. Als solche können sie *konträr* zu milieuspezifischen Vorstellungen und Erwartungen stehen, die den „legitimen" zuwiderlaufen. Folglich konkretisiert sich die Frage nach legitimen Perspektiven auf materiale und soziale Gegenstände der Gesellschaft, die in der Schule vermittelt und über den Modus richtig / falsch den Schüler:innen zugeschrieben werden.

Lernen und Bildung ermöglichen und behindern

Der Grundwiderspruch der Lehrtätigkeit korrespondiert auf der Ebene der Schule, formuliert in ihrem Erziehungs- und Bildungsauftrag. So können Schule und Unterricht ermöglichen, dass unterschiedliche Perspektiven kennengelernt und ausprobiert werden. Zugleich stellen diese Perspektiven aber auch immer eine Auswahl und damit eine Einschränkung dar (Gellert 2013). Die Legitimation stellt also auch immer eine Form der Limitierung dar. Die letztgenannte Seite der Schule irritiert die gleichberechtigte Anerkennung verschiedener Lebenspraxen und damit verbundener gesellschaftlicher und milieuspezifischer Perspektiven. Eine gleichberechtigte Betrachtung der unterschiedlichen Perspektiven ist insofern als eingeschränkt zu bezeichnen, da bereits legitime Interpretationen und Vorgaben bestehen, die Ausdruck milieugeprägter Interpretationen sind.

Vielfalt an Milieudimensionen kennenlernen

Die pädagogische Zielsetzung, den Schüler:innen das Kennenlernen unterschiedlicher Perspektiven zu ermöglichen, ohne eine assimilative (angleichende) Übernahme dieser Perspektiven zu erwarten, steht im Widerspruch zu einer schulisch legitimierten Perspektive egalitärer Differenz. Das betrifft die didaktische Theorie in besonderem Maße, da sie sowohl präskriptiv als auch legitimierend eingesetzt wird und so Perspektiven transportiert, zugleich aber offen für Lernprozesse bleiben muss. Die Grenzen einer unterrichtlichen wie auch diagnostisch gestützten Planbarkeit werden hier unmittelbar berührt. Didaktische Konzeptionen können so strukturiert sein, dass sie den Schüler:innen Hilfestellung geben, um möglichst viele und unterschiedliche Milieudimensionen kennenzulernen und sich Wissen über sie anzueignen. Und zwar gleichermaßen für die materiale wie für die soziale Seite der zu vermittelnden Gegenstände.

Durch den Vergleich unterschiedlicher Perspektiven, d. h. zunächst ihrer eigenen mit denen anderer, können die Schüler:innen ihre Wissensbestände über unterschiedliche fachliche und soziale Milieus erweitern. Wenn diese Kontrastierungen den Schüler:innen die Möglichkeiten eröffnen, ihre jeweiligen Handlungsorientierungen zu erweitern, indem Aspekte des fremden Milieus im eigenen übernommen bzw. eingebunden werden, kann dies als Bildungs- und Lernprozess verstanden werden (Nohl 2014, 232 ff.). Pädagogische und didaktische Überlegungen sind herausgefordert, diese interkulturellen bzw. milieuübergreifenden Bildungs- und Lernprozesse in einer pluralen, nichtdiskriminierenden und / oder exkludierenden Gesellschaft zu eröffnen, so Schule und Unterricht Inklusion über ein explizit-generalisiertes Verständnis einer Schule hinaus praktizieren wollen. Ein solcher Umgang ist zugleich Sozialisationskontext der Schüler:innen, der auf konjunktiver Ebene Umgang mit egalitärer Differenz eröffnet.

Bearbeitung der Spannungsfelder: Die Vermeidung systematischer Benachteiligungen sozialer Gruppen und einzelner Schüler:innen erfordert, gleichberechtigte Perspektiven auf Gegenstände zu eröffnen und / oder die hierarchisierende und distinktive Funktion der Schule und der Unterrichtsfächer zu problematisieren und in ihrem Kontext zu betrachten. Die pädagogische Gestaltung von Unterricht in einer stark heterogenen Gruppe, die mit dem Ziel unterrichtet wird, nicht nur Individuen anzusprechen, ist kontinuierlich herausgefordert, Gemeinsamkeiten und Unterschiede zwischen der gesamten Klasse und einzelnen Schüler:innen zu erkennen, um, hierauf aufbauend, Gelegenheiten und Arrangements zu gestalten, die die Möglichkeit für Lernen und Bildung enthalten.

Hierarchien reflektieren

Um einer systematischen Schlechterstellung sozialer Gruppen bzw. Milieus zu entgehen bzw. diese gering zu halten, bedarf es grundlegender Veränderungen der organisatorischen, formalen Rahmenbedingungen der Schule. Ein solcher Bruch kann auf der Reflexion der Praktiken innerhalb des Organisationsmilieus der Schule im Allgemeinen und des Unterrichtsmilieus im Besonderen aufbauen. Ein Ansatzpunkt hierfür ist die Betrachtung von Lernergebnissen, die aktuell wesentlich einzelnen Schüler:innen zugeschrieben werden, in ihrer Relation zu Lehrprozessen; d. h., die soziale und interaktive Seite der Vermittlung von Wissen / Können als Teil der Lernresultate zu begreifen. Eine Balance zwischen den widersprüchlichen Anforderungen zu halten, kann, so eine weitere Möglichkeit, durch Priorisierung von Differenz und Gemeinsamkeit in unterschiedlichen Situationen des Unterrichts erfolgen. Je andere Verhältnisse von Gemeinsamkeit und Differenz, von Konjunktion und Distinktion würden hergestellt und thematisiert werden, wie z. B. in situationsbezogenen unterrichtlichen Lern- und Kooperationszusammenhängen. Langfeldt und Hörmann (2011, 285) schlagen ein Ausbalancieren zwischen der Qualifikationsfunktion vor, die Differenzen stützt, die mittels der Enkulturationsaufgabe der Schule relativiert werden, indem an die Prämissen der Egalität angeknüpft wird.

Offener Unterricht

Um einen situativen Wechsel zwischen Differenzbezügen zu eröffnen, bieten sich einige Unterrichtsformen eher an als andere. Hierzu zählt der „Offene Unterricht". Er knüpft an reformpädagogische Traditionen an und umfasst Varianten wie Projektunterricht, Freiarbeit und Stationslernen (Werning / Lütje-Klose 2016, 157 f.). Formale Vorgaben stehen oft im Gegensatz dazu, indem sie den zeitlichen, räumlich-materiellen und kommunikativen Formen zuwiderlaufen. Dass Schüler:innen je unterschiedliche Formen der Auseinandersetzung benötigen, um beispielsweise die Praxis der Auswahl kennenzulernen, ist eine Notwendigkeit im Unterricht und kann sich milieuspezifisch unterscheiden, wie die Untersuchungsergebnisse von Jünger (2008) zeigen. Mit anderen Worten, die jeweiligen Verhaltenserwartungen, die eine Unterrichtsform und -gestaltung an die Schüler:innen stellt, müssen von ihnen zunächst erworben werden. Dies gilt gleichermaßen für den sogenannten „Frontalunterricht" wie für andere Formen auch.

Hervorzuheben ist jedoch, dass nicht die Unterrichtsmethode allein einen Unterricht inklusiv werden lässt; das dahinterliegende pädagogische Konzept in seiner meta-theoretischen Fundierung, in seiner

Explikation und als praktische Orientierung ist ebenso entscheidend wie auch das Schulsystem und die ihm zugrunde liegenden Grundannahmen zu Lernen und Bildung.

kooperatives Arbeiten

Reflexion durch Kooperation: Die kooperative Gestaltung von Unterricht ist ein Element, um unterschiedliche Lernausgangslagen und -interessenvoraussetzungen von Schüler:innen zu begegnen. Die Kooperation von Sonderpädagog:innen mit Regelschullehrkräften sollte in inklusiven Schulformen fester Bestandteil der Gestaltung von Unterricht sein. Die Praxis der Kooperation, die über die Abstimmung, wann welche Schüler:innen mit einem bestimmten Lehrziel aus dem Unterricht herausgenommen werden, hinausgeht und gemeinsames Unterrichten zum Ziel hat, ist in Kooperationsbeziehungen herausgefordert und eröffnet zahlreiche Möglichkeiten der Ausschöpfung und Weiterentwicklung pädagogischer Professionalität in Richtung einer inklusiven Pädagogik.

reflexive Betrachtung

Kooperation, die nicht ausschließlich im gemeinsamen Unterrichten aufgeht, verweist in professionellen Kontexten darauf, sich eigene Vorstellungen über Bildungs-, Erziehungs-, Lern- und Sozialisationsprozesse im organisatorischen Kontext der Schule reflexiv zu vergegenwärtigen, um sie der:m Kooperationspartner:in kommunikativ zugänglich zu machen. So auf dieser Ebene Übereinstimmungen bestehen und/oder es Überschneidungen oder Überlappungen in einzelnen dieser Bereiche gibt, wird es möglich, gemeinsam miteinander Unterricht zu gestalten. „Gemeinsam“ verweist hier nicht unbedingt darauf, unmittelbar gemeinsam tätig zu sein, aber Entscheidungen und Praktiken der:s Teampartners:in mitzutragen und gegenüber den zu Unterrichtenden zu vertreten.

Arbeiten Lehrpersonen mit unterschiedlichen professionellen Selbstverständnissen zusammen, stellt dies einen Anlass dar, den Nohl (2014, 177 ff.) mit „interkulturellem Lernen“ voneinander als den Idealtyp der Kooperation beschreibt. In Anlehnung an die Überlegungen zum interkulturellen Lernen bedeutet dies, nachzuvollziehen, wie die Perspektive der je anderen Lehrperson begründet ist und wie aus ihr heraus unterrichtliche Handlungen vorgenommen werden.

Vorbild für die Schüler:innen

Teamarbeit kann dabei ein positives Vorbild für Schüler:innen dafür sein, wie Erwachsene mit Differenzen umgehen, wie sie Konflikte bearbeiten und welche (grundlegenden) Vorstellungen des Zusammenlebens sie teilen. Dies kann gegenüber den Schüler:innen konjunktiv vermittelt werden, ebenso wie in expliziter und kommunikativer Hinsicht.

reflexive Annäherung an eigene Milieuzugehörigkeit im Studium

Die Möglichkeiten, welche die Kooperation zur Reflexion eigener Vorstellungen und Praktiken bietet, können im Studium angehender Lehrpersonen ebenfalls angeregt werden. Die eigene Einbindung in Milieus und kulturelle Praktiken, die – ohne dass dies intendiert sein muss – diskriminierende und benachteiligende Situationen für einzelne und/oder Gruppen hervorrufen (können), stellt hierfür Anknüpfungspunkte dar. Pädagogische Professionalität orientiert sich dann an der Option einer *reflexiven Distanzierung*, die die eigene Einbindung in die gesellschaftlichen und schulischen Prozessstrukturen und formalen Regelungen nicht ausblendet. Vielmehr werden diese genutzt, um auf ihrer Grundlage Marginalisierungen und Exklusionen zu erkennen und zu ihrer Überwindung beitragen zu können.

Reflexionen mit Schüler:innen

Derartige Reflexionen können auch über die Ebene der Lehrpersonen hinausgehen und mit den Schüler:innen praktiziert werden (z.B. mithilfe des Index für Inklusion (Centre of Studies for Inclusive Education 2021)). Die kommunikative Bearbeitung schulischer und gesellschaftlicher Widersprüche kann ein Unterrichtsthema sein, und zugleich Thema bei der Auseinandersetzung mit unterschiedlichen Inhalten. Die Schule als Organisation bietet Möglichkeiten einer derartigen Bearbeitung und die Chance Lern-, Bildungs- und Sozialisationsprozesse, die über die miliespezifischen Vorerfahrungen hinausgehen, zu eröffnen und praktisch zu erfahren, indem Differenz thematisiert wird.

Die aufgezeigte pädagogische Perspektive darf aktuelle gesellschaftliche und schulpolitische Entwicklungen nicht ausblenden, welche die Realisierung von Inklusion erschweren und/oder behindern und parallel zur Stärkung des Abbaus von Diskriminierung durch die Politik stattfinden (Slee 2006, 160). So hat schulische Inklusion als Orientierung derzeit keine vergleichbare legitime Basis wie sie beispielsweise Bildungsstandards haben, die sich an kognitivem und explizitem Wissen sowie Kompetenzen orientieren und zunehmend als bildungspolitische Steuerungsinstrumente Verwendung finden. Die Steuerungsformen sind wesentlich an marktwirtschaftlichen Prinzipien ausgerichtet (Gomolla 2010, 265 ff.; Herz 2010 a, 31; Moser 2011, 363 f.; Werning 2012, 49). Zudem werden die regulierenden Möglichkeiten des Staates, Ausgleich und Integration zu unterstützen, durch globale und ökonomische Entwicklungen zunehmend eingeschränkt. Die Schule als gesellschaftliche Institution, von der eben diese Aufgaben erwartet werden, ist hiervon ebenso betroffen wie jene Bildungsorganisationen, die mit der Lehrer:innenbildung betraut sind (Sturm 2012 a, 297 f.).

Zusammenfassung

Inklusion stellt ein pädagogisches Konzept dar, das an dem Ziel orientiert ist, exkludierende und marginalisierende Praktiken und Strukturen in Schule und Unterricht zu erkennen und zugunsten egalitärer Praktiken und Strukturen zu überwinden. Im gegenwärtigen Schulsystem und Unterrichtswesen bestehen diverse, miteinander verbundene Strukturen und Praktiken, die zu Behinderungen von Lernprozessen führen und soziale Gruppen benachteiligen. Sie stehen jenen gegenüber, die an egalitärer Differenz orientiert sind. Die Problematisierung und das Hinterfragen der Strukturen und Praktiken, welche die Benachteiligungen hervorrufen, die ihren Ausdruck in schulspezifischen Differenzen finden, stellen einen ersten Schritt ihrer Bearbeitung dar, die in den gegebenen gesellschaftlichen Rahmenbedingungen zu finden ist. Inklusion ist die geteilte Erfahrung in Verbindung mit dem Wissen über ein reflektiertes und egalitäres Miteinander von Differenz und Gemeinsamkeit.

5.5 Übungsaufgaben

Aufgabe 1 Beschreiben Sie, wie Inklusion und Exklusion zusammenhängen und führen Sie Beispiele aus der Schule und dem Unterricht an.

Aufgabe 2 Erläutern Sie mindestens je einen Aspekt, der die Gestaltung von Inklusion in a) struktureller und b) praktischer Hinsicht in den deutschsprachigen Schulsystemen erschwert und je einen, der bereits zu realisieren ist.

Aufgabe 3 Diskutieren Sie, inwiefern die Aufhebung der äußeren Differenzierung in der Sekundarstufe I einen Beitrag zur Gestaltung einer inklusiven Schule leisten kann und welche weiteren Veränderungen ggf. notwendig wären.

5.6 Literatur- und Websiteempfehlungen

Allan, J., Slee, R. (2008): Doing Inclusive Education Research. Sense Publishers, Rotterdam

Bönsch, M. (2012): Gemeinsam verschieden lernen. Cornelsen Scriptor, Berlin

Dehn, M. (2006): Zeit für die Schrift I. Lesen lernen und Schreiben können. Lernprozesse, Unterrichtssituationen, Praxishilfen. Cornelsen Scriptor, Berlin

Dehn, M., Hüttis-Graff, P. (2006): Zeit für die Schrift II. Beobachtung und Diagnose. Schulanfangsbeobachtung, Lernbeobachtung Schreiben und Lesen. Lernhilfen. Cornelsen Scriptor, Berlin

Günther, K. B. (1995): Ein Stufenmodell der Entwicklung kindlicher Lese- und Schreibstrategien. In: Balhorn, H., Brügelmann, H. (Hrsg.): Rätsel des Schriftspracherwerbs. Neue Sichtweisen aus der Forschung. Libelle. 98–121

Kiel, E. (Hrsg.) (2015): Inklusion im Sekundarbereich. Kohlhammer, Stuttgart

Köpfer, A., Powell, J. J.W., & Zahnd, R. (Hrsg.) (2021): Handbuch Inklusion international: Globale, nationale und lokale Perspektiven auf Inklusive Bildung: Globale, nationale und lokale Perspektiven auf Inklusive Bildung Handbook Inclusion International: Global, National and Local Perspectives on Inclusive Education. Verlag Barbara Budrich, Opladen, Berlin, Toronto

Labudde, P. (Hrsg.) (2010): Fachdidaktik Naturwissenschaft. 1.–9. Schuljahr. Haupt Verlag, Bern / Stuttgart / Wien

Lehner, M. (2009): Allgemeine Didaktik. Haupt Verlag, Bern / Stuttgart / Wien

Moser, V. (Hrsg.) (2012): Die inklusive Schule. Standards für die Umsetzung. Kohlhammer, Stuttgart

Nohl, A.-M. (2014): Konzepte interkultureller Pädagogik. Eine systematische Einführung (3., aktualisierte Aufl.). Verlag Julius Klinkhardt, Bad Heilbrunn

Reich, K. (2012): Inklusion und Bildungsgerechtigkeit. Standards und Regeln zur Umsetzung einer inklusiven Schule. Beltz Verlag, Weinheim / Basel

Schiefele, C., Streit, C., & Sturm, T. (2019): Pädagogische Diagnostik und Differenzierung in der Grundschule. Mathe und Deutsch inklusiv unterrichten. Ernst Reinhardt Verlag, München

Schwohl, J., Sturm, T. (Hrsg) (2010): Inklusion als Herausforderung schulischer Entwicklung. Widersprüche und Perspektiven eines erziehungswissenschaftlichen Diskurses. transcript, Bielefeld

Sturm, T. & Wagner-Willi, M. (Hrsg.) (2018): Handbuch schulische Inklusion. Barbara Budrich, Opladen, Berlin, Toronto.

Wiater, W. (2015): Unterrichten und Lernen in der Schule. Eine Einführung in die Didaktik. 3. Aufl. Auer Verlag, Donauwörth

Index für Inklusion
http://www.csie.org.uk/resources/inclusion-index-explained.shtml (12.03.2023)
UN-BRK
https://social.desa.un.org/issues/disability/crpd/convention-on-the-rights-of-persons-with-disabilities-crpd (12.03.2023)
https://www.un.org/depts/german/uebereinkommen/ar61106-dbgbl.pdf (12.03.2023)

Deutsches Institut für Menschenrechte
Fachaufsätze zu Inklusion
https://www.institut-fuer-menschenrechte.de (12.03.2023)
http://bidok.uibk.ac.at (12.03.2023)

Hier gelangen Sie zu den Antworten zu den Übungsfragen:

SCAN ME

Hier gelangen Sie zur Lern-App zum Buch mit weiteren Lernaufgaben:

SCAN ME

Literatur

Ackeren, I. v., Klemm, K., Kühn, S. M. (2015): Entstehung, Struktur und Steuerung des deutschen Schulsystems. Eine Einführung. 3. Aufl. Springer VS, Wiesbaden

Ainscow, M. (2021): Inclusion and equity in education. In: Köpfer, A., Powell, J. J. W., Zahnd, R. (Hrsg.): Handbuch Inklusion international: Globale, nationale und lokale Perspektiven auf Inklusive Bildung: Globale, nationale und lokale Perspektiven auf Inklusive Bildung. Handbook Inclusion International: Global, National and Local Perspectives on Inclusive Education. Verlag Barbara Budrich, Opladen / Berlin / Toronto, 75–87

Ainscow, M. (2008): Teaching for Diversity. The Next Big Challange. In: Connelly, F. M., Fang He, M., Phillion, J. (Hrsg.): The Sage Handbook of Curriculum and Instruction. SAGE Publications, Los Angeles / London / New Delhi / Singapore, 240–258

Ainscow, M. (2006): From Special Education to Effective Schools for all: a Review of Progress so Far. In: Florian, L. (Hrsg.): The Sage Handbook of Special Education. Sage, Los Angeles / London / New Delhi / Singapore / Washington D.C., 146–159

Allan, J. (2012): Inclusion: Patterns and Possibilities. Zeitschrift für Inklusion 4. In: www.inklusion-online.net/index.php/inklusion/article/view/183/171, 18.01.2016

Amling, S. (2021): Schulorganisationen als mehrdimensionale Gebilde – Konzeptionelle und methodologische Überlegungen zur Erforschung von Lernprozessen in und von Schulen aus der Perspektive einer praxeologischen Wissenssoziologie. In: Moldenhauer, A., Asbrand, B., Hummrich, M., Idel, T.-S. (Hrsg.): Schulentwicklung als Theorieprojekt. Forschungsperspektiven auf Veränderungsprozesse von Schule (Springer VS, Wiesbaden, 139–158

Angermuller, J., Maeße, J. (2015): Regieren durch Leistung. Zur Verschleierung des Sozialen in der Numerokratie. In: Schäfer, A., Thompson, C. (Hrsg.): Leistung. Ferdinand Schöningh, Paderborn, 61–108

Arndt, A.-K., Gieschen, A. (2013): Kooperation von Regelschullehrkräften und Lehrkräften der Sonderpädagogik im gemeinsamen Unterricht. Perspektiven von Schülerinnen und Schülern. In: Werning, R., Arndt, A.-K. (Hrsg.): Inklusion: Kooperation und Unterricht entwickeln. Verlag Julius Klinkhardt, Bad Heilbrunn, 41–62

Artelt, C., Baumert, J., Klieme, E., Neubrand, M., Prenzel, M., Schiefele, U., Schneider, W., Schümer, G., Stanat, P., Tillmann, K.-J., Weiß, M. (2001): PISA 2000. Zusammenfassung zentraler Befunde. Berlin. In: www.mpib-berlin.mpg.de/Pisa/ergebnisse.pdf, 18.01.2016

Baader, M. (2013): Diversity Education in den Erziehungswissenschaften – »Diversity« as a buzzword. In: Hauenschild, K., Robak S., Sievers, I. (Hrsg.): Diversity Education. Zugänge – Perspektiven – Beispiele. Brandes & Apsel, Frankfurt am Main, 38–59

Bathe, S., Boller, S., Kemper, A. (2010): Innere Differenzierung – auch in der Sekundarstufe II. In: Boller, S., Lau, R. (Hrsg.): Innere Differenzierung in der Sekundarstufe II. Ein Praxishandbuch für Lehrer/innen. Beltz Verlag, Weinheim / Basel, 14–24

Becker, R., Lauterbach, W. (Hrsg.) (2016): Bildung als Privileg. Erklärungen und Befunde zu den Ursachen der Bildungsungleichheit. 5., aktualisierte Aufl. Springer VS, Wiesbaden

Becker, U. (2015): Die Inklusionslüge. Behinderung im flexiblen Kapitalismus. transcript, Bielefeld

Behörde für Schule und Berufsbildung Hamburg (2023): Hamburgisches Schulgesetz (HmbSG), vom 16. April 1997 (HmbGVBl. S. 97), zuletzt geändert am 3. Mai 2023 (HmbGVBl. S. 193). In: https://www.hamburg.de/contentblob/1995414/f621220b0c29d1d0b1fe689c722d1874/data/schulgesetzdownload.pdf, 04.01.2024

Bellenberg, G., Reintjes, C. (2014): Studie zur nordrhein-westfälischen Bildungspolitik 2010-2015. In: GEW NRW (Hrsg.): Bildungspolitik in NRW. Bochumer Memorandum 2010-2015. Eine Zwischenbilanz. Gewerkschaft Erziehung und Wissenschaft Nordrhein-Westfalen, Essen, 1–38

Bellmann, J., Dužević, D., Schweizer, S., Thiel, C. (2016): Nebenfolgen Neuer Steuerung und die Rekonstruktion ihrer Genese. Differente Orientierungsmuster schulischer Akteure im Umgang mit neuen Steuerungsinstrumenten. Zeitschrift für Pädagogik, 62 (3), 381–401

Bellmann, J., Müller, T. (Hrsg.) (2011): Wissen, was wirkt. Kritik evidenzbasierter Pädagogik. VS Verlag für Sozialwissenschaften, Wiesbaden

Bielefeldt, H. (2010): Menschenrecht auf inklusive Bildung. Der Anspruch der UN-Behindertenrechtskonvention. Vierteljahreszeitschrift für Heilpädagogik und ihre Nachbargebiete 79 (1), 66–69

Bildungsbericht, A. (2020): Bildung in Deutschland 2020. Ein indikatorengestützter Bericht mit einer Analsye zu Bildung in einer digitalisierten Welt. wbv Publikationen, Bielefeld. In: https://www.bildungsbericht.de/static_pdfs/bildungsbericht-2020.pdf, 23.06.2020

Bildungsberichterstattung, A. i. (2022): Bildung in Deutschland 2022. Ein indikatorengestützter Bericht mit einer Analyse zum Bildungspersonal. In:: https://www.bildungsbericht.de/de/bildungsberichte-seit-2006/bildungsbericht-2022/pdf-dateien-2022/bildungsbericht-2022.pdf, 04.01.2024

Biermann, J., Powell, J. J. W. (2014): Institutionelle Dimensionen inklusiver Schulbildung – Herausforderungen der UN-Behindertenrechtskonvention für Deutschland, Island und Schweden im Vergleich. Zeitschrift für Erziehungswissenschaft 17, 679–700

bifos e.V. (2012): Disability Studies in Deutschland. In: www.disability-studies-deutschland.de, 18.01.2016

Bittlingmayer, U. H. (2011): Die Diskussion um funktionalen Anlaphabetismus aus der Perspetive der Bildungs- und Herrschaftssoziologie Pierre Bourdieus. Schulheft 36 (142), 37–54

Bleidick, U. (1999): Behinderung als pädagogische Aufgabe. Behinderungsbegriff und behindertenpädagogische Theorie. Kohlhammer, Stuttgart/Berlin/Köln

Bleidick, U., Rath, W., Schuck, K. D. (1995): Die Empfehlungen der Kultusministerkonferenz zur sonderpädagogischen Förderung in den Schulen der Bundesrepublik Deutschland. Zeitschrift für Pädagogik 41 (2), 247–264

Bless, G., Kronig, W. (1999): Wie integrationsfähig ist die Schweizer Schule geworden? Eine bildungspolitische Analyse über schulorganisatorische Massnahmen bei Normabweichungen. Vierteljahreszeitschrift für Heilpädagogik und ihre Nachbargebiete 68 (4), 414–426

Bohnsack, R. (2021): Rekonstruktive Sozialforschung. Einführung in qualitative Methoden. 10. Aufl. Barbara Budrich, Opladen/Berlin/Toronto

Bohnsack, R. (2020): Professionalisierung in praxeologischer Perspektive: Zur Eigenlogik der Praxis in Lehramt, Sozialer Arbeit und Frühpädagogik. Verlag Barbara Budrich/utb, Opladen/Berlin/Toronto

Bohnsack, R. (2017): Praxeologische Wissenssoziologie. Barbara Budrich Verlag, Opladen/Berlin/Toronto

Bohnsack, R., Loos, P., Schäffer, B., Städtler, K., Wild, B. (1995): Die Suche nach Gemeinsamkeit und die Gewalt der Gruppe. Hooligans, Musikgruppen und andere Jugendcliquen. Verlag für Sozialwissenschaften, Wiesbaden

Bourdieu, P. (2009): Entwurf einer Theorie der Praxis. 2. Aufl. Suhrkamp, Frankfurt a.M.

Bourdieu, P. (2005): Die männliche Herrschaft. Suhrkamp, Frankfurt a.M.

Bourdieu, P. (2001): Wie die Kultur zum Bauern kommt. Über Bildung, Schule und Politik. VSA-Verlag, Hamburg

Bourdieu, P. (1998): Praktische Vernunft. Zur Theorie des Handelns. Suhrkamp, Frankfurt a.M.

Bourdieu, P. (1993): Soziologische Fragen. Suhrkamp, Frankfurt a.M.

Bourdieu, P. (1992): Die verborgenen Mechanismen der Macht. Schriften zu Politik und Kultur 1. Herausgegeben von Margareta Steinrücke. VSA-Verlag, Hamburg

Bourdieu, P. (1987): Sozialer Sinn. Kritik der theoretischen Vernunft. Suhrkamp, Frankfurt a.M.

Bourdieu, P. (1982): Die feinen Unterschiede. Kritik der gesellschaftlichen Urteilskraft. Suhrkamp, Frankfurt a.M.

Brake, A., Büchner, P. (2012): Bildung und soziale Ungleichheit. Eine Einführung. Kohlhammer, Stuttgart

Braun, K.-H., Wetzel, K. (2001): Schule. In: Bernhard, A., Rothermel, L. (Hrsg.): Handbuch kritische

Pädagogik. Eine Einführung in die Erziehungs- und Bildungswissenschaft. 2. Aufl. Deutscher Studien-Verlag, Weinheim, 371–383

Breidenstein, G. (2018 a): Das Theorem der „Selektionsfunktion der Schule" und die Praxis der Leistungsbewertung. In: Reh, S., Ricken, N. (Hrsg.): Leistung als Paradigma. Zur Entstehung und Transformation eines pädagogischen Konzepts. Springer VS, Wiesbaden, 307–327

Breidenstein, G. (2018 b): Ist „Leistungsgerechtigkeit" tatsächlich das Problem schulischer Leistungsbewertung? In: T. Sansour, T., Musenberg, O., Riegert, J. (Hrsg.): Bildung und Leistung. Differenz zwischen Selektion und Anerkennung. Julius Klinkhardt, Bad Heilbrunn, 59–69

Breidenstein, G. (2008): Allgemeine Didaktik und praxeologische Unterrichtsforschung. Zeitschrift für Erziehungswissenschaft 10, 201–215

Brockmann, L., Pomykaj, A., Böttcher, W., Hack, C. (Hrsg.) (2021): Soziale Ungleichheit im Bildungs- und Sozialwesen. Beltz Verlag, Weinheim

Buchner, T. (2018): Die Subjekte der Integration. Schule, Biographie und Behinderung. Verlag Julius Klinkhardt, Bad Heilbrunn

Büchner, P. (2003): Stichwort: Bildung und soziale Ungleichheit. Zeitschrift für Erziehungswissenschaft 6 (1), 5–24

Budde, J. (2018): Erziehungswissenschaftliche Perspektiven auf Inklusion und Intersektionalität. In: Sturm, T., Wagner-Willi, M. (Hrsg.): Handbuch schulische Inklusion Verlag Barbara Budrich, Opladen / Berlin / Toronto, 45–59

Budde, J., Hummrich, M. (2013): Reflexive Inklusion. Zeitschrift für Inklusion 4. In: www.inklusion-online.net/index.php/inklusion-online/article/view/193/199, 18.01.2016

Budde, J. (2012): Die Rede von der Heterogenität in der Schulpädagogik. Diskursanalytische Perspektiven [63 Absätze]. Forum Qualitative Sozialforschung / Forum Qualitative Social Research 13 (2), Art. 16. In: http://nbn-resolving.de/urn:nbn:de:0114-fqs1202160, 18.01.2016

Budde, J. (2011): Heterogenität und Homogenität aus der Perspektive von Lehrkräften. In: Krüger, D. (Hrsg.): Genderkompetenzen und Schulwelten. VS Verlag für Sozialwissenschaften, Wiesbaden, 111–127

Budde, J. (2006 a): Jungen als Verlierer? Anmerkungen zum Topos der „Feminisierung von Schule". Die Deutsche Schule 98 (4), 488–500

Budde, J. (2006 b): Wie Lehrkräfte Geschlecht (mit) machen – doing gender als schulischer Aushandlungsprozess. In: Jösting, S., Seemann, M. (Hrsg.): Gender und Schule. Geschlechterverhältnisse in Theorie und Praxis. BIS Verlag der Carl von Ossietzky Universität Oldenburg, Oldenburg, 45–60

Budde, J., Scholand, B., Faulstich-Wieland, H. (2008): Geschlechtergerechtigkeit in der Schule. Eine Studie zu Chancen, Blockaden und Perspektiven einer gender-sensiblen Schulkultur. Juventa, Weinheim / München

Bundesrepublik Deutschland (2016): Sozialgesetzbuch (SGB) Neuntes Buch (IX). Rehabilitation und Teilhabe behinderter Menschen (letzte Änderung: 31.08.2015). In: www.sozialgesetzbuch-sgb.de/sgbix/1.html, 18.01.2016

Busemeyer, M. R. (2015): Bildungspolitik. In: Wenzelburger, G., Zohlnhöfer, R. (Hrsg.): Handbuch der Policy-Forschung. Springer VS, Wiesbaden, 615–640

Butterwegge, C. (2021): Wachsende Ungleichheit im Corona-Zeitalter. Die sozioökonomischen Konsequenzen der Pandemie. In: Kniffki J., Lutz R., Steinhaußen, J. (Hrsg.): Soziale Arbeit nach Corona. Neue Perspektiven und Pfade. Beltz Juventa, Weinheim Basel, 78–88

Butterwegge, C. (2010): Kinderarmut und sozialer Ausschluss. Zeitschrift für Inklusion 4. In: www.inklusion-online.net/index.php/inklusion/article/viewArticle/90/93 18.01.2016

Centre for Studies on Inclusive Education (2021): Index for Inclusion: developing learning and participation in schools. In: http://www.csie.org.uk/resources/inclusion-index-explained.shtml, 21.08.2021

Chassé, K. A., Zander, M., Rasch, K. (2007): Meine Familie ist arm. Wie Kinder im Grundschulalter Armut erleben und bewältigen. 3. Aufl. VS Verlag für Sozialwissenschaften, Wiesbaden

Cloerkes, G. (2007): Soziologie der Behinderten. Eine Einführung. 3. Aufl. Universitätsverlag Winter, Heidelberg

Chmielewski, A. K. (2014): An International Comparison of Achievement Inequality in Within- and

Between-School Tracking Systems. American Journal of Education. 120 (3), 293–324

Dahrendorf, R. (1965): Bildung und Bürgerrecht. Nannen-Verlag, Hamburg

Deutsches Institut für Menschenrechte (2011): Stellungnahme der Monitoring-Stelle (31. März 2011). Eckpunkte zur Verwirklichung eines inklusiven Bildungssystems (Primarstufe und Sekundarstufen I und II). In: www.institut-fuer-menschenrechte.de/uploads/tx_commerce/stellungnahme_der_monitoring_stelle_eckpunkte_z_verwirklichung_eines_inklusiven_bildungssystems_31_03_2011.pdf, 18.01.2016

Diehm, I., Radtke, F.-O. (1999): Erziehung und Migration. Eine Einführung. Kohlhammer, Stuttgart/Berlin/Köln

Dirim, İ., Mecheril, P. (2010): Die Schlechterstellung Migrationsanderer. Schule in der Migrationsgesellschaft. In: Mecheril, P., Mar Castro Varela, M. d., Dirim, İ., Kalpaka, A., Melter, C. (Hrsg.): Migrationspädagogik. Beltz Verlag, Weinheim/Basel, 121–149

Eberwein, H. (1998): Sonder- und Rehabilitationspädagogik – eine Pädagogik für „Behinderte" oder gegen Behinderungen? Sind Sonderschulen verfassungswidrig? In: Eberwein, H., Sasse, A. (Hrsg.): Behindert sein oder behindert werden? Interdisziplinäre Analysen zum Behinderungsbegriff. Luchterhand, Neuwied, Kriftel, Berlin, 66–95

Eckhart, M., Haeberlin, U., Sahli Lozano, C., Blanc, P. (2011): Langzeitwirkungen der schulischen Integration. Haupt Verlag, Bern

Edelstein, W. (2006): Bildung und Armut. Der Beitrag des Bildungssystems zur Vererbung und zur Bekämpfung von Armut. Zeitschrift für Soziologie der Erziehung und Sozialsation 26 (2), 120–134

EENET. Educational Support and Inclusion (2012): Index for Inclusion. In: www.eenet.org.uk/resources/resource_search.php?theme=indx&date=0&author=0&publisher=0&type=0&country=0, 18.01.2016

Ellger-Rüttgardt, S. L. (2008): Geschichte der Sonderpädagogik. Eine Einführung. Ernst Reinhardt Verlag, München/Basel

Emmerich, M., Hormel, U. (2013): Heterogenität – Diversity – Intersektionalität. Zur Logik sozialer Unterscheidungen in pädagogischen Semantiken der Differenz. Springer VS, Wiesbaden

Faulstich-Wieland, H. (2010): Mädchen und Jungen im Unterricht. In: Buholzer, A., Kummer Wyss, A. (Hrsg.): Alle gleich – alle unteschiedlich! Zum Umgang mit Heterogenität in Schule und Unterricht. Klett und Balmer Verlag, Zug, 16–27

Faulstich-Wieland, H. (2008): Sozialisation und Geschlecht. In: Hurrelmann, K., Grundmann, M., Walper, S. (Hrsg.): Handbuch Sozialisationsforschung. 7. Aufl. Beltz Verlag, Weinheim/Basel, 240–253

Faulstich-Wieland, H. (2004 a): Doing Gender: Konstruktivistische Beiträge. In: Glaser, E., Klika, D., Prengel, A. (Hrsg.): Handbuch Gender und Erziehungswissenschaft. Julius Klinkhardt Verlag, Bad Heilbrunn/Obb., 175–191

Faulstich-Wieland, H. (2004 b): Geschlechteraspekte in der Bildung. In: www.ew.uni-hamburg.de/ueber-die-fakultaet/personen/faulstich-wieland/files/bpb-2004-pdf.pdf, 18.01.2016

Faulstich-Wieland, H. (2002): Welche Rolle spielen die Lehrenden und ihr Unterricht bei der Förderung von Schüler:inneninnen in Mathematik? In: Kampshoff, M., Lumer, B. (Hrsg.): Chancengleichheit im Bildungswesen. Leske + Budrich, Opladen, 233–249

Faulstich-Wieland, H. (1991): Koedukation – Enttäuschte Hoffnungen? Wissenschaftliche Buchgesellschaft Darmstadt, Darmstadt

Faulstich-Wieland, H., Scholand, B. (2010): Eine Schule für alle – aber getrennte Bereiche für Jungen und Mädchen? In: Schwohl, J., Sturm, T. (Hrsg.): Inklusion als Herausforderung schulischer Entwicklung. Widersprüche und Perspektiven eines erziehungswissenschaftlichen Diskurses. trancript, Bielefeld, 159–177

Fend, H. (2008): Neue Theorie der Schule. Einführung in das Verstehen von Bildungssystemen. 2. Aufl. VS Verlag für Sozialwissenschaften, Wiesbaden

Feuser, G. (1995): Behinderte Kinder und Jugendliche. Zwischen Integration und Aussonderung. Wissenschaftliche Buchgesellschaft, Darmstadt

Feuser, G. (1995): Integration: „Allgemeine Pädagogik" und „Entwicklungsdiagnostik". In: Feuser, G. (Hrsg.): Behinderte Kinder und Jugendliche. Zwischen Integration und Aussonderung. Wissenschaftliche Buchgesellschaft, Darmstadt, 168–213

Feyerer, E. (2019): Kann Inklusion unter den Strukturen des segregativen Schulsystems in Österreich gelingen? In: Donlic, J., Jaschke-Hoffmann, E., Peterlini, H.-K. (Hrsg.): Ist inklusive Schule möglich? Nationale und internationale Perspektiven. transcript Verlag, Bielefeld, 61–75

Feyerer, E. (2009): Ist Integration „normal“ geworden? Zeitschrift für Inklusion 2, 1–11. In: www.inklusion-online.net/index.php/inklusion-online/article/view/162/162, 18.01.2016

Feyerer, E. (1998): Behindern Behinderte? Integrativer Unterricht auf der Sekundarstufe 1. Studien-Verlag, Innsbruck, Wien

Florian, L., Rouse, M. (2010): Teachers' Professional Learning and Inclusive Practice. In: Rose, R. (Hrsg.): Confronting Obstacles to Inclusion. Routledge, Milton Park, 185–199

Funcke, A., Menne, S. (2023): Factsheet Kinder- und Jugendarmut in Deuschland. In: https://www.bertelsmann-stiftung.de/de/publikationen/publikation/did/factsheet-kinder-und-jugendarmut-in-deutschland, 25.02.2023

Fürstenau, S. (2012): Einführung. In: Fürstenau, S., Gomolla, M. (Hrsg.): Migration und schulischer Wandel: Leistungsbeurteilung. Springer VS, Wiesbaden, 13–24

Füssel, H.-P., Kretschmann, R., Scholz, H. (1993): Gemeinsamer Unterricht für behinderte und nichtbehinderte Kinder: Pädagogische und juristische Voraussetzungen. Wehle, Witterschlick/Bonn

Galic, B. (2005): Gehörlosigkeit: Stigma oder Lebenserfahrung? – eine Frage der Perspektive! Zeitschrift für Heilpädagogik 56, 154–160

Geiling, U., Theunissen, G. (2007): Begrifffsdiskussion, Erscheinungsformen, Prävalenz. In: Opp, G., Theunissen, G. (Hrsg.): Handbuch schulische Heilpädagogik. Klinkhardt, Bad Heilbrunn, 339–343

Gellert, U. (2013): Heterogen oder hierarchisch? Zur Konstruktion von Leitung im Unterricht. In: Budde, J. (Hrsg.): Unscharfe Einsätze. (Re-) Produktion von Heterogenität im schulischen Feld. Springer VS, Wiesbaden, 211–227

Goffman, E. (2012): Stigma. Über Techniken der Bewältigung beschädigter Identität. 21. Aufl. Suhrkamp Taschenbuch Wissenschaft, Berlin

Goffman, E. (2001): Interaktion und Geschlecht. 2. Aufl. campus, Frankfurt/New York

Gogolin, I. (2011): Multikulturalität als Herausforderung. In: Faulstich-Wieland, H. (Hrsg.): Umgang mit Heterogenität und Differenz. Schneider Verlag Hohengehren/Verlag Pestalozzianum, Baltmannsweiler/Zürich, 49–72

Gogolin, I. (2010): Auf dem Weg zu einer neuen Sprachbildung für alle – Das Modellprogramm FörMig. In: Schwohl, J., Sturm, T. (Hrsg.): Inklusion als Herausforderung schulischer Entwicklung. Widersprüche und Perspektiven eines erziehungswissenschaftlichen Diskurses. transcript, Bielefeld, 211–227

Gogolin, I. (2008): Der monolinguale Habitus der multilingualen Schule. 2. Aufl. Waxmann, Münster

Gogolin, I., Krüger-Potratz, M. (2020): Einführung in die Interkulturelle Pädagogik. Geschichte, Theorien und Diskurse, Forschung und Studium. 3., vollständig überarbeitete Aufl. Verlag Barbara Budrich, Opladen/Berlin/Toronto

Gomolla, M. (2012): Leistungsbeurteilung in der Schule: Zwischen Selektion und Förderung, Gerechtigkeitsanspruch und Diskriminierung. In: Fürstenau, S., Gomolla, M. (Hrsg.): Migration und schulischer Wandel: Leistungsbeurteilung. Springer VS, Wiesbaden, 25–50

Gomolla, M. (2010): Schuleffektivität, Pluralität und soziale Gerechtigkeit. Spannungen und Widersprüche gegenwärtiger Qualitätsstrategien im Bildungssystem. In: Schwohl, J., Sturm, T. (Hrsg.): Inklusion als Herausforderung schulischer Entwicklung. Widersprüche und Perspektiven eines erziehungswissenschaftlichen Diskurses. transcript, Bielefeld, 243–275

Gomolla, M. (2009): Heterogenität, Unterrichtsqualität und Inklusion. In: Fürstenau, S., Gomolla, M. (Hrsg.): Migration und schulischer Wandel: Unterricht. VS Verlag für Sozialwissenschaften, Wiesbaden, 21–43

Gomolla, M., Radtke, F.-O. (2009): Institutionelle Diskriminierung. Die Herstellung ethnischer Differenz in der Schule. 3. Aufl. VS Verlag für Sozialwissenschaften, Wiesbaden

Günther, K. B. (1995): Ein Stufenmodell der Entwicklung kindlicher Lese- und Schreibstrategien. In: Balhorn, H., Brügelmann, H. (Hrsg.): Rätsel des Schriftspracherwerbs. Neue Sichtweisen aus der Forschung. Libelle, 98–121

Hawighorst, B. (2007): Mathematische Bildung im Kontext der Familie. Zeitschrift für Erziehungswissenschaft 10 (1), 31–48

Helbig, M., Nikolai, R. (2015): Die Unvergleichbaren. Der Wandel der Schulsysteme in den deutschen Bundesländern seit 1949. Verlag Julius Klinkhardt, Bad Heilbrunn

Henn, H.-W., Kaiser, G. (2001): Mathematik – ein polarisierendes Schulfach. Zeitschrift für Erziehungswissenschaft 4 (3), 359–380

Herrlitz, H.-G., Hopf, W., Titze, H., Cloer, E. (2009): Deutsche Schulgeschichte von 1800 bis zur Gegenwart. Eine Einführung. 5. Aufl. Juventa, Weinheim / München

Herz, B. (2010 a): „Inclusive Education". Desiderata in der deutschen Fachdiskussion. In: Schwohl, J., Sturm, T. (Hrsg.): Inklusion als Herausforderung schulischer Entwicklung. Widersprüche und Perspektiven eines erziehungswissenschaftlichen Diskurses. transcript, Bielefeld, 29–44

Herz, B. (2010 b): Neoliberaler Zeitgeist in der Pädagogik: Zur aktuellen Disziplinarkultur. In: Dörr, M., Herz, B. (Hrsg.): „Unkulturen" in Bildung und Erziehung. VS Verlag für Sozialwissenschaften, Wiesbaden, 171–189

Herzog, W. (2012): Ideologie der Machbarkeit. Wie die Psychologie einer effizienzorientierten Bildungspolitik Plausibilität verschafft. Zeitschrift für Pädagogik, 58 (2), 176–192

Hirschauer, S. (1999): Die soziale Konstruktion von Transsexualität. 2. Aufl. Suhrkamp, Frankfurt a. M.

Hirschberg, M. (2003): Ambivalenzen in der Klassifizierung von Behinderung. Anmerkungen zur Internationalen Klassifikation der Funktionsfähigkeit, Behinderung und Gesundheit der Weltgesundheits-Organisation. Ethik in der Medizin 15 (3), 171–179

Holz, G., Richter-Kornweitz, A. (2021): Corona-Chronik – Gruppenbild ohne (arme) Kinder. In: Kniffki J., Lutz R., Steinhaußen, J. (Hrsg.): Soziale Arbeit nach Corona. Neue Perspektiven und Pfade. Beltz Juventa, Weinheim, 105–119

Holzkamp, K. (1995): Lernen. Subjektwissenschaftliche Grundlegung. Campus Verlag, Frankfurt am Main

Hopmann, S. T. (2007 a): Epilogue: No Child, No School, No State Left Behind: Comparative Research in the Age of Accountability. In: Hopmann, S. T., Brinek, G., Retzl, M. (Hrsg.): PISA zufolge PISA – PISA According to PISA. Hält PISA, was es verspricht? – Does PISA Keep What It Promises? LIT Verlag, Wien / Berlin, 363–415

Hopmann, S. T. (2007 b): Restrained Teaching: the Common Core of Didaktik. European Educational Research Journal 6 (2), 109–124

Hradil, S. (2005): Soziale Ungleichheit in Deutschland. 8. Aufl. VS Verlag für Sozialwissenschaften, Wiesbaden

Hübner, R. (2000): Die Rehabilitationspädagogik in der DDR. Zur Entwicklung einer Profession: Peter Lang. Europäischer Verlag der Wissenschaften, Lausanne

Huinink, J., Schröder, T. (2008): Sozialstruktur Deutschlands. UVK Verlagsgesellschaft, Konstanz

Jünger, R. (2010): Schule aus der Sicht von Kindern. Zur Bedeutung der schulischen Logiken von Kindern mit priviligerter und nicht-privilegierter Herkunft. In: Brake, A., Bremer, H. (Hrsg.): Alltagswelt Schule. Die soziale Herstellung schulischer Wirklichkeiten. Juventa, Weinheim / München, 159–183

Jünger, R. (2008): Bildung für alle?: Die schulischen Logiken von ressourcenprivilegierten und -nicht-privilegierten Kindern als Ursache der bestehenden Bildungsungleichheit. VS Verlag für Sozialwissenschaften, Wiesbaden

Kanton Graubünden (2010): Sporterziehung. In: www.gr.ch/DE/institutionen/verwaltung/ekud/avs/Volksschule/Lehrplan_OS_12_Sporterziehung.pdf, 18.01.2016

Kastl, J. M. (2010): Einführung in die Soziologie der Behinderung. VS Verlag für Sozialwissenschaften, Wiesbaden

Katzenbach, D., Schnell, I. (2012): Strukturelle Voraussetzungen inklusiver Bildung. In: Moser, V. (Hrsg.): Die inklusive Schule. Standards für die Umsetzung. Kohlhammer, Stuttgart, 21–39

Kiel, E. (Hrsg.) (2015): Inklusion im Sekundarbereich. Kohlhammer, Stuttgart

Klafki, W. (1996): Neue Studien zur Bildungstheorie und Didaktik. Zeitgemäße Allgemeinbildung und kritisch-konstruktive Didaktik. 5. Aufl. Beltz, Weinheim

Klafki, W., Stöcker, H. (1976): Innere Differenzierung des Unterrichts. Zeitschrift für Pädagogik 22 (4), 497–523

Klieme, E., Artelt, C., Hartig, J., Jude, N., Köller, O., Prenzel, M., Schneider, W., Stanat, P. (2010): PISA 2009. Bilanz nach einem Jahrzehnt. Waxmann, Münster/New York/München/Berlin

Klieme, E., Sälzer, C., Köller, O., Prenzel, M. (2013): PISA 2012. Fortschritte und Herausforderungen in Deutschland. Waxmann, Münster, New York, München, Berlin

Konferenz der Kultusminister der Länder der Bundesrepublik Deutschland (KMK) (2022): Sonderpädagogische Förderung in Schulen 2011 bis 2020. In: https://www.kmk.org/fileadmin/Dateien/pdf/Statistik/Dokumentationen/Dok231_SoPaeFoe_2020.pdf, 23.05.2022

Konferenz der Kultusminister der Länder der Bundesrepublik Deutschland (KMK) (2020): Ländervereinbarung über die gemeinsame Grundstruktur des Schulwesens und die gesamtstaatliche Verantwortung der Länder in zentralen bildungspolitischen Fragen. In: https://www.kmk.org/fileadmin/Dateien/veroeffentlichungen_beschluesse/2020/2020_10_15-Laendervereinbarung-gemeinsame-Grundstruktur.pdf, 03.07.2022

Konferenz der Kultusminister der Länder der Bundesrepublik Deutschland (KMK) (2019): Bildungsstandards der Kultusministerkonferenz. In: https://www.kmk.org/themen/qualitaetssicherung-in-schulen/bildungsstandards.html, 25.04.2019

Konferenz der Kultusminister der Länder der Bundesrepublik Deutschland (KMK) (2016): Gesamtstrategie der Kultusministerkonferenz zum Bildungsmonitoring. In: http://www.kmk.org/fileadmin/Dateien/veroeffentlichungen_beschluesse/2015/2015_06_11-Gesamtstrategie-Bildungsmonitoring.pdf, 04.01.2024

Konferenz der Kultusminister der Länder der Bundesrepublik Deutschland (KMK) (2015): Statistische Veröffentlichung der Kultusministerkonferenz. Dokumentation Nr. 206 – Januar 2015. Schüler:innen, Klassen, Lehrer und Absolventen der Schulen 2004 bis 2013, In: www.kmk.org/fileadmin/pdf/Statistik/Dokumentationen/Dok_206_SKL_2013.pdf, 18.01.2016

Konferenz der Kultusminister der Länder der Bundesrepublik Deutschland (KMK) (2014): Statistische Veröffentlichung der Kultusministerkonferenz. Dokumentation Nr. 202 – Februar 2014. Sonderpädagogische Förderung in Schulen 2003 bis 2012. In: www.kmk.org/fileadmin/pdf/Statistik/Dokumentationen/Dokumentation_SoPaeFoe_2012.pdf, 18.01.2016

Konferenz der Kultusminister der Länder in der Bundesrepublik Deutschland (KMK) (2012a): Bildungsstandards. In: www.kmk.org/bildung-schule/qualitaetssicherung-in-schulen/bildungsstandards/dokumente.html, 18.01.2016

Konferenz der Kultusminister der Länder in der Bundesrepublik Deutschland (KMK) (2012b): Statistische Veröffentlichungen der Kultusministerkonferenz. Dokument Nr. 196 – Februar 2012. Sonderpädagogische Förderung in Schulen 2001 bis 2010. In: www.kmk.org/fileadmin/pdf/Statistik/Dokumentationen/Dokumentation_SoPaeFoe_2010.pdf, 18.01.2016

Konferenz der Kultusminister der Länder in der Bundesrepublik Deutschland (KMK) (2011): Inklusive Bildung von Kindern und Jugendlichen mit Behinderungen in Schulen. In: www.kmk.org/fileadmin/veroeffentlichungen_beschluesse/2011/2011_10_20-Inklusive-Bildung.pdf, 18.01.2016

Konferenz der Kultusminister der Länder in der Bundesrepublik Deutschland (KMK) (1996): Empfehlung „Interkulturelle Bildung und Erziehung in der Schule". In: www.kmk.org/fileadmin/veroeffentlichungen_beschluesse/1996/1996_10_25-Interkulturelle-Bildung.pdf, 18.01.2016

Konferenz der Kultusminister der Länder in der Bundesrepublik Deutschland (KMK) (1994): Empfehlungen zur sonderpädagogischen Förderung in den Schulen der Bundesrepublik Deutschland. In: www.kmk.org/fileadmin/veroeffentlichungen_beschluesse/1994/1994_05_06-Empfehl-Sonderpaedagogische-Foerderung.pdf, 18.01.2016

Konferenz der Kultusminister der Länder in der Bundesrepublik Deutschland (KMK) (1972): Empfehlung zur Ordnung des Sonderschulwesens

Konferenz der Kultusminister der Länder in der Bundesrepublik Deutschland (KMK) (1970): Empfehlungen für die Arbeit in der Grundschule. In: www.kmk.org/fileadmin/veroeffentlichungen_beschluesse/1970/1970_07_02_Empfehlungen_Grundschule.pdf, 18.01.2016

KMK (1960): Gutachten zur Ordnung des Sonderschulwesens

Köpfer, A., Powell, J. J. W., Zahnd, R. (Hrsg.) (2021): Handbuch Inklusion international: Globale, nationale und lokale Perspektiven auf Inklusive Bildung. Handbook Inclusion International: Global, National and Local Perspectives on Inclusive Education. Barbara Budrich, Opladen/Berlin/Toronto

Knebel, U. v. (2010): Auf dem Weg zu einer inklusionstauglichen Diagnostik. Entwicklungsnotwendigkeiten und Orientierungsgrundlage – exemplarisch konkretisiert für den Förderschwerpunkt Sprache. Sonderpädagogische Förderung heute 55 (3), 231–521

Knebel, U. v. (2007): Sprachförderung im Unterricht als diagnosegeleiteter Prozess. In: Schöler, H., Welling, A. (Hrsg.): Sonderpädagogik der Sprache. Hogrefe, Göttingen/Bern/Wien/Paris u. a., 1082–1103

König, J. (2012): Wandel der Beurteilungspraxis hin zur Arbeit mit Zielen und festgelegten Kompetenzen. In: Fürstenau, S., Gomolla, M. (Hrsg.): Migration und schulischer Wandel: Leistungsbeurteilung. VS Verlag für Sozialwissenschaften, Wiesbaden, 107–122

Krais, B., Gebauer, G. (2002): Habitus. transcript, Bielefeld

Krapf, J. (2015): Augenmenschen: Gehörlose erzählen aus ihrem Leben. Rotpunktverlag, Zürich

Kron, M. (2005): „Behinderung" – notwendiger Begriff in der inklusiven Pädagogik? In: Geiling, U., Hinz, A. (Hrsg.): Integrationspädagogik im Diskurs. Auf dem Weg zu einer inklusiven Pädagogik? Verlag Julius Klinkhardt, Bad Heilbrunn, 82–86

Kronauer, M. (2010): Exklusion. Die Gefährdung des Sozialen im hoch entwickelten Kapitalismus. 2. Aufl. Campus, Frankfurt a. M./New York

Krüger-Potratz, M. (2005): Interkulturelle Bildung. Eine Einführung. Waxmann, Münster/New York/München/Berlin

Krüger, H.-H., Rabe-Kleberg, U., Kramer, R.-T., Budde, J. (Hrsg.) (2011): Bildungsungleichheit revisited. Bildung und soziale Ungleichheit vom Kindergarten bis zur Hochschule. 2. durchgesehene Aufl. VS Verlag, Wiesbaden

Lang, E., Grittner, F., Rehle, C., Hartinger, A. (2010): Das Heterogenitätsverständnis von Lehrkräf- ten im jahrgangsgemischten Unterricht der Grundschule. In: Hagedorn, J., Schurt, V., Steber, C., Waburg, W. (Hrsg.): Ethnizität, Geschlecht, Familie und Schule. Heterogenität als erziehungswissenschaftliche Herausforderung. VS Verlag für Sozialwissenschaften, Wiesbaden, 315–331

Lange-Vester, A., Redlich, M. (2010): Soziale Milieus und Schule. Milieuspezifische Bildungsstrategien und Lebensperspektiven bei Schüler:innenInnen der Hauptschule und des Gymnasiums. In: Brake, A., Bremer, H. (Hrsg.): Alltagswelt Schule. Die soziale Herstellung schulischer Wirklichkeiten. Juventa Verlag, Weinheim/München, 185–209

Langfeldt, G., Hörmann, B. (2011): Didaktik und Inklusion – eine skandinavische Perspektive. Sonderpädagogische Förderung heute 56 (3), 278–293

Lehner, M. (2009): Allgemeine Didaktik. Haupt Verlag, Bern/Stuttgart/Wien

Lindmeier, C. (2012): Heilpädagogik als Pädagogik der Teilhabe und Inklusion. Sonderpädagogische Förderung heute 57 (1), 25–45

Luhmann, N. (2002): Das Erziehungssystem der Gesellschaft. Suhrkamp, Frankfurt a. M.

Luhmann, N. (1978): Erleben und Handeln. In: Lenk, H. (Hrsg.): Handlungstheorien interdisziplinär II. Handlungserklärungen und philosophische Handlungsinterpretationen. Erster Halbband. Wilhelm Fink Verlag, Paderborn, 235–253

Lutz, H., Wenning, N. (2001): Differenzen über Differenz – Einführung in die Debatten. In: Lutz, H., Wenning, N. (Hrsg.): Unterschiedlich verschieden. Differenz in der Erziehungswissenschaft. Leske + Budrich, Opladen, 11–24

Lütje-Klose, B., Sturm, T. (2023): Förderschule und Inklusion. In: Hascher, T., Idel, T.-S., Helsper, W. (Hrsg.): Handbuch Schulforschung. 3. überarb. und aktual. Aufl. Springer VS, Wiesbaden, 361–383

Lütje-Klose, B., Urban, M. (2014): Professionelle Kooperation als wesentliche Bedingung inklusiver Schul- und Unterrichtsentwicklung. Teil 1: Grundlagen und Modelle inklusiver Kooperation. Vierteljahreszeitschrift für Heilpädagogik und ihre Nachbargebiete 83 (2), 112–123

Mangelsdorff, U. (2008): Armut macht krank. In: Herz, B., Becher, U., Kurz, I., Mettlau, C., Treeß, H., Werdermann, M. (Hrsg.): Kinderarmut und Bildung. Armutslagen in Hamburg. VS Verlag für Sozialwissenshaften, Wiesbaden, 111–124

Mannheim, K. (1980): Strukturen des Denkens. Suhrkamp, Frankfurt a. M.

Mannheim, K. (1964): Wissenssoziologie. Luchterhand, Berlin / Neuwied

Mar Castro Varela, M. d., Mecheril, P. (2010): Grenze und Bewegung. Migrationswissenschaftliche Klärungen. In: Mecheril, P., Mar Castro Varela, M. d., Dirim, İ., Kalpaka, A., Melter, C. (Hrsg.): Migrationspädagogik. Beltz Verlag, Weinheim / Basel, 54–76

Marotzki, W., Nohl, A.-M., Ortlepp, W. (2006): Einführung in die Erziehungswissenschaft. 2. Aufl. Verlag Barbara Budrich, Opladen / Farmington Hills

May, P. (2002): HSP 1–9. Diagnose orthographischer Kompetenz. Zur Erfassung der grundlegenden Rechtschreibstrategien mit der Hamburger Schreibprobe. 6. Aufl. Verlag für pädagogische Medien, Hamburg

Mecheril, P. (2010 a): Die Ordnung des erziehungswissenschaftlichen Diskurses in der Migrationsgesellschaft. In: Mecheril, P., Mar Castro Varela, M. d., Dirim, İ., Kalpaka, A., Melter, C. (Hrsg.): Migrationspädagogik. Beltz Verlag, Weinheim / Basel, 77–98

Mecheril, P. (2010 b): Migrationspädagogik. Hinführung zu einer Perspektive. In: Mecheril, P., Mar Castro Varela, M. d., Dirim, İ., Kalpaka, A., Melter, C. (Hrsg.): Migrationspädagogik. Beltz Verlag, Weinheim / Basel, 7–53

Mecheril, P. (2002): „Kompetenzlosigkeitskompetenz".Pädagogisches Handeln unter Einwanderungsbedingungen. In: Auernheimer, G. (Hrsg.): Interkulturelle Kompetenz und pädagogische Professionalität. Leske + Budrich, Opladen, 15–34

Mecheril, P., Melter, C. (2010): Gewöhnliche Unterscheidungen. Wege aus dem Rassismus. In: Mecheril, P., Mar Castro Varela, M. d., Dirim, İ., Kalpaka, A., Melter, C. (Hrsg.): Migrationspädagogik. Beltz Verlag, Weinheim / Basel, 150–178

Mecheril, P., Plößer, M. (2009): Differenz. In: Andresen, S., Casale, R., Gabriel, T., Horlacher, R., Larcher Klee, S., Oelkers, J. (Hrsg.): Handwörterbuch Erziehungswissenschaft. Beltz, Weinheim, 194–208

Moore, M., Slee, R. (2012): Disability Studies, Inclusive Education and Exclusion. In: Watson, N., Roulstone, A., Thomas, C. (Hrsg.): Routledge Handbook of Disability Studies. Routledge / Taylor & Friends, London / New York, 225–239

Moser, V. (2011): Schulentwicklung und Inklusion: Steuerungspolitische Kontexte und Konzepte. Sonderpädagogische Förderung heute 56 (4), 361–377

Moser, V., Sasse, A. (2008): Theorien der Behindertenpädagogik. Ernst Reinhardt Verlag UTB, München / Basel

Motakef, M. (2006). Das Menschenrecht auf Bildung und der Schutz vor Diskriminierung. Eine Studie über Exklusionsrisiken und Inklusionschancen im deutschen Bildungssystem. In: www.institut-fuer-menschenrechte.de/uploads/tx_commerce/studie_das_menschenrecht_auf_bildung_u_der_schutz_vor_diskriminierung.pdf, 18.01.2016

Neumann, U., Karakaşoğlu, Y. (2011): Anforderungen an die Schule in der Einwanderungsgesellschaft: Integration durch Bildung, Schaffung von Bildungsgerechtigkeit und interkulturelle Öffnung. In: Neumann, U., Schneider, J. (Hrsg.): Schule mit Migrationshintergrund. Waxmann, Münster / New York / München / Berlin, 47–59

Nickel, S. (2002). Funktionaler Analphabetismus – Ursachen und Lösungsansätze hier und anderswo. In: www.ewi-psy.fu-berlin.de/einrichtungen/arbeitsbereiche/grundschulpaed/2_deutsch/publikationen/snickel/media/elibd890_nickel_analphabetismus.pdf, 18.01.2016

Nohl, A.-M. (2018): Inklusion in Bildungs- und Erziehungsorganisationen. In: Sturm, T., Wagner-Willi, M. (Hrsg.): Handbuch schulische Inklusion. Barbara Budrich, Opladen / Berlin / Toronto, 15–30

Nohl, A.-M. (2014): Konzepte interkultureller Pädagogik. Eine systematische Einführung. 3., aktualisierte Aufl. Verlag Julius Klinkhardt, Bad Heilbrunn

Nohl, A.-M. (2013): Relationale Typenbildung und Mehrebenenvergleich. Neue Wege der dokumentarischen Methode. Springer VS, Wiesbaden

Nohl, A.-M. (2010): Konzepte interkultureller Pädagogik. Eine systematische Einführung. 2. Aufl. Verlag Julius Klinkhardt, Bad Heilbrunn

Nohl, A.-M. (2007): Kulturelle Vielfalt als Herausforderung für pädagogische Organisationen. Zeitschrift für Erziehungswissenschaft 10 (1), 61–74

OECD (2020): PISA 2018 Results (Volume V): Effective Policies, Successful Schools (Publication no. https://doi.org/10.1787/ca768d40-en. In: https://doi.org/10.1787/ca768d40-en, 04.01.2024

OECD (2019): PISA 2018 Results (Volume II). Where All Students Can Succeed: PISA, OECD Publishing, Paris

Picht, G. (1965): Die deutsche Bildungskatastrophe. deutscher taschenbuch verlag, Freiburg i. B.

PISA-Konsortium (2001): PISA 2000. Basiskompetenzen von Schüler:inneninnen und Schüler:innenn im internationalen Vergleich. Leske + Budrich, Opladen

Pfahl, L. (2011): Techniken der Behinderung. Der deutsche Lernbehindertendiskurs, die Sonderschule und ihre Auswirkungen auf Bildungsbiografien. transcript, Bielefeld

Praschak, W. (2010): Kooperative Bildung im Schulalltag – Zur Notwendigkeit von heterogenen Unterrichtsformen für Schüler:inneninnen und Schüler:innen mit einer schwersten Behinderung. In: Schwohl, J., Sturm, T. (Hrsg.): Inklusion als Herausforderung schulischer Entwicklung. Widersprüche und Perspektiven eines erziehungswissenschaftlichen Diskurses. transcript, Bielefeld, 179–192

Prengel, A. (2013): Geleitwort: Diversität und Bildung. In: Hauenschild, K., Robak, S., Sievers, I. (Hrsg.): Diversity Education. Zugänge – Perspektiven – Beispiele. Brandes & Apsel Verlag, Frankfurt am Main, 11–14

Prengel, A. (2012): Humane entwicklungs- und leistungsförderliche Strukturen im inklusiven Unterricht. In: Moser, V. (Hrsg.): Die inklusive Schule. Standards für die Umsetzung. Kohlhammer, Stuttgart, 175–183

Prengel, A. (2009): Zur Dialektik von Gleichheit und Differenz in der Bildung. Impulse der Integrationspädagogik. In: Eberwein, H., Knauer, S. (Hrsg.): Handbuch Integrationspädagogik. Kinder mit und ohne Beeinträchtigung lernen gemeinsam. 7. Aufl. Beltz Verlag, Weinheim/Basel, 140–147

Prengel, A. (2006): Pädagogik der Vielfalt. Verschiedenheit und Gleichberechtigung in Interkultureller, Feministischer und Integrativer Pädagogik. 3. Aufl. VS Verlag für Sozialwissenschaften, Wiesbaden

Preuss-Lausitz, U. (2001): Gemeinsamer Unterricht Behinderter und Nichtbehinderter. Ein Weg für Sonderpädagogik und allgemeine Schulpädagogik zu einer gemeinsamen integrativen Pädagogik? Zeitschrift für Erziehungswissenschaft 4 (2), 209–224

Proske, M. (2011): Wozu Unterrichtstheorie? In: Meseth, W., Proske, M., Radtke, F.-O. (Hrsg.): Unterrichtstheorien in Forschung und Lehre. Verlag Julius Klinkhardt, Bad Heilbrunn, 9–22

Rabenstein, K., Reh, S., Ricken, N., Idel, T.-S. (2013): Ethnographie pädagogischer Differenzordnungen. Zeitschrift für Pädagogik 59 (5), 668–690

Rauer, W. (2010): Eine Schule für alle in der deutschen Großstadt mit der schärfsten Polarisierung von Reichtum und Armut. In: Schwohl, J., Sturm, T. (Hrsg.): Inklusion als Herausforderung schulischer Entwicklung. Widersprüche und Perspektiven eines erziehungswissenschaftlichen Diskurses. transcript, Bielefeld, 103–118

Reh, S., Ricken, N. (Hrsg.) (2018): Leistung als Paradigma. Zur Entstehung und Transformation eines pädagogischen Konzepts. Springer VS, Wiesbaden

Reh, S., Berdelmann, K., Schulz, J. (2015): Der Ehrtriebe und unterrichtliche Honorierungspraktiken im Schulwesen um 1800. Die Entstehung des Leistungs-Dispositivs. In: Schäfer, A., Thompson, C. (Hrsg.): Leistung. Ferdinand Schöningh, Paderborn, 37-60

Reich, K. (2014): Inklusive Didaktik: Bausteine für eine inklusive Schule. Beltz, Juventa, Weinheim

Reich, K. (2012): Inklusion und Bildungsgerechtigkeit. Standards und Regeln zur Umsetzung einer inklusiven Schule. Beltz Verlag, Weinheim/Basel

Reiser, H. (2003): Vom Begriff Integration zum Begriff Inklusion – Was kann mit dem Begriffswechsel angestoßen werden? Sonderpädagogische Förderung 48 (4), 305–312

Republik Österreich (2023): Schulorganisationsgesetz. Fassung vom 28.02.2023. In: https://www.ris.bka.gv.at/GeltendeFassung.wxe?Abfrage=Bundesnormen&Gesetzesnummer=10009265, 28.02.2023

Reiss, K., Weis, M., Klieme, E., Köller, O. (Hrsg.) (2019): PISA 2018. Grundbildung im internationalen Vergleich. Waxmann, Münster/New York

Ricken, N. (2018): Konstruktionen der ‚Leistung'. Zur (Subjektivierungs-)Logik eines Konzepts. In: Reh, S., Ricken, N. (Hrsg.): Leistung als Paradigma. Zur Entstehung und Transformation eines pädagogischen Konzepts. Springer VS, Wiesbaden, 43–60

Rihm, T. (2006): Schule als Ort kooperativer Selbstverständigung entwickeln… In: Rihm, T. (Hrsg.): Schulentwicklung. Vom Subjektstandpunkt ausgehen…. 2. Aufl. VS Verlag für Sozialwissenschaften, Wiesbaden, 393–428

Rosenberg, F. v. (2011): Bildung und Habitustransformation. Empirische Rekonstruktionen und bildungstheoretische Reflexionen. transcript, Bielefeld

Sacher, W. (2004): Leistungen entwickeln, überprüfen und beurteilen. Bewährte und neue Wege für die Primar- und Sekundarstufe. 4. Aufl. Julius Klinkhardt, Bad Heilbrunn

Saldern, M. v. (2007): Heterogenität und Schulstruktur. Ein Blick auf Restriktionen und Selbstrestriktionen des deutschen Schulsystems. In: Boller, S., Rosowski, E., Stroot, T. (Hrsg.): Heterogenität in Schule und Unterricht. Handlungsansätze zum pädagogischen Umgang mit Vielfalt. Beltz Verlag, Weinheim/Basel, 42–51

Sandring, S. (2009): Bildungsmisserfolge durch mangelnde Anerkennung? Ein Problem nicht nur für Jungen. Peter Lang, Frankfurt a. M./Berlin

Sauter, S., Schroeder, J. (2007): Heterogenität – Eine Einführung in eine pädagogische Leitkategorie. In: https://vu.fernuni-hagen.de/lvuweb/lvu/file/FeU/KSW/2017WS/03817/oeffentlich/03815-4-07-S1-03817-4-03-S1-NE+Vorschau.pdf, 04.01.2024

Schäfer, A. (2018): Das problematische Versprechen einer Leistungsgerechtigkeit. In: Sansour, T., Musenberg, O., Riegert, J. (Hrsg.): Bildung und Leistung. Differenz zwischen Selektion und Anerkennung. Verlag Julius Klinkhardt, Bad Heilbrunn, 11–56

Schäfer, A., Thompson, C. (2015): Leistung – eine Einleitung. In: Schäfer, A., Thompson, C. (Hrsg.): Leistung. Ferdinand Schöningh, Paderborn, 7–35

Schiefele, C., Streit, C., Sturm, T. (2019): Pädagogische Diagnostik und Differenzierung in der Grundschule. Mathe und Deutsch inklusiv unterrichten. Ernst Reinhardt Verlag, München

Schildmann, U. (2012): Verhältnisse zwischen Inklusiver Pädagogik und Intersektionalitätsforschung: sieben Thesen. In: Seitz, S., Finnern, N.-K., Korff, N., Scheidt, K. (Hrsg.): Inklusiv gleich gerecht? Inklusion und Bildungsgerechtigkeit. Verlag Julius Klinkhardt, Bad Heilbrunn, 93–99

Schimank, U. (2018): Leistung und Meritokratie in der Moderne. In: Reh, S., Ricken, N. (Hrsg.): Leistung als Paradigma. Zur Entstehung und Transformation eines pädagogischen Konzepts. Springer VS, Wiesbaden, 19–42

Schittenhelm, K. (2005): Soziale Lagen im Übergang. Junge Migrantinnen und Einheimische zwischen Schule und Berufsausbildung. VS Verlag für Sozialwissenschaften, Wiesbaden

Schmotz, C., Felbrich, A., Kaiser, G. (2010): Überzeugungen angehender Mathematiklehrkräfte für die Sekundarstufe I im internationalen Vergleich. In: Blömeke, S., Kaiser, G., Lehmann, R. (Hrsg.): TEDS-M 2008. Professionelle Kompetenz und Lerngelegenheiten angehender Mathematiklehrkräfte für die Sekundarstufe I im internationalen Vergleich. Waxmann, Münster/München/Berlin, 279–305

Schnell, I. (2003): Geschichte schulischer Integration. Gemeinsames Lernen von Schüler:innenInnen mit und ohne Behinderung in der BRD seit 1970. Juventa, Weinheim/München

Schroeder, J. (2010): Die Schule für alle – überall? Rückfragen zum Hamburger Schulversuch „Integrative Grundschule im sozialen Brennpunkt“. In: Schwohl, J., Sturm, T. (Hrsg.): Inklusion als Herausforderung schulischer Entwicklung. Widersprüche und Perspektiven eines erziehungswissenschaftlichen Diskurses. transcript, Bielefeld, 119–138

Schroeder, J. (2007): Heterogenität – Überlegungen zu einer pädagogischen Leitkategorie. In: Katzenbach, D. (Hrsg.): Vielfalt braucht Struktur. Heterogenität als Herausforderung für die Unterrichts- und Schulentwicklung. Johann-Wolfgang-Goethe-Universität, Frankfurt a. M., 33–55

Schuck, K. D. (2008): Konzeptuelle Grundlagen der Förderdiagnostik. In: Arnold, K.-H., Graumann, O., Rakhkochkine, A. (Hrsg.): Handbuch Förderung. Grundlagen, Bereiche und Methoden der individuellen Förderung von Schüler:innenn. Beltz Verlag, Weinheim/Basel, 106–115

Schuck, K. D. (2007): Wegmarken der Entwicklung diagnostischer Konzepte. In: Walter, J., Wember, F. B. (Hrsg.): Handbuch Sonderpädagogik: Sonderpädagogik des Lernens. Bd. 2. Hogrefe-Verlag, Göttingen/Bern 147–166

Schuck, K. D. (2004): Zur Bedeutung der Diagnostik bei der Begleitung von Lern- und Entwicklungsprozessen. Zeitschrift für Heilpädagogik 55 (8), 350–360

Schuck, K. D. (2000): Diagnostik. In: Borchert, J. (Hrsg.): Handbuch der Psychologie der Behinderten. Hogrefe-Verlag, Göttingen / Bern / Toronto / Seattle, 233–249

Schulgesetz des Landes Sachsen-Anhalt (SchulG LSA) in der Fassung der Bekanntmachung vom 9. August 2018 (2018)

Schumann, B. (2007): „Ich schäme mich ja so!" Die Sonderschule für Lernbehinderte als „Schonraumfalle". Verlag Julius Klinkhardt, Bad Heilbrunn

Schütte, M. (2009): Sprache und Interaktion im Mathematikunterricht der Grundschule: Zur Problematik einer Impliziten Pädagogik für schulisches Lernen im Kontext sprachlich-kultureller Pluralität. Waxmann, Münster

Schütte, M., Kaiser, G. (2011): Equity an the Quality of Language Used in Mathematics Education. In: Atweh, B., Graven, M., Secada, W., Valero, P. (Hrsg.): Mapping Equity and Quality in Mathematics Education. Springer Science + Business B.V., 237–251

Schwantner, U., Schreiner, C. (2010): PISA 2009. Internationaler Vergleich von Schüler:innenleistungen. Erste Ergebnisse Lesen, Mathematik, Naturwissenschaften. In: www.bifie.at/buch/1249, 18.01.2016

Schwohl, J., Sturm, T. (Hrsg.) (2010): Inklusion als Herausforderung schulischer Entwicklung. Widersprüche und Perspektiven eines erziehungswissenschaftlichen Diskurses. transcript, Bielefeld

Seitz, S. (2008): Leitlinien didaktischen Handelns. Zeitschrift für Heilpädagogik 6, 226–233

Slee, R. (2006): Inclusive Schooling as a Means and End of Education. In: Florian, L. (Hrsg.): The Sage Handbook of Special Education. Sage, Los Angeles / London / New Delhi / Singapore / Washington D.C., 160–170

Sporterziehung (2012): Sporttheoretische und sportdidaktische Grundlagen. Lehrmittel Sporterziehung. In: www.zebis.ch/Unterricht/schublade/XTCvUNpDr8fXpXG65JGdcVHuuYnp9f/docs/Grundlagen%20Brosch%FCre%201.pdf, 18.01.2016

Stamm, M. (2008): Underachievement von Jungen: Perspektiven eines internationalen Diskurses. Zeitschrift für Erziehungswissenschaft 11 (1), 106–124

Statistisches Bundesamt (2023): Schüler: Bundesländer, Schuljahr, Geschlecht, Schulart, Jahrgangsstufen. In: https://www.destatis.de/DE/Themen/Gesellschaft-Umwelt/Bildung-Forschung-Kultur/Schulen/Tabellen/_tabellen-innen-schueler-absolventen.html, 27.03.2023

Statistisches Bundesamt (2015): Wirtschaftsrechnungen. Leben in Europa (EU-SILC). Einkommen und Lebensbedingungen in Deutschland und der Europäischen Union im Jahr 2013. In: www.destatis.de/DE/Publikationen/Thematisch/EinkommenKonsumLebensbedingungen/LebeninEuropa/EinkommenLebensbedingungen2150300137004.pdf?__blob=publicationFile, 18.01.2016

Statistisches Bundesamt (2012 a): Statistik der allgemeinbildenden Schulen. Schüler:innen: Bundesländer, Schuljahr, Geschlecht, Schulart. In: www.genesis.destatis.de/genesis/online/data;jsessionid=F9F7EE74D3905DDBBB7968B5FB9A3D3B.tomcat_GO_2_2?operation=abruftabelleBearbeiten&levelindex=2&levelid=1347289819045&auswahloperation=abruftabelleAuspraegungAuswaehlen&auswahlverzeichnis=ordnungsstruktur&auswahlziel=werteabruf&selectionname=21111-0003&auswahltext=%23Z-01.01.2011%23SDLAND-02&werteabruf=Werteabrufn, 18.01.2016

Statisches Bundesamt (2012 b): Wirtschaftsrechnungen. Leben in Europa (EU-SILC) Einkommen und Lebensbedingungen in Deutschland und der Europäischen Union. In: www.destatis.de/DE/Publikationen/Thematisch/EinkommenKonsumLebensbedingungen/LebeninEuropa/EinkommenLebensbedingungen2150300107004.pdf?__blob=publicationFile, 18.01.2016

Steinmetz, S., Wrase, M., Helbig, M., Döttinger, I. (2021): Die Umsetzung schulischer Inklusion nach der UN-Behindertenrechtskonvention in den deutschen Bundesländern. Nomos, Baden-Baden

Stojanov, K. M. (2015): Leistung – ein irreführender Begriff im Diskurs über Bildungsgerechtigkeit. In: Schäfer, A., Thompson, C. (Hrsg.): Leistung. Ferdinand Schöningh, Paderborn, 135–150

Stojanov, K. M. (2007): Bildungsgerechtigkeit im Spannungsfeld zwischen Verteilungs-, Teilhabe- und Anerkennungsgerechtigkeit. In: Wimmer, M., Reichenbach, R., Pongratz, L. (Hrsg.): Gerechtigkeit und Bildung. Ferdinand Schöningh, Paderborn / München / Wien / Zürich, 29–48

Sturm, T. (2024): Mehrebenenanalyse fachunterrichtlicher Konstruktionen von Leistung und Ability – zur Relation von gesellschaftlich-institutionellen (Identitäts-)Erwartungen und unterrichtlichen Praxen In: Bohnsack, R., Sturm T., Wagener, B., (Hrsg.): Konstituierende Rahmung und professionelles Handeln in Organisationen. Pädagogische Felder und darüber hinaus. Verlag Barbara Budrich, Opladen / Berlin / Toronto, 195-220

Sturm, T. (2023): Inklusion und Exklusion in Schule und Unterricht. Leistung – Differenz – Behinderung. Kohlhammer, Stuttgart

Sturm, T. (2022 a): Kodifizierte Normen und Rollenerwartungen: kontingente Grenzen schulisch-unterrichtlicher Inklusion. Inklusion online, 4/2022

Sturm, T. (2022 b): Konstruktion von Leistungsdifferenzen im Mathematikunterricht der Sekundarstufe – empirische Rekonstruktionen professionalisierter Praxen in ein- und mehrgliedrigen Schulsystemen. In: Bohnsack, R., Bonnet, A., Hericks, U. (Hrsg.), Praxeologisch-wissenssoziologische Professionsforschung. Perspektiven aus Früh- und Schulpädagogik, Fachdidaktik und Sozialer Arbeit. Julius Klinkhardt, Bad Heilbrunn, 109–129

Sturm, T. (2022c): Professionalisierte Bearbeitung von Kontingenz im Mathematikunterricht der Sekundarstufe I in Kanada. In: Fuhrmann, L., Akbaba, Y. (Hrsg.): Schule zwischen Stagnation und Wandel. Springer VS, Wiesbaden, 199–220

Sturm, T. (2016 a): Konstruktion von Leistung und Ergebnissen im Deutschunterricht einer inklusiven Sekundarschulklasse. ZISU Zeitschrift für interpretative Schul- und Unterrichtsforschung 5 (im Druck)

Sturm, T. (2015): Herstellung und Bearbeitung von Differenz im inklusiven Unterricht. In: Bräu, K., Schlickum, C. (Hrsg.): Soziale Konstruktionen im Kontext von Schule und Unterricht. Verlag Barbara Budrich, Opladen / Farmington Hills, 213–224

Sturm, T. (2016 b): Von der Sonderpädagogik zur Inklusiven Pädagogik – Phasen der Entwicklung Inklusiver Bildung. In: Hedderich, I., Biewer, G., Hollenweger, J., Markowetz, R. (Hrsg.): Handbuch Inklusion und Sonderpädagogik. Klinkhardt, Bad Heilbrunn, 179–183

Sturm, T. (2012): Praxeologische Unterrichtsforschung und ihr Beitrag zu inklusivem Unterricht. Inklusion online (1–2). In: www.inklusion-online.net/index.php/inklusion/article/view/151/143, 18.01.2016

Sturm, T., Wagner-Willi, M. (2015 a): „Leistungsdifferenzen" im Unterrichtsmilieu einer inklusiven Schule der Sekundarstufe I in der Schweiz. Zeitschrift für Qualitative Forschung 16 (2), (im Druck)

Sturm, T., Wagner-Willi, M. (2015 b): Praktiken der Differenzbearbeitung im Fachunterricht einer integrativen Schule der Sekundarstufe – zur Überlagerung von Schulleistung, Peerkultur und Geschlecht. Gender. Zeitschrift für Geschlecht, Kultur und Gesellschaft 7 (1), 64-78

Sturm, T. (2013): (Re-)Produktion von Differenzen in unterrichtlichen Praktiken. Schweizerische Zeitschrift für Bildungswissenschaften 35 (1), 131–146

Sturm, T. (2012 a): Meilensteine der Inklusionsforschung: Schulpädagogik und Hochschulentwicklung. In: Seitz, S., Finnern, N.-K., Korff, N., Scheidt, K. (Hrsg.): Inklusiv gleich gerecht? Inklusion und Bildungsgerechtigkeit. Klinkhardt, Bad Heilbrunn, 295–299

Sturm, T. (2012 b): Praxeologische Unterrichtsforschung und ihr Beitrag zu inklusivem Unterricht. Inklusion online 1

Sturm, T. (2012c): Reflexionen schulischer Kategorien – als Perspektive pädagogischer Bearbeitung von Differenz. gemeinsam leben 20 (1), 4–11

Sturm, T. (2013): Orientierungen unterrichtlicher Praktiken: lerntheoretische Vorstellungen und schulischer Kontext. In: Budde, J. (Hrsg.): Unscharfe Einsätze. (Re-)Produktion von Heterogenität im schulischen Feld. VS Verlag für Sozialwissenschaften, Wiesbaden (im Erscheinen)

Sturm, T., Wagener, B., Wagner-Willi, M. (2020): Inklusion und Exklusion im Fachunterricht. Ambivalente Relationen in Schulformen der Sekundarstufe 1. In: Ackeren I. v., Bremer H., Kessl, F., Koller, H. C., Pfaff, N., Rotter, C., Klein, D., Salaschek, U. (Hrsg.): Bewegungen. Beiträge zum 26. Kongress der Deutschen Gesellschaft für Erziehungswissenschaft (Barbara Budrich, Opladen / Berlin / Toronto, 581-595

Sturm, T., Wagner-Willi, M. (Hrsg.) (2018): Handbuch schulische Inklusion. Barbara Budrich, Opladen / Berlin / Toronto

Tervooren, A. (2000): Differenz anders gesehen: Studien zu Behinderung. Vierteljahreszeitschrift für Heilpädagogik und ihre Nachbargebiete 69 (3), 316–319

Thies, W., Röhner, C. (2000): Erziehungsziel Geschlechterdemokratie. Interaktionsstudie über Reformansätze im Unterricht. Juventa Verlag, Weinheim / München

Trautmann, M., Wischer, B. (2011): Heterogenität in der Schule. Eine kritische Einführung. VS Verlag für Sozialwissenschaften, Wiesbaden

UNESCO (1994): Die Salamanca Erklärung und der Aktionsrahmen zur Pädagogik für besondere Bedürfnisse. In: www.unesco.at/bildung/basisdokumente/salamanca_erklaerung.pdf, 18.01.2016

Vereinte Nationen (UN) (2018): List of issues prior to submission of the combined second and third periodic report of Germany. United Nations, New York. In: https://tbinternet.ohchr.org/_layouts/15/treatybodyexternal/Download.aspx?symbolno=CRPD%2fC%2fDEU%2fQPR%2f2-3&Lang=en, 13.06.2019

Vereinte Nationen (UN) (2015). Concluding observations on the initial report of Germany. In: http://daccess-ods.un.org/TMP/902209.430932999.html, 18.01.2016

Vereinte Nationen (UN) (2006; 2008): Übereinkommen über die Rechte von Menschen mit Behinderungen. (dreisprachige Fassung im Bundesgesetzblatt Teil II Nr. 35 vom 31.12.2008). (Manuskriptdruck). In: www.bgbl.de/xaver/bgbl/start.xav?startbk=Bundesanzeiger_BGBl&bk=Bundesanzeiger_BGBl&start=//*%255B@attr_id=%2527bgbl208s1419.pdf%2527%255D#__bgbl__%2F%2F*%5B%40attr_id%3D%27bgbl208s1419.pdf%27%5D__1436680810555, 18.01.2016

Verheyen, N. (2018): Liebe, Gehorsam der Großes leisten? Leistungssemantiken im 19. Jahrhundert zwischen sozialer Verpflichtung und individuellem Können. In: Reh, S., Ricken, N. (Hrsg.): Leistung als Paradigma. Zur Entstehung und Transformation eines pädagogischen Konzepts. Springer VS, Wiesbaden, 165–189

Vernooij, M. A. (2007): Einführung in die Heil- und Sonderpädagogik. Theoretische und praktische Grundlagen der Arbeit mit beeinträchtigten Menschen. 8. Aufl. Quelle & Meyer, Wiebelsheim

Vygotzkij, L. S. (2002): Denken und Sprechen. Beltz Verlag, Weinheim / Basel

Wagener, B. (2022): Leistungsbezogene Differenzkonstruktionen im Deutsch- und Mathematikunterricht. Empirische Rekonstruktionen und diskursethische Bewertungen professionalisierter Unterrichtsmilieus. In: Bohnsack, R., Bonnet, A., Hericks, U. (Hrsg.): Praxeologisch-wissenssoziologische Professionsforschung. Verlag Julius Klinkhardt, Bad Heilbrunn, 86–108

Wagener, B. (2020): Leistung, Differenz und Inklusion. Eine rekonstruktive Analyse professionalisierter Unterrichtspraxis. Springer VS, Wiesbaden

Wagner-Willi, M. Sturm, T. (2012): Inklusion und Milieus in schulischen Organisationen. Inklusion online, 4. In: https://www.inklusion-online.net/index.php/inklusion-online/article/view/32, 09.10.2021

Wagner-Willi, M., Sturm, T. (2012): Inklusion und Milieus in schulischen Organisationen. Zeitschrift für Inklusion 4. In: www.inklusion-online.net/index.php/inklusion-online/article/view/32/32, 18.01.2016

Waldschmidt, A. (2020): Disability Studies zur Einführung. Junius Verlag, Hamburg

Waldschmidt, A. (2005): Disability Studies: individuelles, soziales und / oder kulturelles Modell von Behinderung? Psychologie und Gesellschaftskritik, 29(1), 9–31

Walgenbach, K. (2017): Heterogenität – Intersektionalität – Diversity in der Erziehungswissenschaft. 2. durchges. Aufl. Barbara Budrich, Opladen / Berlin / Toronto

Walgenbach, K., Dietze, G., Hornscheidt, A., Palm, K. (Hrsg.) (2007): Gender als interdependente Kategorie. Neue Perspektiven auf Intersektionalität, Diversität und Heterogenität. Verlag Barbara Budrich, Opladen / Farmington Hills

Weber, M. (2003): Heterogenität im Schulalltag. Konstruktion ethnischer und geschlechtlicher Unterschiede. Leske + Budrich, Opladen

Weis, M., Doroganova, A., Hahnel, C., Becker-Mrotzek, M., Lindauer, T., Artelt, C., Reiss, K.

(2019): Lesekompetenz in PISA 2018 – Ergebnisse in einer digitalen Welt. In: Reiss, K., Weis, M., Klieme, E., Köller, O. (Hrsg.): Pisa 2018: Grundbildung im internationalen Vergleich. Waxmann, Münster/New York, 47–80

Weishaupt, H., Baethge, M., Füssel, H.-P., Hartmeiner, H.-W., Rauschenbach, T., Rockmann, U. et al. (2012): Bildung in Deutschland 2012. Ein indikatorengestützter Bericht mit einer Analyse zur kulturellen Bildung im Lebenslauf. Bundesministerium für Bildung und Forschung, Berlin

Weiße, W. (2010): Religionsunterricht für alle in einer Schule für alle. Inklusion statt Separation. In: Schwohl, J., Sturm, T. (Hrsg.): Inklusion als Herausforderung schulischer Entwicklung. Widersprüche und Perspektiven eines erziehungswissenschaftlichen Diskurses. transcript, Bielefeld, 193–210

Weisser, J. (2005): Behinderung, Ungleichheit und Bildung. Eine Theorie der Behinderung. transcript, Bielefeld

Wenning, N. (2008): Gleichheit und Ungleichheit. Möglichkeiten eines anderen Umgangs in Schule und Unterricht. Schulmagazin 5 bis 10 (1), 5–8

Wenning, N. (2007): Heterogenität als Dilemma für Bildungseinrichtungen. In: Boller, S., Rosowski, E., Stroot, T. (Hrsg.): Heterogenität in Schule und Unterricht. Handlungsansätze zum pädagogischen Umgang mit Vielfalt. Beltz Verlag, Weinheim/Basel, 21–31

Wenning, N. (2004): Heterogenität als neue Leitidee der Erziehungswissenschaft? Zur Berücksichtigung von Gleichheit und Verschiedenheit. Zeitschrift für Pädagogik. 50(4), 565–582

Wenning, N. (1999): Vereinheitlichung und Differenzierung. Zu den „wirklichen" gesellschaftlichen Funktionen des Bildungswesens im Umgang mit Gleichheit und Verschiedenheit. Leske + Budrich, Opladen

Werfhorst, H. G. v. d. (2021): Sorting or mixing? Multi-track and single-track schools and social inequalities in a differentiated educational system. British Ecucational Research Journal, 47(5), 1209–1236. doi:10.1002/berj.3722

Werning, R. (2012): Inklusive Schulentwicklung. In: Moser, V. (Hrsg.): Die inklusive Schule. Standards für die Umsetzung. Kohlhammer, Stuttgart, 62–70

Werning, R., Lütje-Klose, B. (2016): Einführung in die Pädagogik bei Lernbeeinträchtigungen. 4. überarbeitete Aufl. Ernst Reinhardt Verlag, München

Werning, R., Lütje-Klose, B. (2012): Einführung in die Pädagogik bei Lernbeeinträchtigungen. 3. Aufl. Ernst Reinhardt Verlag, München/Basel

West, C., Fenstermaker, S. (1995): Doing Difference. Gender & Society 9 (1), 8–37

West, C., Zimmerman, D. H. (1987): Doing gender. Gender & Society 1 (2), 125–151

Weltgesundheitsorganisation (WHO) (2005): ICF – Internationale Klassifikation der Funktionsfähigkeit, Behinderung und Gesundheit. In: www.bkz.ch/beitrag/630_PDF1_ICFEndfassung2005.pdf, 18.01.2016

Weyers, S. (2019): Menschenrechte als normative Leitkategorie der Pädagogik. In: Meseth, W., Casale, R., Tervooren, A., Zirfas, J. (Hrsg.): Normativität in der Erziehungswissenschaft. Springer Fachmedien, Wiesbaden, 71-93

Wiater, W. (2015): Unterrichten und Lernen in der Schule: Eine Einführung in die Didaktik. 3. Aufl. Auer Verlag, Augsburg

Willems, K. (2007): Schulische Fachkulturen und Geschlecht. Physik und Deutsch – natürliche Gegenpole? transcript, Bielefeld

Wilmes, M., Schneider, J., Cerul, M. (2011): Sind die Kinder türkischer Einwanderer in anderen Ländern klüger als in Deutschland? Bildungsverläufe in Deutschland und im europäischen Vergleich: Ergebnisse der TIES-Studie. In: Neumann, U., Schneider, J. (Hrsg.): Schule mit Migrationshintergrund. Waxmann, Münster/New York/München/Berlin, 30–46

Wocken, H. (2005): Andere Länder, andere Schüler:innen? Vergleichende Untersuchungen von Förderschülern in den Bundesländern Brandenburg, Hamburg und Niedersachsen (Forschungsbericht). In: http://bidok.uibk.ac.at/download/wocken-forschungsbericht.pdf, 18.01.2016

Wocken, H. (2000): Leistung, Intelligenz und Soziallage von Schüler:innenn mit Lernbehinderungen. Vergleichende Untersuchungen an Förderschulen in Hamburg. Zeitschrift für Heilpädagogik 51, 492–503

Zaborowski, K. U., Breidenstein, G. (2010): „Geh lieber nicht hin! – Bleib lieber hier." Eine Fallstude zu Selektion und Haltekräften an der Hauptschule. In: Krüger H.-H., Rabe-Kleberg, U., Kramer, R.-T., Budde, J. (Hrsg.): Bildungsungleichheit revisited. Bildung und soziale Ungleichheit vom Kindergarten bis zur Hochschule Springer VS, Wiesbaden, 127–144

Zaborowski, K. U., Meier, M., Breidenstein, G. (2011): Leistungsbewertung und Unterricht. Ethnographische Studien zur Bewertungspraxis in Gymnasien und Sekundarschulen. VS Verlag für Sozialwissenschaften, Wiesbaden

Zahnd, R. (2017): Behinderung und sozialer Wandel. Ein Vorschlag zur Strukturierung des historischen Wandels des Behinderungsverständnisses in der westlichen Gesellschaft. Behindertenpädagogik, 56(3), 241–266

Zahner Rossier, C., Holzer, T. (2007): PISA 2006: Kompetenzen für das Leben – Schwerpunkt Naturwissenschaften. Nationaler Bericht. Bundesamt für Statistik, Neuchâtel

Zevenbergen, R. (2001): Mathematics, Social Class, and Linguistic Capital: An Analysis of Mathematics Classroom Interactions. In: Atweh, B., Forgasz, H., Nebres, B. (Hrsg.): Sociocultural Research on Mathematics Education. Lawrence Erlbaum Associates, Mahwah, NJ, 201–215

Sachregister